i Fari. 120

Dello stesso autore, presso La nave di Teseo

L'antipatico. Bettino Craxi e la Grande Coalizione

Claudio Martelli

Vita e persecuzione di Giovanni Falcone

La nave di Teseo

L'editore ringrazia la Fondazione Giovanni Falcone per aver concesso la pubblicazione di alcuni passi di *Interventi e proposte (1982-1992)* di Giovanni Falcone in questo libro.

ISBN 978-88-346-1000-8

Prima edizione La nave di Teseo maggio 2022

"La mafia è la patologia del potere."

Gli italiani devono sapere chi è stato
e cosa ha fatto per loro il giudice più famoso al mondo,
crocefisso dai colleghi e ucciso dalla mafia.

A Paolo

Sommario

Prologo, o dell'azione parallela

Questa che ho appena finito di scrivere è una storia che mi ribolle dentro da trent'anni, da quando la mafia sventrando quell'autostrada massacrò Giovanni Falcone. Allo strazio per la morte, all'odio contro gli assassini, si aggiunse, verso certa magistratura, lo sdegno che Paolo Borsellino, prima di essere a sua volta massacrato, cristallizzò in quelle terribili parole:

> *... ripercorrendo queste vicende della vita professionale di Falcone ci accorgiamo di come in effetti il paese, lo Stato, la magistratura, che forse ha più colpe di ogni altro, cominciarono a far morire Falcone nel gennaio 1988. Falcone si era candidato a capo dell'Ufficio Istruzione solo per continuare il suo lavoro. Qualche Giuda si impegnò subito a prenderlo in giro, e il giorno del mio compleanno, il CSM ci fece questo regalo di preferirgli con motivazioni risibili Antonino Meli. Nonostante lo schiaffo egli avrebbe voluto continuare il lavoro nel quale ci aveva tutti trascinato... Io che stando a Marsala ero a una certa distanza mi resi*

conto subito che nel volgere di pochi mesi Giovanni Falcone sarebbe stato distrutto... morto professionalmente nel silenzio, senza che nessuno se ne accorgesse... Doveva essere eliminato al più presto, Giovanni Falcone...

Aveva ragione Borsellino: quel giorno segna l'inizio della Via Crucis inflitta a Falcone dal CSM e aggravata "dall'azione nefasta della Corte di Cassazione".

Una stazione dopo l'altra dal 19 gennaio 1988 "fino a ieri" (cioè fino al 24 giugno del 1992, il giorno in cui Borsellino pronunciò la sua invettiva), Falcone ha dovuto percorrere la sua Via Crucis.

Dunque, negli ultimi cinque anni della sua vita Falcone era diventato il nemico numero uno di Cosa Nostra che cercò di eliminarlo fisicamente con ripetuti tentativi, fino a quando ci riuscì. Questo è indubbio. In quegli stessi anni Falcone è stato bersaglio di quella parte della magistratura che voleva farlo morire, distruggerlo, eliminarlo professionalmente. E anche questo è indubbio. Per ora accontentiamoci di rilevare che un'azione parallela c'è stata. Vedremo di capire se si è trattato di mere coincidenze e se, come diceva Agatha Christie, "un indizio è un indizio, due sono una coincidenza, ma tre indizi fanno una prova". Possiamo aggiungere che come la mafia osservava ed era al corrente e aggiornata di quel che accadeva nella magistratura, così la magistratura era perfettamente consapevole del pericolo che incombeva su Falcone.

La prima stazione del suo calvario è stata la bocciatura della candidatura a capo dell'Ufficio Istruzione di Palermo. A ben guardare più che una bocciatura si trattò di una retrocessione poiché Falcone era già, di fatto, il capo, se capo è chi motiva, coordina il gruppo e lo guida in campo aperto – ciò che Falcone faceva da tempo su delega di Antonino Caponnetto che il pool lo aveva costituito. In quell'Ufficio era entrato nel 1979, quando Rocco Chinnici lo aveva invitato a far parte di quel gruppo di giovani magistrati – tra i primi Giuseppe Di Lello e Paolo Borsellino – che si andava formando e da cui nascerà il pool antimafia. Colpito dalle qualità di Falcone, Chinnici gli assegnò il più importante dei processi di mafia di quel momento – il processo Spatola – che avvocati e giornalisti chiamavano "processo Sindona", dal nome dell'imputato più famoso. Quell'indagine gli consentì di aprire una finestra su un grosso e losco groviglio affaristico e mafioso che ruotava intorno al finanziere siculo-americano e ai suoi traffici illegali tra la Sicilia e il New Jersey di Joe Gambino, tra riciclaggio dei proventi della droga e funambolismi finanziari. Falcone, con la sua preparazione amministrativa, condusse le indagini con accortezza, stabilì i primi rapporti con il distretto sud della procura di New York, con Louis Free dell'FBI, ma anche con la DEA. Con le indagini bancarie a tappeto si guadagnò l'ammirazione dei colleghi di lavoro italiani e americani, ma anche l'attenzione sospettosa della nomenclatura giudiziaria palermitana e quella di Cosa Nostra che proprio allora concepì contro di lui il primo abortito attentato che doveva avvenire nel carcere dell'Ucciardone. Il progetto fallì, ma segnò per Giovanni l'inizio di una vita da vivere sotto scorta.

Nel suo diario, pubblicato dopo la morte, Chinnici racconta di essere stato allora convocato dal presidente della Corte d'Appello, Giovanni Pizzillo, che lo invitò a caricare Falcone di "processi semplici" in maniera che "cerchi di scoprire nulla, perché i giudici istruttori non hanno mai scoperto nulla". Sua Eccellenza Pizzillo era solo più sfrontato, altri colleghi avevano più ritegno, ma in grande maggioranza la pensavano e si comportavano come lui. "Non si può mettere a soqquadro tutta l'economia siciliana, noi non siamo sceriffi," diceva, "non inseguiamo i delinquenti con la pistola in pugno, e se la polizia o i colleghi ci portano denunce anonime, mezzi indizi e niente prove, noi abbiamo il dovere di prosciogliere."

Invece qualcosa doveva aver scoperto chi l'indagine l'aveva aperta, il procuratore Gaetano Costa, freddato davanti a una bancarella di libri il 6 agosto 1980. Steso per strada, morì dissanguato, nell'indifferenza di chi aveva visto gli assassini scappare. Ai funerali parteciparono pochissimi colleghi. Tre anni dopo toccò allo stesso Chinnici che, pur molto attento alla propria sicurezza, non sfuggì a un'autobomba piazzata sotto casa. Fu il primo attentato di quel genere.

Il posto di Chinnici venne preso da Antonino Caponnetto che strutturò il pool antimafia con Falcone, Borsellino, Giuseppe Di Lello, Leonardo Guarnotta, e con loro collaboravano anche colleghi della Procura come Giuseppe Ayala. Il loro compito era quello di dedicarsi esclusivamente e a tempo pieno alle indagini antimafia. Fino a che Borsellino non fu nominato procuratore a Marsala, fu lui il principale collaboratore di Falcone e insieme i due scrissero la prima parte della monumentale istruttoria del processo. Per lavorare in sicurezza e indisturbati Falcone e Borsellino si trasferirono per un po' nel carcere dell'Asinara e poi gli toccò pure di dover pagare il conto. Manco si fosse trattato non di una prigione ma di un albergo e di un soggiorno turistico!

Il processo si concluse trionfalmente; ciò fu salutato da una salva di apprezzamenti da tutto il mondo e rese Falcone ovunque famoso come “il giudice antimafia”, come un eroe geniale e coraggioso.

Dunque, quando su invito dello stesso Caponnetto, prossimo alla pensione, Falcone si candidò a subentrargli aveva già un curriculum eccezionale, impareggiabile da qualunque altro candidato.

I colleghi del Consiglio Superiore della Magistratura nella discussione che precedette il voto erano stati larghi di riconoscimenti alla sua professionalità, nondimeno, quando si trattò di votare, la maggioranza gli preferì Antonino Meli, un candidato pressoché digiuno di indagini sulla criminalità organizzata giudicato più meritevole solo perché più anziano. Quello fu l'inizio, lo squillo di tromba che annunciava che al governo della magistratura Falcone non piaceva. A quel primo atto ostile altri ne seguiranno, coerenti con il primo, e, presi tutti insieme, tali da configurare un'azione sistematica tesa a screditarlo, a isolarlo, a infangarlo e, soprattutto, a impedirgli di continuare a fare il suo lavoro, la missione che si era dato: muovere guerra alla mafia e liberare la Sicilia dalla sua tara storica.

Possibile che davvero fosse questa la colpa di Falcone? Questa la ragione per cui gli fu riservato un trattamento tanto speciale da meritare il nome di persecuzione? Chi lo ammetterà mai? E come provarlo? Dunque, in assenza di prove – o evidenze come le chiamano inglesi e americani –, dovremmo concludere che il devastante accanirsi dei colleghi contro Falcone altro non sia stato, semplicemente e banalmente, che uno dei tanti contrasti che di continuo, ieri come oggi, si scatenano all'interno della magistratura? In altre parole, dovremmo convenire che fu tutta una questione di rivalità, invidie e gelosie personali o, tutt'al più, di beghe tra correnti, gruppi e cordate di potere?

Se questa versione fosse vera, cosa dovremmo pensare dei magistrati che contrastarono Falcone con ogni mezzo accusandolo di protagonismo, di esibizionismo mediatico, di sfrenata ambizione e di smanie di potere? Che erano "infastiditi" dal rumore che faceva? Al pari delle signore del condominio che protestarono per il disturbo e il subbuglio causati tutti i giorni da Falcone con le sue sirene e le sue scorte di polizia su e giù per le scale. E dell'angoscia che Falcone confidò agli amici per essere stato crocefisso, distrutto, esposto alla vendetta mafiosa, e della furia con cui Borsellino denunciò la magistratura colpevole di aver cominciato a far morire Falcone, cosa dovremmo pensare? Che erano esagerazioni di due paranoici?

Giovanni io l'ho conosciuto bene. Era un uomo molto intelligente, probo, prudente, equilibrato, e nello stesso tempo era molto determinato e tenace. Amava profondamente la sua Sicilia e, vedendola sottomessa, insanguinata e corrotta dalla mafia, si impegnò con tutta la sua energia intellettuale e morale e con tutte le sue capacità professionali per liberarla dalla sua tara storica.

Non fu folgorato all'improvviso sulla via di Damasco: si immerse nel lavoro e, passo dopo passo, coscientemente ne fece una missione non mistica, professionale. Ascoltava, osservava, indagava e verificava, e poiché lo faceva con scrupolo ed era dotato di un'intelligenza analitica fuor del comune, sempre attenta ai dettagli e alle connessioni, ogni giorno faceva un passo avanti. Come uno scienziato che progredisca nella sua ricerca osservando e registrando i fatti, le loro sequenze, i nessi col passato e le giunture del presente.

Non era un supereroe e nemmeno un santo. Come tutti aveva debolezze e commise anche errori a proprio danno: però, educato com'era alla serietà, allo studio, al sacrificio da una splendida famiglia italiana in cui spirava forte il senso dell'onestà e dell'amor di patria, aveva trasfuso la sua formazione morale e applicato la sua fibra robusta e la sua energia intellettuale alla sua missione. Con questa disciplina giunse a forgiare un metodo investigativo rigoroso perché fattuale, lontano mille miglia dalle suggestioni dei teoremi, nutrito in partenza di un modo di lavorare collegiale, paziente e prudente. Se aveva una mania era quella, prima di accusare chicchessia, di cercare riscontri alle testimonianze, conferme alle prove, e di procedere solo quando aveva la ragionevole convinzione di vincere la causa. Anche quando, anni dopo, formulò critiche allo stato dell'amministrazione della giustizia e alla sua incapacità o non volontà di affrontare alla radice la mafia, lo fece sempre in modo circostanziato, formulando proposte pragmatiche, rifuggendo dal velleitarismo degli improvvisatori come dalla demagogia dei politicanti.

Come tanti giovani degli anni sessanta la prima educazione era stata quella cattolica trasmessa dalla madre e praticata nell'Azione Cattolica (*cfr.* Maria Falcone, *Giovanni Falcone. Un eroe solo*, 2013). Poi, come è capitato a tanti ragazzi, la dottrina respirata in casa e in chiesa fu insidiata e scossa dal vento dell'istruzione e dalle esperienze di vita, e nuove fedi e nuovi orizzonti ne presero il posto. Si formò una sensibilità laica, moderna, illuminista e un approccio pragmatico e sensista privo di corsetti ideologici e libero da appartenenze partitiche. Eppure visse anche slanci di partecipazione e momenti di impegno politico – come quello profuso con grande fervore nei comitati pro divorzio e, anni dopo, nella campagna referendaria in difesa della legge Fortuna-Baslini. Scelte inusuali per un magistrato di quei tempi, soprattutto in una provincia conformista come Trapani, dove lavorò per dieci anni.

Quand'era ancora a Palermo, ragazzo innamorato del mare, presa la maturità e, senza dirlo al padre per non deluderlo e magari essere trattenuto, si iscrisse all'Accademia Navale. Pensava di diventare ingegnere nautico ma – precoce dimostrazione di quanto poco le smanie di carriera guidassero le sue scelte – si dimise dall'Accademia quando i superiori lo destinarono allo Stato Maggiore.

Non erano quelle le scarpe con cui voleva camminare.

Finché gli fu possibile praticò il nuoto e il canottaggio immagazzinando nei muscoli energie e memorie che gli torneranno preziose quando diventerà un instancabile lavoratore recluso in spazi angusti, blindati.

Ricordo: seduti accanto per dodici ore in un piccolo jet sento che respira affannosamente, mi giro e lo guardo: è contratto, quasi paonazzo. "Tutto bene?" gli chiedo preoccupato, "Sì tutto bene," esala d'un fiato, "sto facendo esercizi." Contraeva e rilasciava per venti o trenta secondi i muscoli delle spalle, del petto, della schiena, delle cosce, da seduto o sollevandosi appena sulle braccia.

Intelligente, indagatore, ironico l'ho visto ora allegro e loquace ora silenzioso, talvolta malinconico, sempre attratto dall'azione, mai domo, mai soddisfatto, saggiamente scettico. Amava la vita e i parchi piaceri che quella che si era scelto gli concedeva: l'amicizia, la convivialità, la bella compagnia, le gite in barca da Trapani dov'era sostituto procuratore all'incantevole Favignana. Per amore si sposò due volte, la prima moglie lo lasciò invaghita di un superiore, la seconda morì al suo fianco. Più esigente di ogni altra, anzi tiranna, si fece la passione per il lavoro di magistrato che si era scelto dopo la laurea a pieni voti.

Il grande sociologo Max Weber, da luterano laico, spiega la scelta di coloro che si dedicano alla scienza o alla politica – *als Beruf* – come una vocazione o una chiamata. In questo senso Falcone si sentì "chiamato" dall'amor di patria all'impegno pubblico e a farsi servitore dello Stato, e servì prima come allievo ufficiale di Marina, poi come magistrato.

Parlando delle nostre scelte di vita, un giorno, ci confessammo l'influenza che sulla formazione di entrambi aveva avuto Giuseppe Mazzini, con il suo patriottismo e il suo obbligante imperativo al dovere. Forse appartenevamo all'ultima generazione di italiani che subì quella fascinazione così esigente, o forse eravamo già dei sopravvissuti, la mente prigioniera di un passato che non avevamo vissuto. Sta di fatto che quelle motivazioni – le stesse che dal primo Risorgimento avevano acceso non so quante generazioni di giovani italiani – erano arrivate a lui come a mio fratello Antonio, nato lo stesso giorno di maggio, tre anni prima di Giovanni, entrambi a Palermo, e poi, qualche anno dopo di loro, arrivarono fino a me. Circostanze che mi fanno pensare che a contare davvero, più di quella dell'apostolo laico sempre vestito del lutto per la patria oppressa, sia stata l'influenza dei nostri genitori – le madri siciliane assai religiose e i padri con la loro laica religione del lavoro, l'attrazione per le scienze e per le tecniche.

La mafia lo lambì molto presto, si può dire da ragazzino, quando nemmeno poteva accorgersene. Quella mafia aveva il volto innocente di un paio di coetanei con cui giocava a calcio nel campetto sotto casa o a ping-pong nell'oratorio, e lui stesso raccontava la sorpresa provata rivedendo trent'anni dopo quei ragazzi diventati adulti, dall'altra parte della barricata nei palazzi di giustizia.

Anna e Maria, le sorelle più grandi, raccontano che in casa non si parlava mai di mafia, non per reticenza o rimozione, ma perché "era come se non esistesse". Così andavano le cose nelle famiglie della borghesia palermitana dove la parola "mafia" non arrivava o era l'eco sussurrata di qualcosa di estraneo, arcaico, remoto. Così del resto erano usi pensare e dire anche non pochi magistrati di allora: "La mafia non esiste, e anche se esistesse non possiamo farci nulla perché non si può processare un fenomeno, ma solo degli individui, se compiono dei reati."

A un certo punto però, appena iniziata la carriera, la mafia la incontrò davvero: non la stessa che smascherera da giudice istruttore, ma quella miserabile della bassa macelleria criminale di cui gli toccò occuparsi da pretore, a Lentini, e da sostituto procuratore nelle degradate periferie di Trapani.

Refrattario agli estremismi e alle esagerazioni, era attento ai fatti; sordo alle convenienze e ai conformismi pensava e diceva anche cose contro corrente, cose che a tante orecchie dovevano dare fastidio. Per esempio, che la mafia era diventata la più potente organizzazione criminale del mondo non perché figlia del sottosviluppo, ma perché capace di approfittare di uno sviluppo distorto come quello che si era realizzato in Sicilia, grazie a una spesa pubblica e a un sistema di appalti fuori controllo – conseguenze di uno Stato assente, incapace o restio a fare il suo dovere.

Diceva anche che la mafia si era organizzata, modernizzata e internazionalizzata, mentre lo Stato e la giustizia restavano disorganizzati e impotenti, affidati alle sporadiche iniziative di pochi eroici e volenterosi magistrati e poliziotti destinati a soccombere in una lotta impari in una terra infida, dove mafia e non mafia non avevano confini invalicabili.

Elaborando l'esperienza accumulata sul campo si convinse e cominciò anche a dire che con il nuovo codice i pubblici ministeri dovevano specializzarsi per essere all'altezza della responsabilità di guidare le indagini e che la loro autonomia doveva essere difesa già in quella fase, che non era un tabù intoccabile, e non poteva e non doveva essere un alibi per non coordinarsi, almeno non di fronte alla criminalità mafiosa. Quella minaccia sempre incombente sulla libertà, sulla dignità e sulla vita di tutti secondo lui imponeva piena sintonia, cioè fiducia reciproca e collaborazione tra gli organi dello Stato, ovvero tra governo, magistratura e forze di polizia.

Le cose sono andate diversamente. Il codice promulgato nel 1988, anziché fare del pubblico ministero l'avvocato della polizia, come Falcone avrebbe voluto, lo ha reso arbitro irresponsabile dell'iniziativa giudiziaria e padrone delle indagini anche se niente e nessuno lo ha preparato a un compito così impegnativo.

Se chiudo gli occhi nella retrocassa del cervello mi sembra ancora di risentire le sue parole, i suoi mantra: "Specializzazione, coordinamento, collaborazione... Lo Stato è molto più forte della mafia e può vincere... se unisce le sue forze... e se lo vuole."

Ho pensato a questo libro ogni anno di questi trenta trascorsi come si pensa a un debito che devi restituire, un debito con Giovanni e con me stesso. Ci ho pensato tutte le volte in cui ho visto sfilare in TV e nelle commemorazioni ufficiali di Falcone accanto ai parenti e ai pochi che gli hanno voluto bene anche coloro che lo hanno detestato, lottato, infamato quand'era in vita e che, da quando è morto, si ripropongono come amici di Falcone e addirittura come suoi eredi. Usurpazioni morali e professionali che non sono esclusiva dei superstiti nemici di allora. Ne sono autori anche i nuovi astri o meteore del firmamento giudiziario che rivendicano il loro personale metodo di indagine come fosse lo stesso di Falcone o un suo prolungamento nelle mutate circostanze mentre, con ogni evidenza, il metodo di "prima identificare il colpevole e poi cercare le prove", di sollevare polveroni nelle piazze mediatiche come preludi o accompagnamenti delle indagini e dei dibattimenti, di cavare conferme dai pentiti come si estraevano canzoni dai juke-box e di rateizzare le loro rivelazioni alla bisogna non solo è un metodo loro e soltanto loro, ma è un modo di screditare l'amministrazione della giustizia al quale Falcone quand'era in vita non fece sconti, mai.

Non mi interessano polemiche postume e non sono uso lanciare accuse per l'aria, ma la confusione è durata anche troppo: la confusione tra le poche verità e gli sciami di volatili suggestioni, la confusione tra chi ha fatto cosa, tra la sfera penale e la sfera politica, tra politici e magistrati i quali, come si deve sapere, non agirono tutti allo stesso modo ma facendo scelte diverse e anche opposte, e con diversa consapevolezza si assunsero nel fare, nel non fare e nel disfare incancellabili, distinte responsabilità.

Nemmeno il grande Tacito onorò sempre l'impegno che si era prefisso di narrare la storia dell'impero, *sine ira et studio*. "Senza ira né calcolo" vien naturale tradurre in italiano, ma la frase suonerebbe un po' vaga. Una versione più vicina al significato originale, ma non troppo prolissa rispetto all'icastica prosa latina suonerebbe meglio così: "Senza farsi dominare dall'ira e senza secondi fini."

Ci proverò e spero che il buon senso mi faccia sempre compagnia e l'autocontrollo buona guardia mentre ricostruisco e commento eventi di cui sono stato parte e non solo osservatore. Eventi che per come hanno fatto morire un uomo probo e un amico caro mi hanno fatto bere calici amari, provare un dolore indicibile e anche, lo confesso, bruciare di collera contro gli assassini e di sdegno verso i loro complici furtivi.

Falcone ebbe tanti nemici, ma due furono quelli che cominciarono a farlo morire e che poi effettivamente lo uccisero. Il nemico assoluto è stata la mafia di Totò Riina che lo massacrò col tritolo; il secondo, i non pochi magistrati che "cominciarono a farlo morire". È evidente che si tratta di due nemici diversi e che diverse furono le loro responsabilità, ma, sebbene incomparabili con quelle della mafia, le colpe di non pochi magistrati non sono meno gravi. Proprio perché erano magistrati, funzionari della Giustizia.

L'associazione criminale Cosa Nostra, volto e corpo della moderna mafia siciliana, aveva tutti i motivi per distruggere Falcone. Era il suo nemico più capace, il più pericoloso, il solo che l'avesse sconfitta portando a processo e ottenendo la condanna di tutti i suoi capi. Invece, la magistratura cui il giudice apparteneva, e i servitori dello Stato tra i quali lui stesso si iscriveva, non avevano nessun motivo per odiarlo, per denigrarlo, per isolarlo e, soprattutto, per disarmarlo. Al contrario, avevano il dovere di ascoltarlo, di valorizzare il suo lavoro e di farsi guidare da lui. A meno che al loro interno e tra i servitori dello Stato non vi fossero dei traditori, dei collusi, dei complici. Qualcuno è stato scoperto e processato, qualcuno si è tolto di mezzo, altri sospettati. Ma al di là di questi casi come non vedere che tra i due nemici di Giovanni, tra le loro schiere, l'una armata di tritolo e l'altra di trame e di calunnie, c'è stata e si è sviluppata un'azione parallela?

Parallele sono due linee rette che non s'incontrano mai è un assioma della geometria che nella geometria resta confinato.

In altre, diverse, esperienze umane l'assioma della geometria perde la sua assolutezza. In politica, per esempio. Così Aldo Moro, sfidando l'irrisione, sostenne che socialisti e democristiani procedendo ciascuno secondo una propria autonoma traiettoria avrebbero potuto convergere verso obiettivi comuni. E così andarono le cose nella realtà.

Secondo Caponnetto e Borsellino la magistratura – e non si riferivano solo ai vertici del CSM e della Corte di Cassazione – cominciò a far morire, a distruggere, a eliminare professionalmente Falcone. La mafia, seguendo un suo percorso, provò a ucciderlo fisicamente – per quel che ne sappiamo almeno tre volte – a Palermo, all'Addaura, a Roma.

A Capaci ci riuscì.

Dopo lo strano attentato dell'Addaura Falcone parlò di "menti raffinatissime", e tutti coloro che gli chiesero chiarimenti hanno inteso che non si riferiva a quelle dei mafiosi o non solo a quelle. Nelle settimane e nei mesi successivi poliziotti che erano sul luogo e potevano fornire testimonianze decisive a chiarire l'identità degli esecutori sono stati assassinati e gli assassini mai trovati. Lo stesso questore di Palermo, cui sarebbe troppo comodo attribuire tutte le responsabilità essendo nel frattempo deceduto, avrà un ruolo rilevante anche nei depistaggi successivi alla strage di via D'Amelio, con l'invenzione di rei confessi, poi creduti dai magistrati come oro colato quando si autoaccusarono, ma ignorati per tutti gli anni successivi in cui ritrattarono e rivendicarono la loro innocenza, accusando poliziotti e magistrati di averli forzati con metodi brutali e manipolati con false promesse.

Per vent'anni non ci sono state nei loro confronti iniziative e nemmeno indagini. Eppure la Procura di Caltanisetta che le indagini le condusse e istruì i processi e i diversi giudici che sentenziarono prendendo abbagli dopo quelli dei colleghi che si erano occupati dell'attentato dell'Addaura e dei successivi delitti, tutti dovrebbero risponderne perché gli errori e le colpe sono certe, ma non ci sono colpevoli né innocenti.

È ormai chiaro che c'è stata una scellerata volontà di colpire Falcone anche da parte di uomini dello Stato. Ma di chi? Restano controverse anche quelle ipotetiche volontà del defunto questore di Palermo Arnaldo La Barbera, del condannato, perseguitato e poi assolto dirigente dei servizi segreti Bruno Contrada, del magistrato del pool Domenico Signorino suicidatosi al primo sospetto. Segue una scia di altri sospettati che tali sono rimasti senza essere stati né processati né, tantomeno, giudicati colpevoli.

Molti anni dopo un nuovo pentito, Gaspare Spatuzza, confessati alcuni delitti si è autoaccusato anche di aver procurato l'auto poi fatta esplodere sotto casa di Borsellino, ma ha affermato di essere all'oscuro di cosa fosse accaduto prima e dopo, cioè di chi fossero gli autori della progettazione e del depistaggio. Ancora una volta quelle che il linguaggio giudiziario chiama "risultanze processuali" ci lasciano ad annaspare in quella zona grigia che tutto confonde e molto nasconde.

Forse è qui che convergono le due linee parallele di cui parliamo. Forse la chiave è nella definizione che dà Falcone della mafia non come antistato ma, appunto, come uno Stato parallelo: lo "Stato-mafia" che non è solo mafia e non è solo Stato.

Dopo la strage di Capaci a chiedere ai mafiosi di cambiare fu Rosaria Schifani. Accompagnata da un sacerdote sull'altare della cattedrale di Palermo – si celebravano con quelle delle altre vittime le esequie del marito Vito

Schifani – la giovanissima vedova straziata dal dolore e in lacrime obbedì alla pressione del sacerdote che sorreggendola la induceva a leggere le parole che la Chiesa aveva preparato. E lei tremando cominciò a dirle: "Io vi perdono...", ma subito, qualcosa, da dentro, la costrinse a spezzare l'ordine del discorso con un "però": "... Però dovete mettervi in ginocchio" e, scosso il capo, la voce rotta, soggiunse: "... cambiare... Sì, cambiare... Ma loro non cambiano, non cambiano..."

Quel dolore smisurato, infantile, selvaggio si è sovrapposto al mio e da allora lo accompagna.

Per questo, dopo la strage che smembrò il corpo di Paolo Borsellino, quando in Senato chiesi l'ultimo voto di fiducia sulle leggi con cui il Governo sconfiggerà Cosa Nostra mi sono tornate alla mente le parole di Rosaria. Ma non erano le parole di perdono che la Chiesa pretende. Erano una dichiarazione di guerra: "Vi faremo inginocchiare e chiedere perdono."

Anni dopo, gli assassini – molti di loro – catturati e o ravveduti, magari interessati a qualche sconto di pena, hanno confessato il loro ruolo in quella strage e in altri delitti e chiesto perdono.

Sarebbe importante sapere se anche i magistrati che congiurarono contro il giudice Falcone si sono pentiti, se riconoscono le loro colpe, se hanno chiesto perdono al dio della loro coscienza. Parlo dei magistrati che erano suoi colleghi, che l'avversarono apertamente, ma parlo soprattutto dei finti amici che l'ingannarono e lo tradirono. Parlo anche dei giornalisti e dei politici complici dello scempio che fu fatto di Falcone, della sua professionalità e della sua stessa umanità.

Per esempio, si sono pentiti i tanti che accusarono Falcone di essere preda di un'ambizione e di un protagonismo smodati e persino di una incontrollabile smania di potere? E quelli che lo accusarono di essersi organizzato un falso attentato per carpire la buona fede di tutti e acquisire l'aura della vittima? Si sono pentiti il sindaco Orlando Cascio e i suoi complici che scagliarono su Falcone la calunnia più atroce e miserabile, quella di tenere nascosti nei cassetti della Procura i nomi dei mandanti politici degli assassinii di Piersanti Mattarella e del generale Dalla Chiesa? Si sono pentiti i colleghi che l'accusarono di aver abbandonato Palermo per accomodarsi a Roma "venduto al ministro socialista"? Hanno finalmente capito, o pensano ancora di aver avuto ragione? E quelli che sostennero che Falcone non doveva – anzi, non poteva – diventare Procuratore nazionale antimafia perché non dava più garanzie di indipendenza... si sono pentiti o almeno ravveduti?

Chissà se hanno finalmente compreso che Falcone era così risoluto a fare guerra alla mafia che accettò, ben felice, di farlo dal governo semplicemente perché a Palermo la magistratura glielo aveva reso impossibile? Era un motivo serio, un motivo grave quello che spinse Falcone a quella scelta, sì o no? E Falcone dal Governo rese un grande servizio al paese e allo Stato, sì o no?

Quest'ultima domanda ne trascina un'altra cruciale, decisiva per capire il passato e quanto mai attuale: cos'è più importante? La sottomissione dei magistrati alla corporazione, sempre e comunque, anche alle sue logiche perverse o la fedeltà a un superiore senso dello Stato e al dovere che ne deriva? Ancora più direttamente: è giusto restare sempre e in ogni caso aggrappati al mestiere di magistrato, o talvolta è meglio – anzi, doveroso – rinunciarvi, pur di restare fedeli alla missione che ci siamo dati? Il mandato che Falcone si era assegnato – far guerra alla mafia e sconfiggerla con le armi del diritto e con la spada, cioè con l'uso legale della forza – era più importante per il bene comune e per la giustizia del presunto interesse della categoria, sì o no? E le nuove leggi e le nuove istituzioni che facemmo insieme io, il ministro degli Interni Vincenzo Scotti e Falcone con altri magistrati come Loris D'Ambrosio – anch'egli poi vittima della *vis* accusatoria dei colleghi – si sono rivelate giuste ed efficaci a catturare e far condannare centinaia di boss mafiosi, a isolarli col 41 bis dal consorzio civile perché non nuocessero né fuori né dentro le carceri? O hanno privato la magistratura della sua autonomia e indipendenza come loro sbraitavano?

Si crede che la dimensione politica sia quella che con maggiore frequenza si scontra e confligge con gli imperativi morali. Ricordo un caso di questo genere antico e noto, quello dell'invasione dei carri armati sovietici a Budapest e le parole che Giancarlo Pajetta oppose ai dissidenti che per protesta lasciarono il partito: "Meglio aver torto nel partito che ragione fuori dal partito." Ma se è così, se il partito ha sempre ragione anche quando è evidente che ha torto, allora la ragione cessa di unire gli uomini e di poter dirimere i loro conflitti. Però in questo modo in campo resta solo la forza e il suo volubile servire questo o quel partito, questa o quella corporazione, questo o quell'uomo. Non dovrebbe essere finalmente chiaro a tutti che senza regole e leggi superiori e condivise, quelle che più direttamente presidiano i diritti fondamentali, nessuno è più al sicuro? Che chi priva se stesso del diritto alla verità, al dissenso e anche alla ribellione non esiterà domani a privarne anche gli altri?

Il dilemma può proporsi anche in altri ambiti – l'avvocatura, la professione di medico –, anzi, a ben guardare, in tutti i mestieri e in tutte le professioni. In linea di massima quando gli interessi di una categoria professionale entrano in conflitto con il perseguimento di un interesse maggiore – il bene comune – vuol dire che quella categoria o corporazione o gruppo sociale rischia di deviare o ha già deviato dalla strada maestra. Se la magistratura nel suo insieme e nei suoi organi rappresentativi e associativi – dunque non singoli erranti giudici e pubblici ministeri – non ha interiorizzato un senso del limite, della misura, della responsabilità nel garantire la sicurezza e la libertà dei cittadini e l'assolvimento dei propri doveri verso lo Stato, se si ritiene obbligata esclusivamente verso se stessa, inevitabilmente finirà col sentirsi superiore prima ai cittadini comuni, poi al legislatore, infine alla legge stessa, e a comportarsi di conseguenza. Tutto questo è accaduto in un passato non lontano e anche di recente.

Il superiore interesse umano e il diritto naturale in costante evoluzione dovrebbero sempre farci da guida e già in principio escludere o prevenire il rischio che la protezione di fondamentali diritti umani possa essere sacrificata sull'altare del quieto vivere, di interessi economici, di classe, di partito e del presunto primato di qualche corporazione o associazione. Fino a che non sono in gioco valori più grandi siamo tutti soggetti alla legge vigente e ai giudici purché essi stessi per primi la rispettino.

Giuliano Amato, presidente della Corte Costituzionale in carica mentre scrivo, ha affermato che il compito della Corte Costituzionale non è quello di cercare "il pelo nell'uovo", il cavillo giuridico cui impiccare, per negarlo, un diritto garantito dalla Costituzione come quello di indire un referendum. Compito della Corte è assicurare anzitutto il rispetto dei diritti fondamentali. Se la suprema istanza costituzionale riconosce al di sopra del giuridicismo il primato dei diritti fondamentali perché non dovrebbero agire nello stesso modo anche il Consiglio Superiore della Magistratura e la Suprema Corte di Cassazione? Perché quando era in gioco la vita di tanti concittadini minacciata dalla più potente associazione criminale non avrebbero dovuto far prevalere l'inoppugnabile capacità di chi sapeva contrastarla sulla regola comoda, elusiva e stantia dell'anzianità? Questa domanda ha una funzione retorica: quella di escludere che la ragione di tutti quei "no" a Falcone fosse quella dichiarata, e cioè il rispetto di un regolamento interno che, tra l'altro, in precedenti occasioni era stato tranquillamente ignorato. Quei richiami al regolamento erano pretesti, cortine fumogene per bloccare Falcone, per togliergli il comando di quell'Ufficio Istruzione e impedirgli di continuare a farne l'avamposto della giustizia contro la mafia.

Falcone vive, continua a vivere tra noi, grazie ai risultati della sua opera, per quel che ha fatto, detto, scritto e per come si è comportato nella professione e nella vita proietta un'ombra che dura nel tempo, l'ombra di un gigante.

Quanto a quelli che lo disarmarono e lo esposero alla vendetta della mafia il tempo, per noi, di conoscerli e per loro di riconoscere i propri errori, non scade mai.

Prima parte

Il contesto, la formazione e l'ascesa

Appunti sulla mafia e la Sicilia

Nel suo passato plurisecolare la mafia è stata molte cose: si è, per così dire, replicata, come un virus che per sopravvivere si adatti all'ambiente, ne sfrutti le opportunità e mutando sviluppi maggiore resistenza e aggressività. Falcone la definiva come "la patologia del potere": dunque non è sbagliato parlarne come di un virus che si forma nel potere o che prende vita da una degenerazione del potere e che dalle sue cellule malate si propaghi alle altre.

Intorno alla metà dell'800, in un contesto agrario ancora feudale, gruppi armati di campieri – guardiani dei campi – al servizio di latifondisti e baroni e da questi fomentati e comandati – diedero vita a cosche, bande e associazioni segrete e le chiamarono Cosa Nostra. Il loro lavoro quotidiano era di tenere in riga i contadini e di tutelare le proprietà e gli interessi dei loro padroni con le buone o con le cattive, ricorrendo alla forza bruta e al delitto tutte le volte che lo ritenevano necessario – o conveniente – per prevenire o reprimere rivendicazioni, proteste, rivolte. Nel tempo, seguendo i latifondisti anche le cosche di Cosa Nostra, attratte dalle città, si resero più autonome e si misero in proprio scoprendo di poter lucrare molto di più usando per sé l'intimidazione, il taglieggio, i ricatti e la violenza contro commercianti, artigiani, piccoli e medi imprenditori.

Poi, le caratteristiche primitive di comunitarismo familistico, difensivo e aggressivo furono aggravate e potenziate dal circuito di relazioni e di reciproca influenza tra la Sicilia e l'America.

Con le ondate migratorie di fine '800 e dei primi decenni del '900 anche la Cosa Nostra siciliana e la più anarchica camorra napoletana, varcarono l'oceano e si impiantarono in città e quartieri degli Stati Uniti come Brooklyn, il New Jersey, Chicago e Detroit. I soprusi subiti, l'esempio di preesistenti organizzazioni criminali tali quelle irlandesi o ebraiche, ma soprattutto le opportunità offerte da una società molto più dinamica e da un mercato più libero, spinsero la mafia a modernizzarsi e a internazionalizzarsi dotandosi di mentalità, orizzonti e mezzi moderni.

Poi successe che i legami di sangue, le tradizioni e i vizi comuni tra le due Cosa Nostra si ravvivassero con lo sbarco e l'occupazione della Sicilia da parte dell'esercito americano. Per controllare il territorio i comandi americani ebbero, già prima di partire, l'infelice idea di avvalersi e con ciò valorizzare gangster italo-americani come Lucky Luciano. Appoggiandosi alla Chiesa cattolica sempre molto influente in Sicilia e sfruttando le conoscenze e le relazioni di un mafioso di spessore come Luciano, americani e inglesi sotto il comando di Eisenhower e di Alexander si installarono in un territorio a loro sconosciuto. L'amministrazione militare impose un qualche ordine nell'anarchia successiva al crollo del regime fascista e di ogni autorità dello Stato nominando prefetti e amministratori suggeriti soprattutto dalla Chiesa, ma anche dai circuiti mafiosi e dal Movimento Indipendentista Siciliano (MIS). Il movimento, fondato da Finocchiaro Aprile, visse il suo momento magico nell'interregno tra la fine del fascismo, la crisi della monarchia (di cui chiese anzitempo l'abdicazione) e l'occupazione straniera. Il programma di dar vita a una nazione e a uno stato siciliano indipendente fu oggetto delle distinte attenzioni degli alleati inglesi e americani e dei loro servizi segreti interessati ad attrarre gli indipendentisti siciliani nelle rispettive orbite di influenza. Nel '45 vi fu anche un tentativo di organizzare un esercito e un'insurrezione armata separatista che tuttavia presto capitolò di fronte alla reazione sia delle forze dell'ordine sia di reparti del ricostituendo esercito italiano inviati nell'isola per reprimere l'insurrezione. È allora che nasce l'alleanza tra il MIS e il banditismo di Salvatore Giuliano, prologo della più generale alleanza stretta nel settembre di quello stesso anno tra il barone latifondista Lucio Tasca e mafiosi del calibro di Calogero Vizzini, Giuseppe Genco Russo, Michele Navarra. Ne facevano parte anche i boss allora adolescenti Pippo Calò e Tommaso Buscetta, che quarant'anni dopo si ritroveranno nemici implacabili a duellare nel maxiprocesso di Palermo. Nonostante numerose ma minoritarie frange dissenzienti il fenomeno separatista assunse sempre più contorni mafiosi. Secondo l'analisi del generale dei carabinieri Amedeo Barca, "il movimento agrario separatista siciliano e la mafia da diverso tempo hanno fatto causa comune; anzi, i capi di tale movimento, tra i quali don Lucio Tasca, si debbono identificare per lo più con i capi della mafia nell'isola".

Resta che un risultato politico importante quel movimento lo ottenne con la promulgazione da parte del re Umberto II di un decreto legislativo che riconosceva all'isola uno statuto speciale di autonomia. Quel decreto fu convertito in legge costituzionale il 26 febbraio del 1948 dal Parlamento della Repubblica e tuttora regola i rapporti tra la Sicilia e l'Italia.

Già prima di allora i capi mafiosi, abbandonando i fallimentari proclami separatisti e le nostalgie monarchiche e fasciste, si erano rivolti ed erano stati calamitati dai ricostituiti partiti nazionali. Secondo Pio La Torre e Emanuele Macaluso (autori di una relazione di minoranza nella Commissione parlamentare antimafia) fu la DC di Mario Scelba, di Bernardo Mattarella, di Salvatore Aldisio, Salvatore Orlando Cascio) a conquistare alla propria causa i voti prima controllati dai latifondisti agrari e dalla mafia. A parte uno storico, viscerale antisocialismo e anticomunismo del tutto coerente con la sua matrice classista e la sua cultura reazionaria di braccio armato della proprietà, la mafia non ha ideologie, ma una cultura reazionaria, una religiosità superstiziosa e una naturale vocazione ad allearsi con i potenti di turno e la DC, partito maggioritario, che si avviava a esercitare nell'isola un vero monopolio del potere.

Dettando il suo libro intervista a Marcelle Padovani, così Falcone tratteggia i rapporti tra mafia e politica:

> *Per vent'anni l'Italia è stata governata da un regime fascista in cui ogni dialettica democratica era stata abolita. Successivamente un unico partito, la Democrazia Cristiana, ha monopolizzato, soprattutto in Sicilia, il potere, sia pure affiancata da alleati occasionali... Dal canto suo l'opposizione, anche nella lotta alla mafia, non si è sempre dimostrata all'altezza del suo compito, confondendo la lotta politica contro la Democrazia Cristiana con le vicende giudiziarie nei confronti degli affiliati a Cosa Nostra, o nutrendosi di pregiudizi tipo: "Contro la mafia non si può fare niente fino a quando al potere ci sarà questo governo con questi uomini."* [Marcelle Padovani, *Cose di Cosa Nostra*, p. 16]

Conseguenza di questo più che quarantennale contesto politico è stata l'intermittenza e più spesso l'inerzia dell'azione antimafia dello Stato. La classe dirigente italiana e, soprattutto, la sua parte siciliana, quella più implicata e condizionata dalla presenza minacciosa e capillare dell'organizzazione mafiosa, non ha mai non dico nutrito la volontà ma nemmeno concepito l'idea di un attacco frontale e sistematico alla mafia. E qui non c'entra la tanto spesso evocata storica instabilità dei governi della Prima Repubblica. In materia di politiche di contrasto alla criminalità organizzata i governi italiani sono stati molto stabili e molto coerenti: nell'inerzia. Erano convinti di non avere alcuna certezza di poter cogliere risultati concreti nel breve termine? Temevano di aver tutto da perdere e poco da guadagnare a impegnarsi sul terreno dello scontro? Si sono illusi – hanno voluto illudersi – che un fenomeno criminale di tale portata potesse essere se non debellato almeno contenuto aggravando i mesi di custodia cautelare per qualche assassino colto in flagrante? Hanno temuto reazioni incontrollabili in contesti segnati da un'alta densità mafiosa? Sta di fatto che una mobilitazione generale, consapevole, duratura e costante di tutto l'apparato repressivo sostenuto dalla società civile non c'è stata mai. Ci sono state reazioni puntuali di fronte a casi eclatanti: a un delitto rumoroso si rispondeva con un decreto rumoroso del genere borbonico – *Facite 'a faccia feroce* -, magari qualche retata in un quartiere tormentato da malviventi, oppure la nomina di un commissario straordinario straordinariamente disarmato, tanto più libero di agitarsi quanto più impotente. Insomma, per dirla con Falcone, "pannicelli caldi" pensati non per affrontare il problema, ma per tranquillizzare l'opinione pubblica e passare a un altro punto all'ordine del giorno.

Nell'arco di due generazioni alla mafia dei campieri al servizio di interessi semifeudali subentrò prima la mafia urbana degli appalti, poi quella del narcotraffico che aveva il suo epicentro a Palermo e a Trapani, dove Cosa Nostra aveva creato la più grande raffineria d'oppio d'Europa impiegando gli esperti chimici francesi che vendevano la loro professionalità al miglior offerente. Al centro del traffico mondiale di stupefacenti tra Oriente e Occidente, Cosa Nostra cominciò a lucrare immensi profitti che si aggiungevano a quelli tradizionali ottenuti con la corruzione delle pubbliche amministrazioni, i racket, le estorsioni. Il circuito criminale si completava con il riciclaggio del denaro sporco affidato ai "colletti bianchi" e alle seconde generazioni criminali. Come una metastasi, la mafia si diffondeva e si ingrassava con capillari infiltrazioni nell'economia legale nel Nord italiano ed europeo, diventando in parte legale senza mai cessare di essere mafiosa.

Il potere della mafia siciliana restava ben radicato nei territori tradizionali, ma, sollecitate dalla Cosa Nostra americana, le arcaiche e capillari strutture familistiche si erano via via date un'organizzazione più moderna e unitaria, disciplinata e gerarchica, e di un vero e proprio esercito ben armato.

L'esercito mafioso, la sua violenza, la sua capacità di intimidire distribuendo morti e distruzioni era il fulcro, la forza dello "Stato-mafia". Alle vecchie lupare avevano aggiunto i kalashnikov, le calibro 38, le Magnum 356, i bazooka, il tritolo degli esplosivi recuperato dalle tante bombe inesplose sparse nell'isola e dalle cave di zolfo, di marmo perlato siciliano.

Con quelle armi terrorizzavano commercianti, imprenditori, cittadini e si combattevano le guerre interne alle cosche che non cessarono del tutto nemmeno con la vittoria e la supremazia della cosca più feroce di tutte, quella dei corleonesi comandati da Michele Navarra e Luciano Liggio, poi da Salvatore Riina, Bernardo Provenzano, Leoluca Bagarella, i fratelli Graviano. Furono loro a sgominare e porre fine al lungo predominio delle famiglie palermitane, ultime quelle di Stefano Bontate, Gaetano Badalamenti, Tommaso Buscetta, legate alle famiglie americane.

Mentre la mafia si era modernizzata e internazionalizzata lo Stato italiano era rimasto quello degli anni quaranta e cinquanta. La prevenzione affidata alle rare stazioni di carabinieri e poliziotti male armati e peggio organizzati. La repressione giudiziaria – quando attiva – affidata a pochi isolati volenterosi magistrati alle prese con testimoni omertosi pronti a ritrattare le confessioni rese nel corso delle indagini. Contro gli uomini della legge non asserviti o condizionati ricatti e intimidazioni erano attivabili in ogni momento delle inchieste o dei dibattimenti, e tempestivi e spietati scattavano gli assassinii mirati di forze dell'ordine, di magistrati inquirenti e di giudici.

> *Fino a quando la regola non scritta è stata quella della non ingerenza tra i due ordinamenti, lo Stato e la mafia, il copione da rispettare era fisso: qualche anno di prigione, il potere di uno stato "straniero" da sopportare e alla fine il ritorno a casa del mafioso con un'aureola di maggior prestigio.* [Marcelle Padovani, *op. cit.*, p. 64]

La cultura giuridica e l'andazzo giudiziario del tempo erano tali che quando non negavano l'esistenza stessa della mafia al contrasto preferivano la non belligeranza e la convivenza pacifica. Come si ricorre alle cure palliative davanti a un male incurabile, così la mafia veniva trattata con garbo e rispetto, grida manzoniane e fiacchi rimedi. Del resto, a lungo, ancora ieri se non oggi, nel linguaggio corrente, non solo in quello degli accoliti, i boss non erano forse chiamati "uomini d'onore", uomini che meritavano rispetto perché garantivano un certo ordine, insomma "uomini veri"? Dunque appartenenti a una categoria superiore a fronte dei "mezzi uomini, degli ominicchi, dei pigliainculo e dei quaquaraquà", secondo la classificazione antropologica del boss don Mariano ne *Il giorno della civetta* di Leonardo Sciascia. Come spiegare l'imprevedibile fortuna, il successo popolare e la durata nel tempo che quella graduatoria protoumana riscosse in Sicilia e in tutta Italia sino a diventare un cliché di uso comune? Come spiegarsi che il linguaggio mafioso catturato da Sciascia sia così potente da perdere ogni connotazione critica e rovesciarsi da disvalore in valore? Dovremo ammettere che la violenza e la superbia che fanno di certi uomini un'élite arrogante e il disprezzo che essi annettono agli altri quattro quinti di umanità rispecchiano un comune sentire? Resiste nel nostro inconscio un atavismo così radicato e diffuso che aspetta solo di essere risvegliato perché incarna un'idea, un archetipo di umanità a suo modo "superiore", se non eroica? Un'umanità fuori legge perché si ritiene superiore alla legge, perché, come i guerrieri di un tempo andato, la sua forza e la sua volontà sono la legge, l'unica legge che conta. Un'umanità del genere è posseduta da una cultura di morte anche se non è mafiosa, anche se non sa neanche cosa sia la mafia. Giovanni Falcone osservando la "straordinaria contiguità economica, ideologica, morale tra mafia e non mafia, e l'inevitabile commistione tra valori siciliani e valori mafiosi" ne trasse una considerazione più generale che fa riflettere:

Gli uomini d'onore non sono né diabolici né schizofrenici. La tendenza del mondo occidentale, europeo in particolare, è quella di esorcizzare il male proiettandolo su etnie e comportamenti che ci appaiono diver-

si dai nostri. Ma se vogliamo combattere efficacemente la mafia, non dobbiamo trasformarla in un mostro né pensare che sia una piovra o un cancro. Dobbiamo riconoscere che ci rassomiglia. [Marcelle Padovani, *op. cit.*, p. 94]

Poche righe prima vestendo panni meno sociologici e più professionali aveva osservato:

La cosa più difficile da combattere è proprio questa contiguità, soprattutto quando diventa rapporto di interesse o di potere. [Marcelle Padovani, *op. cit.*, p. 93]

Lo Stato e i suoi apparati non disponevano di conoscenze aggiornate né di leggi adeguate a combattere la mafia e probabilmente nemmeno della volontà. La loro inerzia trovava giustificazione nella sottovalutazione della pericolosità della mafia da parte dei governi nazionali perché, come ebbe a dire Amintore Fanfani, segretario della DC e presidente del Consiglio, "il contrasto alla criminalità non è una priorità di governo". Le amministrazioni e le classi dirigenti locali intente a spartirsi la spesa pubblica e gli appalti quando non erano infiltrate e colluse a tutto pensavano salvo che a denunciare i mafiosi. In un simile contesto come pretendere che un popolo uso alla sottomissione e un'opinione pubblica rassegnata alla prepotenza, privi di esperienze di autogoverno, poco educati al senso dello Stato e ancor meno fiduciosi nella sua volontà di combattere la mafia reagissero e insorgessero? Oltretutto, per secoli, lo Stato, in Sicilia e in buona parte del Mezzogiorno, ha avuto il volto di una potenza straniera e, a lungo, anche dopo l'unità nazionale, è stato vissuto come uno Stato estraneo, lontano e inefficiente, capace solo di imporre tasse e con la leva obbligatoria di rubare giovani alle famiglie e al lavoro.

Accadeva piuttosto che nell'assenza dello Stato e della sua giustizia fosse la mafia a farsi Stato e ad amministrare una propria giustizia spiccia e sbrigativa ottenendone in cambio un controllo sempre più pervasivo del territorio, dell'economia, del lavoro.

A partire dagli anni sessanta Cosa Nostra cominciò a crescere come potenza del narcotraffico mentre perduravano la paralisi della giustizia e l'anestesia della società civile. Al culmine di quel lungo periodo di *pax* mafiosa, Cosa Nostra, in Sicilia, arrivò ogni anno a fatturare mille miliardi e mezzo migliaio di morti, per lo più assassinati nelle guerre tra mafiosi per spartirsi il potere, cioè il controllo del territorio e dei traffici illeciti.

Se nell'immediato dopoguerra i soli che osarono sfidare la mafia erano stati coraggiosi sindacalisti, in gran parte socialisti come Placido Rizzotto e Salvatore Carnevale, ammazzati dai latifondisti col piombo dei campieri, negli anni del boom economico e in quelli successivi la scena pubblica, salvo eccezioni, era spesso occupata da politici politicanti. I più di loro impegnati ad accaparrarsi ciascuno la sua quota di trasferimenti di denaro pubblico dallo stato alla Regione Autonoma, indifferenti o pavidi di fronte a Cosa Nostra – quando non corrotti e collusi. Un tale contesto rende ancor più merito ai pochi coraggiosi che – tra le forze dell'ordine, i magistrati, i politici, i giornalisti – osarono reagire, ribellarsi, denunciare pagando con la vita il prezzo della loro lotta.

Eppure, già nel 1972, un giovane presidente genovese della commissione parlamentare d'inchiesta sulla mafia, Francesco Cattanei, aveva sottolineato la pericolosità della mafia che seguendo le rotte della droga andava insediandosi "ben oltre le sue basi tradizionali in città come Milano, Roma, Napoli, Genova e nei territori limitrofi" avvalendosi non solo della forza intimidatrice della violenza. Le indagini citate da Cattanei dimostravano infatti "l'esistenza di un'effettiva connivenza, oltre che convivenza, non solo di ampie aree della società, ma delle stesse istituzioni pubbliche, comprensive della magistratura, dei partiti e degli enti locali". E aggiungeva: "Le ripetute assoluzioni confermavano... l'impressione di una permanente impunità per i grossi esponenti mafiosi, attraverso un meccanismo che sfuggiva al controllo della legge, del Parlamento e di tutti gli organi e poteri dello Stato... Ed ancora una volta risultava confermato che, nonostante periodi di quiescenza anche prolungati della delinquenza mafiosa, la pericolosità della mafia era da considerare continua e tale da poter dar luogo a manifestazioni improvvise ed assai gravi di violenza fino a quando non fossero stati individuati e colpiti i legami tra la mafia ed alcuni ambienti pubblici che, soprattutto a livello di amministrazioni locali, non ponendo in atto i necessari controlli, consentivano ad esponenti mafiosi di continuare nella loro attività parassitaria in importanti settori economici."

Eppure, in anni successivi, non mancheranno tentativi di uomini politici – come Piersanti Mattarella e Pio La Torre –, di magistrati come Gaetano Costa, Rocco Chinnici, Ciaccio Montalto –, di carabinieri e poliziotti come Emanuele Basile, Boris Giuliano, Beppe Montana e Nini Cassarà di affrontare la mafia e di combatterla. Ma una risposta sistemica dello Stato non c'è mai stata, e nemmeno la capacità di rinnovare e potenziare gli apparati di sicurezza. Tutti quei servitori dello Stato e molti altri come loro verranno ammazzati, le risposte sporadiche e occasionali saranno di breve durata e non daranno frutti.

Nel 1982 sarà la volta del generale Carlo Alberto Dalla Chiesa di provare ad affermare la presenza dello Stato e di manifestare l'intenzione di spezzare i legami tra mafia e pubblici poteri, riprendendo la precedente indagine, detta dei "161+1", condotta dal commissario Cassarà e dai capitani dei carabinieri, Tito Baldo Honorati e Angiolo Pellegrini. Quel numero 1 si riferiva a Michele Greco, il capo della vecchia mafia detto il "papa". L'intento era quello di aggiornare la mappa delle famiglie mafiose a Palermo. Ma il generale che aveva sconfitto il terrorismo delle Brigate Rosse non aveva valutato la rapidità di reazione di Cosa Nostra alla sua nomina. Nominato prefetto di Palermo dopo l'assassinio di Pio La Torre e nel pieno della guerra tra le cosche mafiose, giustamente protestò per non aver ricevuto dal Governo i poteri straordinari che gli erano stati promessi, ma trascurò la propria sicurezza. Il 3 settembre verso le 21 uscì dalla prefettura per recarsi a cena con la giovane moglie Emanuela Setti Carraro a bordo di una piccola vettura seguito da un'alfetta con un carabiniere di scorta. Eliminata la scorta solitaria da un attacco in motocicletta una BMW avvicina l'auto del generale in movimento e spara raffiche contro il parabrezza trucidando il generale e la moglie.

Tre giorni dopo l'assassinio il governo replicherà l'eterno copione istituendo un ulteriore Alto Commissario armato di titoli, compiti e grida manzoniane. Unica, vera novità sarà il varo della legge Rognoni-La Torre che introduce con il 416 bis il reato di associazione di stampo mafioso e la confisca dei beni mafiosi.

Un avamposto nella palude

Falcone finiva il liceo e si iscriveva all'Accademia Navale quando l'Ufficio Istruzione di Palermo sotto la guida di Cesare Terranova che ne aveva fatto parte dal 1958 diventa il presidio più combattivo, l'avamposto giudiziario della lotta alla mafia. Fu Terranova a condurre le indagini e a emanare le sentenze istruttorie che portarono ai primi grandi processi contro Cosa Nostra. Il processo a Angelo La Barbera e altri 116, quello contro il boss Pietro Torretta e altri 120 e quello contro lo storico capo della cosca corleonese Luciano Liggio (o Leggio) più altri 63. Terranova ottenne la condanna di Liggio all'ergastolo per l'assassinio del suo rivale, il celebre medico, sindaco e boss di Corleone, Michele Navarra. Gran collettore di voti in tutta l'area corleonese, d'intesa coi ministri Salvatore Aldisio, Bernardo Mattarella e Calogero Volpe, nel dopoguerra Navarra riuscì a spostarli dal MIS alla Democrazia Cristiana. Portando questa dote elettorale Navarra poté inserirsi nel nuovo potere politico confermando la natura della mafia quale patologia del potere di turno.

Con l'uccisione di Navarra, Liggio diventa il boss incontrastato di Corleone e coi suoi luogotenenti Totò Riina e Bernardo Provenzano comincia a colpi di lupara e mitraglietta la sanguinaria scalata al vertice di Cosa Nostra di cui ricostituisce la "Commissione", cioè la struttura di vertice con a capo i palermitani Stefano Bontate e Gaetano Badalamenti. Fu quest'ultimo, all'inizio degli anni sessanta, a inaugurare il traffico di eroina verso gli Stati Uniti tenendo questo business nelle proprie mani ben separato dall'organizzazione Cosa Nostra, sia quella siciliana sia quella americana. Si narra che la scoperta di questo filone d'oro e di come Badalamenti se ne appropriasse abbia suscitato l'invidia e la collera del rampante Riina.

Ma torniamo al dopoguerra, a quando Luciano Liggio era ancora subordinato a Navarra, che ancora teneva sotto di sé e imponeva la sua legge su tutta Corleone.

A non piegarsi alla prepotenza fu il segretario della Camera del Lavoro, un sindacalista socialista. Placido Rizzotto si era assegnato era un compito difficile, pericoloso, bellissimo: difendere i contadini dai soprusi dei latifondisti locali e dei campieri mafiosi, far valere i loro diritti anche affrontando lo scontro fisico. Rizzotto di coraggio ne aveva da vendere e lo infondeva ai suoi seguaci facendo il suo lavoro di sindacalista con spavalderia e, quand'era il caso, dando l'esempio.

Una sera, nella piazza di Corleone, mentre era in corso una rissa tra i compagni di Rizzotto e gli uomini di Liggio, il sindacalista, sceso dal palco, fendé la folla, si avvicinò a Navarra, lo sollevò con le braccia sopra di sé e, umiliandolo davanti a tutti, lo appese alla grata del cancello della casa comunale. Si può solo immaginare come abbiano trionfato quella sera i suoi compagni con che risa e vino e canti abbiano dato vita alla sua leggenda.

Non passò molto tempo. Il 10 marzo di quel 1948 Rizzotto scomparve, dissolto nel nulla non si trovò più. Solo sessantun anni dopo, nel 2009, verranno ritrovati i suoi resti. Tuttavia l'indagine affidata all'allora capitano dei carabinieri Carlo Alberto Dalla Chiesa portò all'arresto di due mafiosi che prima confessarono di aver ucciso Rizzotto in concorso con Luciano Liggio poi rivelarono anche che Giuseppe Letizia, il pastorello che aveva assistito al delitto e l'aveva raccontato, era stato avvelenato con un'iniezione letale praticatagli dal dottor Michele Navarra.

A parte quella su Liggio, le altre vittorie giudiziarie di Terranova furono scarse e di breve durata. In genere sia gli strumenti giudiziari che ancora non prevedevano come crimine l'associazione mafiosa sia soprattutto le indagini della polizia e dei carabinieri coi loro verbali imprecisi, redatti in una lingua approssimativa fornivano scarso supporto di prove nei processi. I giudici, a loro volta, quando non erano intimidi o riluttanti per partito preso, non erano usi né preparati a processi confusi, caotici, e faticavano a destreggiarsi tra testimoni che si contraddicevano e ritrattavano di continuo. Così, come tanti altri, il processo che per la prima volta smascherava la cosca mafiosa dei corleonesi, trasferito a Bari per legittima suspicione, si concluderà con assoluzioni per insufficienza di prove e condanne risibili. Il giovane Riina, per esempio, fu condannato, ma solo per mancato possesso della patente.

Terranova prese congedo dalla magistratura e accettò l'offerta del PCI, e per tre legislature fu eletto in Parlamento come indipendente. Nella commissione parlamentare si impegnò con Pio La Torre ed Emanuele Macaluso a scrivere la celebre relazione di minoranza divenuta celebre per la denuncia dei collegamenti tra mafia e politica e a introdurre nella nostra legislazione il reato di associazione mafiosa. Poi decise di tornare a fare il magistrato, ma non ebbe il tempo di riprendere il suo posto di capo dell'Ufficio Istruzione. Il 25 settembre del 1979 a Palermo si sente una sparatoria e poco dopo Terranova viene trovato assassinato con il suo amico e fedele collaboratore Lenin Mancuso. Ancora oggi non si possono leggere senza commozione le parole che Leonardo Sciascia gli dedicò:

E credo gli venisse tanta acutezza e tenacia e sicurezza, appunto dal candore: dal mettersi di fronte a un caso candidamente, senza prevenzioni, senza riserve. Aveva gli occhi e lo sguardo di un bambino. E avrà senz'altro

> *avuto i suoi momenti duri, implacabili; quei momenti gli valsero la condanna a morte; ma saranno stati a misura, appunto, del suo stupore di fronte al delitto, anche se quotidianamente vi si trovava di fronte.*

L'anno seguente, il 1980, il testimone dell'avamposto giudiziario nella palude palermitana passa a Rocco Chinnici che diventa il nuovo capo dell'Ufficio Istruzione di Palermo. Anche lui era esperto di mafia, l'aveva indagata ripetutamente e aveva scritto per il CSM relazioni importanti sulla sua "collocazione all'interno del fenomeno criminoso". Chinnici è il primo a capire che il narcotraffico poggia sui collegamenti tra i due rami di Cosa Nostra al di qua e al di là dell'Atlantico ed è anche il primo a sperimentare un nuovo modo di lavorare. L'autonomia di ogni singolo pubblico ministero o consigliere dell'Ufficio Istruzione è un bene da preservare, ma il lavoro collegiale è indispensabile almeno di fronte alla criminalità mafiosa, un fenomeno storico e sociale di vasta e ramificata complessità. Chinnici chiama a collaborare Falcone, Di Lello e Borsellino che ricorderà:

> *Uno per uno ci scelse: noi magistrati che solo dopo la sua morte avremmo costituito il cosiddetto* pool *antimafia... Gli era così chiara l'unitarietà e l'interdipendenza tra tutte le famiglie mafiose e palese la connessione tra tutti i loro principali delitti che a lui ri-*

sale la paternità o almeno l'ispirazione dei primi provvedimenti di riunione delle istruttorie sui grandi delitti di mafia. [Rocco Chinnici, *L'illegalità protetta*, 1989]

Oltre a quella contro la mafia Chinnici ingaggiò la battaglia educativa e morale contro la droga. La considerava come la principale minaccia che incombeva sui giovani e dedicò tempo, energie e un impegno costante per formare prèsidi, insegnanti e l'opinione pubblica affinché educassero i giovani a essere liberi e responsabili. Nella relazione del 1982 tenuta per conto del CSM – *Riflessioni ed esperienze sul fenomeno mafioso* – Chinnici introduce concetti nuovi: per esempio, che "occorre prendere atto che la mafia svolge nella società un ruolo di un'istituzione, amministrando il proprio potere al fine di garantirsi sempre più diffusi e radicati inserimenti e un costante reclutamento; la mafia non recluta solo nelle carceri ma ovunque si ponga ai giovani la scelta tra l'emarginazione e il prestigio, il ruolo sociale, il denaro facile, le carriere e il successo del mafioso. Tagliare le basi sociali del reclutamento significa recidere le radici stesse dell'organizzazione". Siamo vicini all'idea che Falcone svilupperà della mafia come Stato parallelo, dispensatrice di vantaggi sociali e amministratrice di giustizia che colma le assenze e gli errori dello Stato.

Appena insediatosi, nel 1980 Chinnici avverte l'atmosfera che si respira a Palermo e nello stesso Palazzo di giustizia e l'annota nei suoi diari, dove ricorda anche tra le tante telefonate anonime, "la più brutta", in cui una voce sconosciuta gli dice: "Il nostro tribunale ha deciso che lei deve morire e l'ammazzeremo ovunque lei si trovi." Va a riferire al procuratore Gaetano Costa, che sconsolato gli dice: "Questa è una città nella quale non si può vivere" e gli confida di aver ricevuto anche lui minacce scritte su cartoline dall'America. Chinnici, a sua volta, gli parla di telefonate di un tale che si presenta come l'avvocato Russo di Agrigento e gli racconta che sono state parecchie, anche in piena notte. Una lo ha colpito di più perché la voce gli ha chiesto con tono deciso: "Che intenzioni ha lei con i processi di Palermo?" Chinnici coglie il riferimento al processo che Costa ha imbastito agli esecutori e ai mandanti dell'assassinio di Piersanti Mattarella. L'istruttoria l'aveva affidata a Falcone, si direbbe d'intesa con Costa. Chinnici è in allarme per Falcone che deve seguire l'istruttoria, ma anche per Paolo Borsellino, perché dal carcere sono trapelate voci che si starebbe preparando un attentato contro di lui.

Non ci sarà tempo. Il 6 agosto 1980 Gaetano Costa viene assassinato mentre sta sfogliando i libri di una bancarella. Sei colpi di pistola alla schiena sparati da due killer. Il suo funerale sarà disertato da quasi tutti i colleghi. Che la sua colpa fosse di essere di Caltanissetta e non di Palermo?

Chinnici e Falcone erediteranno la sua indagine, vi aggiungeranno anche quelle sui delitti di Pio La Torre e di Dalla Chiesa e le porteranno a processo. Ma le successive sentenze che si succederanno moltiplicando per tre i tre soliti gradi di giudizio daranno vita a un serial giudiziario peggio che tormentato, grottesco. Tra smentite e controsmentite, condanne e cassazioni, solo vent'anni dopo si arriverà alla definitiva condanna in solido di tutta la cupola mafiosa.

A quei delitti "eccellenti" intanto se ne era aggiunto un altro. Venerdì 29 luglio 1983 una Fiat 126 parcheggiata sotto la casa di Rocco Chinnici esploderà con 75 chili di tritolo uccidendo lui, i due carabinieri di scorta e il portiere dello stabile. È il primo magistrato ammazzato col tritolo. Dopo di lui ce ne saranno solo altri due, Falcone e Borsellino.

Nelle pagine dei diari di Chinnici – inizialmente secretati dal CSM – si troveranno appunti sulle relazioni di alti magistrati e di vertici del sistema politico, sulla "prudenza di quegli stessi magistrati di fronte a certe indagini" e sull'inquinamento degli appalti regionali sul quale aveva cercato di far luce e pulizia Piersanti Mattarella.

I nomi più altisonanti sono quelli del procuratore generale Giovanni Pizzillo e del sostituto procuratore Francesco Scozzari. Falcone ascoltato dal CSM – anche questi verbali come i diari di Chinnici sono stati finalmente desecretati –

conferma di aver sentito Chinnici esprimere giudizi molto pesanti su Scozzari e su altri due magistrati citati nei verbali, Ugo Viola e Vincenzo Pajno.

In seguito all'accaduto il CSM deciderà il trasferimento del solo Scozzari, che precederà il provvedimento dimettendosi dalla magistratura.

Il metodo Falcone e il maxiprocesso

Se il precedente storico era stato il duro e fecondo lavoro d'indagine iniziato da Cesare Terranova negli anni sessanta, e l'antecedente immediato l'indirizzo collegiale impresso da Rocco Chinnici all'azione dell'Ufficio Istruzione, il passo in avanti lo innescò Antonino Caponnetto dando vita informalmente al pool antimafia. La svolta decisiva la darà invece Falcone che, di quello che poteva restare un coacervo di esperienze disparate, fece sintesi e ne ricavò un metodo. Le indagini su centinaia di imputati in Italia, in Europa e nelle Americhe, l'accumulo di prove, il confronto delle testimonianze, la collaborazione dei primi grandi pentiti, la stesura di una "monumentale istruttoria" (l'atto di accusa contro Cosa Nostra) e due anni di dibattimento gli richiesero un'inesauribile pazienza e una disumana concentrazione, ma finalmente arrivò all'approdo ottenendo nel primo grado di giudizio la condanna all'ergastolo per 17 capi di Cosa Nostra, a cominciare da Totò Riina e Bernardo Provenzano, e per altri 375 tra boss e gregari. Tutti i precedenti grandi processi avevano coinvolto al massimo 120/160 imputati e si erano conclusi con poche condanne, quasi tutte cancellate dalle Corti d'Appello e di Cassazione. Dunque una cosa simile non si era mai vista: un capolavoro giudiziario, una svolta storica e, finalmente, l'abbagliante dimostrazione che la mafia non era invincibile.

Il mito dell'inafferrabilità e dell'impunità di Cosa Nostra era infranto, e le conseguenze per la Sicilia e per l'Italia intera apparivano più che promettenti, rivoluzionarie.

Poteva essere davvero l'inizio della fine per Cosa Nostra, invece, e si stenta a crederlo, fu l'inizio della persecuzione di Falcone.

Non mi riferisco alla reazione della mafia, sotto ogni angolatura prevedibile e prevista, anche se non nelle forme e nelle proporzioni in cui poi si sviluppò e si compì. E non mi riferisco ai politici e ai giornalisti faziosi che pure parteciparono all'infernale sabba messo in scena contro il giudice Falcone. Mi riferisco ai molti suoi colleghi, in particolare a quelli in grado di decidere del suo destino professionale che, avversandolo, lo umiliarono, ripetutamente e sistematicamente negandogli meriti e riconoscimenti che si era conquistato sul campo, elevando al suo posto rivali non neutrali ma determinati a distruggere l'opera sua, abilissimi e infaticabili nel trovare pretesti, occasioni e modi per screditarlo e infangarlo con un crescendo di accuse infami e di grottesche calunnie.

Il risultato pratico di tanta velenosa animosità fu quello di isolarlo, di impedirgli di lavorare e di esporlo alla vendetta di Cosa Nostra.

Ma torniamo al tema di questo capitolo, il metodo Falcone.

In quel gruppo collegiale inventato da Chinnici e definito da Caponnetto si sviluppò il talento investigativo di Giovanni Falcone e si posero le basi di un modo nuovo di affrontare i delitti di mafia. Seguendo i movimenti del denaro, Falcone individuò i responsabili di molti delitti e le importanti collusioni e ramificazioni del potere criminale. Scrutando e sfruttando le divisioni interne a Cosa Nostra e la conoscenza di boss in pericolo o messi ai margini, coltivando le relazioni con l'FBI e i loro collaboratori Falcone si aprì dei varchi per rompere il muro di omertà, complicità e silenzi che da sempre proteggeva Cosa Nostra e riuscì a ottenere dissociazioni e confessioni di importanti boss catturati.

Sebbene su scala limitata, in forma volontaria e in modo artigianale, finalmente prendeva corpo un'iniziativa giudiziaria fondata sulla specializzazione e il coordinamento di un gruppo di magistrati dello stesso ufficio rafforzato da alcuni sostituti procuratori dello stesso tribunale come Giuseppe Ayala, Alberto Di Pisa, Domenico Signorino. L'Ufficio Istruzione che era stato l'isolato avamposto nella palude di Palermo stava diventando una primaria struttura giudiziaria, specializzata, rispettata e potente. Con la supervisione di Caponnetto il lavoro certosino e scientifico di Falcone, Borsellino, Di Lello, Guarnotta e dei collaboratori presso la Procura, con il talento e la grinta di poliziotti come Nini Cassarà, Gianni De Gennaro, lo "Squalo di Stato", e Antonio Manganelli suo vice; con le migliaia di ore di interrogatori, la meticolosa e maniacale ricerca di riscontri, le prove accumulate seguendo le tracce contabili dei movimenti finanziari si cementarono i mattoni e furono costruite le mura del maxiprocesso. Mura tanto solide da resistere in dibattimento e al vaglio di una Cassazione ben allenata a smontare le architetture dei pubblici ministeri antimafia.

Sì, quello di Falcone fu un miracolo, un miracolo laico e pragmatico, un miracolo della fatica, dell'intelligenza e del patrimonio di conoscenze e relazioni internazionali coltivato negli anni di rigorose e meticolose indagini in cooperazione con l'FBI, corroborato anche dalle confessioni di Tommaso Buscetta e degli altri boss che squarciando i segreti criminali portarono ai 19 ergastoli inflitti alla cupola mafiosa e ai 2665 anni di condanne comminate agli altri capi e gregari di Cosa Nostra.

Al di là delle cariche e dei gradi, già ai tempi di Caponnetto il pool di Palermo di fatto era coordinato da Giovanni Falcone: era lui l'anima, il motivatore e l'organizzatore del pool; la sua personalità e il suo talento erano riconosciuti da tutto il gruppo e da tutti gli osservatori imparziali, italiani e stranieri, che ebbero modo di conoscere il suo lavoro e di apprezzarne metodo e risultati.

Finché gli fu consentito di lavorare con il suo metodo, collegialmente coi colleghi del pool e con alcuni tra i più capaci investigatori di polizia – come un tempo con i commissari Montana e Cassarà –, tutti dotati di spirito di iniziativa e di grande coraggio, Falcone portò l'efficacia della risposta giudiziaria a livelli mai prima raggiunti. E si trattava pur sempre dei soliti strumenti giudiziari che in altre mani avevano spesso fatto cilecca. Se l'FBI aveva fiducia totale in lui era perché ne aveva testato le qualità sul campo, in particolare nel corso di brillanti operazioni congiunte. A sua volta Giovanni ebbe l'intelligenza – e aggiungerei anche l'umiltà – di apprendere dai colleghi americani, magistrati e agenti, nuove tecniche investigative e di osservare i loro nuovi penetranti e invidiabili strumenti legislativi. A futura memoria. Soprattutto comprese come i risultati conseguiti dagli americani nel contrasto alla loro Cosa Nostra dipendevano dalla possibilità di azionare in modo coordinato le armi del diritto e le forze di polizia, le une e le altre affidate a *prosecutors* (magistrati inquirenti, procuratori) e agenti specializzati. Tale era la natura dell'FBI potenziato proprio per contrastare le mafie (in particolare quella italo-americana di Al Capone) del contrabbando di alcol al tempo del proibizionismo. Diretta emanazione del ministero della Giustizia l'FBI era il braccio secolare del ministro, il quale era anche *Attorney General*, capo della pubblica accusa – come se in Italia il ministro della Giustizia avesse contemporaneamente anche il titolo e la funzione di procuratore generale presso la Cassazione.

L'importanza essenziale dei collaboratori di giustizia – gli ex mafiosi – aveva un precedente tutto italiano nell'esperienza del pentitismo terrorista. Non di meno l'idea dei programmi di protezione estesi ai famigliari fu mutuata dagli esempi americani. Di più: alcuni dei pentiti più importanti come Tommaso Buscetta, Salvatore Contorno, Antonino Calderone e Marino Mannoia divennero collaboratori della giustizia italiana mentre già erano sotto protezione di quella americana.

Col senno di poi sembra fin troppo ovvio che a una mafia transatlantica, a una criminalità organizzata e internazionale, si dovesse contrapporre una giustizia altrettanto se non più organizzata e internazionalizzata. Eppure senza Falcone non ci si sarebbe arrivati, e a Falcone fu rimproverato anche questo: che la troppa confidenza e collaborazione con l'FBI e la DEA lo avesse spinto "a voler fare l'americano".

L'importanza di individuare i patrimoni e i loro proprietari scavando dietro i prestanome per seguire i movimenti del denaro della mafia Falcone l'aveva capita da solo.

Si era laureato con una tesi su "La funzione della prova nel diritto amministrativo", poi da pretore a Lentini e per dieci anni da sostituto procuratore al tribunale di Trapani fece di tutto: diritto penale, civile, fallimentare.

Il cosiddetto "metodo Falcone" nasce da questo accumulo e connubio di esperienze e dalla capacità di elaborarle spremendone il succo; dall'attitudine a connettere indagini fino ad allora spezzettate, riuscendo a cogliere i nodi di quella che si chiamerà "la convergenza del molteplice", ovvero il coagularsi di indizi apparentemente slegati, contraddittori o, se presi per sé, del tutto insignificanti anche perché provenienti da inchieste fino a quel momento del tutto sconnesse perché affidate a inquirenti diversi e incomunicanti.

Il metodo di Falcone non era una teoria: era il modo di lavorare "scientifico" che si era andato forgiando per istinto "scientifico", attingendo dalle proprie esperienze e dagli altrui esempi, sempre interessato ad acquisire nuovi elementi, sempre curioso di altri punti di vista, sempre pronto a riconoscere un errore, a correggersi e a correggere la rotta investigativa.

Come spesso accade per le cose buone, il suo metodo era imitabile: mancavano gli imitatori, a parte gli amici con cui lavorava.

Altri che per preparazione e per ruolo avrebbero potuto far proprio il suo metodo preferivano l'antimafia dei pettegolezzi, dei corridoi e dei salotti. È più facile, è più comodo, sparare per aria un'accusa, inseguire teoremi come nuvole in cielo e persino scegliere prima il colpevole e poi cercare la colpa. Molto più arduo scrutare il terreno e trovare tracce mettendo a frutto lo spirito di osservazione – se lo si possiede e se lo si è educato.

Poi conta anche la fortuna, o il caso, o comunque si voglia chiamare l'aiuto che ci viene dall'esterno. Per esempio, il metodo che via via aveva affinato lo aveva già portato a conseguire ottimi risultati nel processo Spatola, ma quello stesso metodo senza la collaborazione di pentiti come Buscetta, Calderone e poi Mannoia, non sarebbe bastato a comporre l'istruttoria cioè l'impianto di prove e la rete di connessioni che servì di base al maxiprocesso.

Dunque, il metodo si dimostrò fecondo, i risultati furono dibattuti per quasi due anni (febbraio 1986, dicembre 1987) nella gigantesca aula bunker appositamente costruita per ospitare gli interventi di duecento avvocati e la sfilata di centinaia di testimoni sottoposti al contraddittorio tra le parti ancora regolato dal vecchio codice.

Il clamore mediatico dell'indagine, del dibattimento e delle sentenze di condanna fu immenso e risuonò ovunque nel mondo avvolgendo Falcone di un'aura leggendaria, quella del giudice che aveva sconfitto la mafia. Il che era vero, ma non del tutto: i capi di Cosa Nostra erano stati sì condannati, ma per lo più si trattava di condanne in contumacia, e i Riina, i Provenzano, i Bagarella erano pur sempre latitanti e quindi ancor più inferociti erano in condizione di continuare a trafficare, a tramare, a uccidere.

1987, il primo incontro

Io ho conosciuto il primo Falcone a Palermo, nel suo ufficio a prova di tritolo pochi mesi dopo l'inizio del maxiprocesso. Dico il "primo Falcone" per distinguerlo da quello del secondo incontro che si svolse a Roma al ministero della Giustizia, dove lavorò con me per 435 indimenticabili giorni.

Primo incontro, impressione indelebile: la scorta davanti all'ufficio e nell'anticamera, la segretaria che mi guarda con curiosa diffidenza e, dopo il riconoscimento facciale fotografico, aiutata dai bodyguard mi apre le due porte blindate. Oltre i due sesami sussurrando qualcosa che non capisco mi viene incontro lui, e mi sembra di conoscerlo forse perché abbiamo connotati simili: più o meno la stessa età e la stessa statura, magro, capelli neri appena ingrigiti come la barba folta da hipster, viso pallido metropolitano. Si scusa di qualcosa e poi dice "Prego" indicando la poltroncina davanti alla scrivania oltre la quale si siederà lui chiedendo anche di questo scusa – "la postazione, i telefoni..." Io ero il vicesegretario del PSI che gli aveva chiesto un colloquio, lui non ossequiava la nomenklatura eppure pensai: 'Il tipo ha modi urbani.'

Il colloquio gliel'avevo chiesto io, toccava a me cominciare e cominciai:

"Giudice, la seguo, seguo il maxiprocesso, mi sembra una cosa importante, molto importante, nessuno c'era mai riuscito, però mi chiedo: Tutti quegli imputati... Quanti sono? 800?"

"475."

"... lo dico perché ho seguito il maxiprocesso di Napoli e lì, lei lo sa bene, con 800 imputati ci sono stati più di cento casi, errori di omonimia: non è che più sono, più si rischia di sbagliare?"

"Siamo sicuri di non aver compiuto errori di fatto."

"E anche che tutti avranno un processo equo?..."

"È nostro dovere..."

Insisto: "A Napoli i PM hanno compiuto più di cento errori sbagliando persone... Omonimia, hanno detto."

"Casi così, di omonimia, noi non ne abbiamo avuti."

"Quando si processa un'associazione c'è sempre il rischio di dimenticarsi che la responsabilità penale è individuale."

"La legge Rognoni-La Torre ha introdotto il reato di associazione mafiosa..."

"La legge La Torre è stata variamente interpretata e trova poche applicazioni."

Per un attimo mi scrutò.

"Dove vuole andare a parare?" deve aver pensato, e io ne approfittai:

"Si può stroncare la mafia? È la vergogna d'Italia."

E lui con una voce di testa, un leggerissimo accento palermitano e il tono cantilenante: "È quel che cerchiamo di fare... se ce lo lasciano fare."

"Mi scusi, ma questo Riina, che a vedere le foto sembra un contadinotto appena inurbato... Ma come li amministra tutti i miliardi che gli attribuiscono uno così? C'è qualcuno... qualcosa dietro di lui?"

"Riina fa tutti quei miliardi e fa centinaia di morti all'anno."

"Centinaia?... Vabbè, ma si ammazzano tra di loro, no?"

Mentre mi uscivano le parole di bocca già mi sarei morso la lingua.

Ma Falcone passò oltre:

"Non c'è prova e nemmeno un indizio che esista qualcos'altro, un'entità segreta superiore, qualcuno o qualcosa al di sopra che comandi sulla mafia: la mafia fa accordi con chi le è utile, anche coi politici, ma non è al servizio di nessuno. La leggenda del 'terzo livello' non me la spiego, anche se temo nasca da un fraintendimento o forse da una distorsione delle mie parole. Qualche anno fa svolgendo una relazione sulla criminalità organizzata avevo classificato i delitti di mafia in tre livelli: al primo livello avevo messo contrabbando, estorsioni, sequestri perché sono delitti essenziali, connaturati alla mafia, insomma la ragione sociale e lo scopo di Cosa Nostra. Al secondo livello avevo collocato i delitti eventuali come l'uccisione di un boss che non ha rispettato i patti. Infine, al terzo livello avevo posto i delitti contro uomini dello Stato – magistrati e politici, poliziotti e carabinieri, quando diventano pericolosi e minacciano l'organizzazione stessa. Come si sia potuto dedurre da questa classificazione dei delitti di mafia l'idea di un terzo livello nel senso di un super potere o di un potere politico che dà ordini alla mafia non me lo spiego proprio. La realtà è un'altra e ben peggiore: non è la politica a comandare la mafia, piuttosto è la mafia che talvolta sottomette la politica."

"Ma Riina, come ha fatto a diventare il capo?"

"Cosa Nostra è fatta di cosche, bande locali, capi famiglie – di famiglie molto allargate 50, 100, 200 persone..."

"Tribù più che famiglie..."

"... Cosa Nostra li chiama 'mandamenti'; le famiglie eleggono dei capi mandamento per ogni paese o quartiere cittadino, si riuniscono e formano la 'commissione provinciale', poi i direttivi provinciali eleggono la 'Commissione' per antonomasia, il vertice di Cosa Nostra, quella che i giornali chiamano la Cupola."

"Assomiglia molto a una struttura di partito."

"Sì, esattamente, di partito o di Stato. La mafia non è l'antistato come alcuni l'hanno battezzata, è uno Stato parallelo che non cerca lo scontro con lo Stato legale, ma la convivenza da cui trae molti vantaggi perché le consente di badare ai propri affari criminali indisturbata. La mafia spara quando qualcuno le impedisce di prosperare o la denuncia, o quando un poliziotto o un carabiniere che fa il suo dovere sta per smascherare o ha già smascherato un crimine. Per garantirsi la neutralità, cioè l'inerzia dello Stato, la mafia è pronta a pagare, a restituire favori: per esempio, a garantire sostegni elettorali in cambio di appalti... Il politico 'giusto' al posto giusto è un buon affare, un investimento che si ripaga."

"I danni li pagano i cittadini e li paga lo Stato... Ma mi stava dicendo di Riina."

"Riina ha scalato l'organizzazione, se ne è impadronito con la forza e con l'astuzia, con un di più di organizzazione, di disciplina e di ferocia. Ha esordito come 'soldato' nella cosca di Corleone al tempo in cui dettava legge Luciano Leggio. Riina e il suo amico Bernardo Provenzano, a furia di violenze, di delitti, di organizzazione, si sono fatti valere e sono diventati luogotenenti di Liggio; poi, quando Liggio, la Primula Rossa, è stato preso e condannato all'ergastolo gli conservano tanto rispetto ma prendono il suo posto. Riina appena si è sentito forte abbastanza ha sfidato la vecchia commissione e i vecchi capi palermitani: Bontate, Badalamenti, Inzerillo, imparentato coi Gambino di New York, Buscetta, o sono fuggiti all'estero o uno per uno li ha fatti assassinare, e prima o dopo di loro per prevenire vendette ha fatto massacrare – i fratelli, i figli, i cugini. Riina le sembrerà un poveraccio, ma questo poveraccio comanda su un esercito di soldati, almeno 5000... Li chiamano così ma non sono semplici soldati: sono boss, generali, professionisti del crimine, esperti, rodati, che pianificano attentamente i loro delitti. Loro e le loro famiglie si sono spartiti metà della Sicilia: ricattano e stringono accordi, controllano e sono controllati da Riina. Si sono dati un'organizzazione e un comando centrale, ragionano come uomini d'affari ma sono killer spietati, disciplinati, inquadrati, non sono banditi anarchici. E se uno sbaglia o non obbedisce o mente all'organizzazione – non parliamo se tradisce –, non ha scampo."

"L'esercito è la potenza dello Stato."

"Come ha detto?"

"Non l'ho detto io, l'ha detto il re di Prussia, Federico il Grande."

"È proprio così: anche se la parte più inafferrabile e pericolosa è quella della contiguità, la potenza della mafia è questo esercito che uccide, terrorizza, intimidisce, tiene prigioniera la società, spaventa la gente e, quando deve, attacca i servitori dello Stato che rappresentano una minaccia."

"Viene in mente quel che Machiavelli diceva della politica e di come si esercita il comando: 'Gli uomini si governano assai più con la paura che con l'amore.'"

“Purtroppo è vero. Si è mai chiesto perché nella maggior parte dei casi i delitti di mafia sono così riconoscibili? Perché tutti devono capire che sono stati loro affinché la paura si perpetui e la morte sia d’esempio.”

“Anche i giudici lo sanno, anche i tribunali lo sanno, allora perché non si riesce a condannarli e a tenerli dentro?”

“Le indagini di mafia sono difficili, difficilissime. I testimoni non parlano per paura di ritorsioni spietate, e se parlano una volta, poi, spesso, in dibattimento ritrattano: meglio essere accusati di falsa testimonianza che essere strangolati o cementati o beccarsi una raffica di mitra o la fabbrica incendiata. Meglio tacere che morire.”

“Quello che descrive è un quadro di desolazione senza speranza. Mi perdoni se le faccio una domanda personale: ma come fa lei a resistere, a continuare a combattere?”

“Le cose stanno cambiando, abbiamo imparato molto su Cosa Nostra negli ultimi anni perché abbiamo lavorato in squadra, non ciascuno per conto suo. Lavorare in squadra vuol dire dividere il lavoro e moltiplicare i risultati. Le indagini per essere più incisive, devono accumulare e decrittare una mole enorme di informazioni, e non parlo solo di noi del pool antimafia dell’Ufficio Istruzione di Palermo. Altri uffici, altri procuratori comunicano con noi. Il processo in corso contro la cupola e altre centinaia di boss non sarebbe stato possibile senza il lavoro di squadra e senza il contributo della polizia giudiziaria e di altre procure. Sono anni che raccogliamo e cataloghiamo informazioni, anni che interroghiamo testimoni, connettiamo ed elaboriamo dati. Abbiamo instaurato una solida collaborazione con l'FBI, ma anche con le agenzie investigative francesi e tedesche, spagnole e brasiliane. Per la prima volta ci siamo aperti dei varchi nel muro dell'omertà mafiosa. Io non ho perso la fiducia, al contrario oggi ne ho più di quanta ne abbia mai avuto. Quanto alla paura... Be', se ispira prudenza e ti fa prendere misure di sicurezza è cosa buona, doverosa, necessaria. Per il resto le risponderò con le parole che ci diciamo tra di noi, qui nel nostro ufficio: 'Chi ha coraggio muore una volta sola, chi ha paura muore tutti i giorni.'"

Il racconto di Falcone mi aveva impressionato, scosso, ma non volevo darlo a vedere e gli feci un'altra domanda.

"Non c'è il rischio combattendo il crimine organizzato, militarizzato, di militarizzare anche la giustizia?"

"L'efficienza non è esclusiva dei militari dovrebbe essere una virtù di tutto lo Stato. Per indagare Cosa Nostra occorrono preparazione, specializzazione, in una parola professionalità e bisogna essere un po' siciliani per entrare nel mondo mafioso, bisogna conoscere la lingua, i gesti, i silenzi, decodificare una lingua e una cultura popolari con le loro regole barbariche ma senza cercare anche con i mafiosi pentiti un rapporto intimistico. Guai a non cercare riscontri a non controllare le loro affermazioni e le nostre reazioni che non devono mai essere emotive. La cosa migliore è lavorare in squadra, magistrati e polizia giudiziaria, far circolare le informazioni, tenerne memoria, catalogarle, aggiornarle. E verificare sempre tutto: guai a omettere i controlli e anche le prove hanno bisogno di riprove. E se si incappa in una smentita, bisogna fare altri accertamenti, se sono due tanto meglio vuol dire che ci stavamo incamminando su una falsa pista che va accantonata, meglio subito che tardi."*

Avrei voluto continuare ma fuori imbruniva, s'era fatta sera e mi alzai sgranchendomi come fece anche lui.

"Grazie giudice, grazie per questa lezione di mafia. Magari la disturberò ancora."

"Quando vuole."*

* Alcuni brani di questa conversazione sono ripresi dal mio libro *Ricordati di vivere*, Milano, 2013. [*N.d.A.*]

Mafia e terrorismo

Giovanni Falcone non si dava pace della sottovalutazione con la quale l'opinione pubblica e i governi guardavano alla mafia considerandola, tutto sommato, un male, ma non così tremendo. Era incredibile e inaccettabile, Cosa Nostra era ormai passata, "evoluta" dalle campagne alle metropoli, dalla lupara ai kalashnikov, dal contrabbando di tabacco al narcotraffico, dalla connivenza alla sfida aperta allo Stato e ai suoi servitori, ma la classe dirigente – dai governi ai poteri economici, ai giornali – non la considerava una priorità... "Storie siciliane, sempre le solite, occuparsene è tempo perso." E così ignorando e sottovalutando la potenza di Cosa Nostra e la sua pericolosità, lo Stato continuava ad affidarsi a vecchi arnesi arrugginiti. E Falcone non si dava pace.

> *Non si può andare contro i missili con arco e frecce... Con il terrorismo, con il consenso sociale totale, potevi permettertele: con la mafia non è così. Nella società c'è un consenso distorto. Altro che bubbone in un tessuto*

sociale sano. Il tessuto non è affatto sano. [Francesco La Licata, *Storia di Giovanni Falcone*, p. 118]

Il tessuto non è sano, la mafia gode di consenso.

Era proprio così. Al tempo del terrorismo le cose non andarono come stavano andando con l'emergenza mafiosa. Allora la gente comune insieme con politici, magistrati, intellettuali, tutti insomma, fecero muro contro le Brigate Rosse.

Mi correggo: non proprio tutti, ci furono anche coloro che non condivisero il comune sentire e proclamarono: "Né con lo Stato né con le BR." Tra questi di sicuro non c'era Leonardo Sciascia che più volte smentì: "Io non l'ho inventato e non mi riconosco in questo slogan", e aggiunse che in analoghe condizioni si sarebbe comportato come Guido Rossa, il sindacalista trucidato perché aveva denunciato un compagno fiancheggiatore delle BR. Semmai, agli inizi dell'eversione, furono alcuni dirigenti e quadri d PCI (ma non, per esempio, Giorgio Amendola e Giorgio Napolitano) e alcuni gruppi extraparlamentari a giudicare i terroristi "compagni che sbagliano" e ad annoverare "le sedicenti BR come provocatori infiltrati dalla destra eversiva" (tra i molti anche Giorgio Bocca). Finché il 28 marzo 1978 Rossana Rossanda, dieci anni prima radiata dal PCI, scrisse su "Il Manifesto" un memorabile editoriale.

Chiunque sia stato comunista negli anni cinquanta riconosce di colpo il nuovo linguaggio delle BR. *Sembra di sfogliare l'album di famiglia: ci sono tutti gli ingredienti che ci vennero propinati nei corsi su Stalin e Ždanov. Il mondo è diviso in due. Da una parte sta l'imperialismo, dall'altra il socialismo... Vecchio o giovane che sia il tizio che maneggia la famosa Ibm dei comunicati brigatisti il suo schema è veterocomunismo puro. Cui innesta una conclusione che invece veterocomunista non è: la guerriglia.*

In effetti il PCI viveva una contraddizione insanabile: da un lato voleva salvare tutta la sua storia, appunto il suo album di famiglia, condito com'era stato di un'irriducibile avversione alla Democrazia Cristiana in quanto espressione del capitalismo italiano e dell'imperialismo americano; dall'altro voleva sviluppare la strategia di Berlinguer del compromesso storico con la DC, la Chiesa e "la proprietà" italiana. Su questa contraddizione speculavano le Brigate Rosse ponendosi come veri eredi del comunismo originario tradito dai cedimenti del PCI agli storici avversari: la DC e il capitalismo.

Allora anche la magistratura di sinistra si allineò al nuovo corso comunista e assunse l'onore e l'onere di una lotta senza quartiere contro il terrorismo applicando leggi che fino a pochi anni prima avrebbe definito "liberticide" e difese con se stessa le istituzioni democratiche e i suoi esponenti sotto minaccia e sotto attacco. Questa linea giunse alla sua acme e al suo tragico paradosso durante il sequestro di Aldo Moro. La linea della fermezza e il conseguente rifiuto ad ascoltare le implorazioni del prigioniero furono adottati all'unisono dal PCI, dalla DC, dal Partito Repubblicano, dal Movimento Sociale (questi ultimi raggruppamenti peroravano persino la reintroduzione della pena di morte), per non dire dalla quasi totalità dei giornali, delle radio e del monopolio pubblico radio-televisivo. Uniche eccezioni furono quelle dei socialisti, dei radicali e di singole personalità come Leonardo Sciascia e Alberto Moravia. Insomma, allora la magistratura in tutte le sue articolazioni e componenti si schierò con il governo e con le forze politiche mentre il generale Dalla Chiesa nel plauso generale veniva reinsediato nel ruolo di capo dell'antiterrorismo, ruolo da cui, irresponsabilmente, era stato sollevato appena due anni prima quando, infiltrando le Brigate Rosse di agenti, era già riuscito a sorprenderle e impegnarle in un decisivo scontro a fuoco catturando il capo, Renato Curcio e il vicecapo Alberto Franceschini.

Dunque, nell'emergenza terroristica, la magistratura fece muro con il sistema politico. Un simbolo di quella alleanza fu l'intesa, l'amicizia, la quasi simbiosi tra il magistrato esemplare di quella stagione, Giancarlo Caselli, e il politico comunista schierato sulla linea della repressione più dura, Luciano Violante.

Nessuno allora si sognò di accusare Caselli di aver perso l'indipendenza e di essersi venduto a Violante, che a sua volta nessuno accusò di voler strumentalizzare politicamente la magistratura.

Viceversa, negli anni che vanno dal 1988 al 1991, di fronte all'azione antimafia del giudice Falcone e, ancor più, di fronte alla strategia sviluppata dai ministri della Giustizia, degli Interni e dallo stesso Falcone con l'ultimo governo Andreotti accadrà l'opposto. Trincerandosi dietro l'interpretazione più estrema, settaria e corporativa, della propria autonomia e indipendenza la magistratura, soprattutto quella associata, cioè politicizzata, dell'ANM e del CSM arbitri delle carriere dei loro aderenti scateneranno contro Falcone e la sua dignità un'allucinante persecuzione morale. E, a sua volta, il PCI/PDS accuserà il ministro della Giustizia di usare la lotta alla mafia come alibi per attaccare i magistrati e l'opposizione.

Perché questo doppio registro? Era forse il terrorismo più pericoloso della mafia?

Se questa fosse la spiegazione della disparità nella reazione dello Stato saremmo di fronte a un colossale abbaglio. Per quanto violento e sanguinario il terrorismo ha fatto assai meno vittime della sola Cosa Nostra siciliana. Se poi ai morti per mano di Cosa Nostra aggiungiamo i morti ammazzati dalla 'ndrangheta calabrese, dalla camorra napoletana e dalla Sacra Corona Unita pugliese la sproporzione tra i due fenomeni criminali ingigantisce. Chi, invece, ritiene che il maggior numero di vittime non sia né un criterio adeguato né un elemento in sé sufficiente a fondare la tesi di una maggiore pericolosità della mafia di solito fa riferimento a due discriminanti. La prima consiste in questo: il terrorismo politico e ideologico puntava al cuore dello Stato, dunque minacciava più direttamente ed esplicitamente i suoi rappresentanti politici e di governo, i suoi servitori o funzionari, i suoi difensori nel mondo dell'informazione e i suoi "complici" nel sindacato. Insomma, il bersaglio del terrorismo era la classe dirigente. Viceversa, si diceva, le mafie per lo più guerreggiano tra di loro per il controllo del territorio e dei mercati illegali – dal contrabbando di tabacco al traffico di stupefacenti, all'estorsione, agli appalti pubblici. In quest'ottica le mafie attaccherebbero lo Stato solo quando questo impedisce o interferisce coi loro metodi di arricchimento illegale, quando l'intimidazione e la corruzione non sono bastate a "calmierare le pretese dello Stato" e a sedare la sua volontà di imporre il primato della legge.

Questa visione della realtà è conseguenza di quello che Falcone definiva "il consenso distorto" che circonda la mafia, e questo consenso, a sua volta, è radicato nella sicilianità o sicilitudine. Rileggiamo le sue parole:

Gli invasori qui sono arrivati da ogni dove, e ogni volta ci si è dovuti adattare, o almeno far finta di adattarsi, in attesa che andassero via. Alla fine se ne sono andati, lasciandoci però in eredità un temperamento che definirei misoneista, fatto di apparente sottomissione e di fedeltà alla tradizione, unite a un orgoglio delirante...
[Marcelle Padovani, *op. cit.*, p. 94]

Non conosco un'interpretazione più o altrettanto persuasiva di questa che coglie il tratto essenziale della coscienza siciliana nel suo istintivo rifiuto delle novità e, dunque anche del progresso, perché le novità in Sicilia vengono sempre da fuori e ciò che è straniero e turba la nostra vita e vuol mutare le nostre tradizioni e le nostre abitudini ci è nemico e deve essere respinto, rifiutato, combattuto. Qui, mi sembra, sta anche la spiegazione del nome con cui i mafiosi hanno battezzato la loro comunità. "Cosa Nostra" non allude soltanto all'organizzazione, allude contemporaneamente e forse soprattutto alla Sicilia intesa come nazione a parte, come "proprietà" indisponibile ad altri che non siano i patrioti insulari legati da vincoli di sangue. I quali sono considerati criminali dallo Stato che nega il loro diritto a essere padroni della loro terra.

Come è accaduto altre volte in altre parti del mondo quanto più si è conservatori, tanto più l'identità è storia, solo storia, solo passato. Nel quale passato non è difficile rinvenire le più nobili giustificazioni anche per i crimini più efferati, figuriamoci per quelli ordinari.

La mafia si ribattezza Cosa Nostra all'epoca del nazionalismo dilagante in Italia come in Europa. Il primo documento ufficiale in cui si definisce come "cosca mafiosa" un raggruppamento banditesco è firmato dal procuratore della Gran Corte Criminale di Trapani nel 1837. Viceversa il termine "mafia" divenne di uso corrente dopo la rappresentazione del dramma popolare *I mafiusi de la Vicaria*. La scena è ambientata nelle prigioni di Palermo, i protagonisti sono dei detenuti speciali rispettati e temuti da tutti gli altri perché membri di una confraternita cui si accede attraverso un'iniziazione. Il rito – come racconterà anche Falcone – consiste nel pungere un dito al neo convertendo perché ne esca una goccia di sangue e, insieme, nel bruciare un'immaginetta santa che lo stesso tiene tra le dita. Quel rito è rimasto inalterato sino ai giorni nostri. Così come hanno lunga data – almeno da fine '800 – le guerre tra cosche che duravano anche anni e le sanguinose spartizioni di territori, di rapine, estorsioni, e persino della falsificazione di banconote.

Diversamente da quel che ha fatto credere l'uso giornalistico dell'espressione "Cosa Nostra" per definire la mafia americana: la definizione era già in uso nella Sicilia agraria e latifondista a metà dell'800. Cosa Nostra era parte importante della struttura produttiva siciliana, uno degli ultimi sistemi feudali d'Europa. Vincolando i contadini alla nobiltà terriera dava forma a un ceto corporativo organizzato in confraternite e protetto da custodi (i campieri) con funzioni di controllo dei contadini riottosi e di repressione delle eventuali insorgenze locali di tipo familistico.

Falcone accenna appena a questo retroterra storico, ma la sua chiave interpretativa è coerente con quella dei tanti studiosi che spiegano l'identità di una comunità con la sua storia. L'interpretazione che Falcone condivide è certamente carica di significati e di conseguenze sociali e per i rapporti di potere, ma in lui è solo la premessa della denuncia urgente, impellente, letteralmente vitale che più gli sta a cuore e lo tormenta: la protesta contro la vaghezza, la pochezza e l'incostanza dello Stato italiano nel contrastare e reprimere la criminalità organizzata:

> *[Ciò accade]... appena la presenza dello Stato in Sicilia si indebolisce e il mafioso si sente più sicuro di sé, più convinto della propria impunità. Il dialogo (sic!) Stato mafia, con gli alti e bassi tra i due ordinamenti, dimostra chiaramente che Cosa Nostra non è un anti-Stato (come il terrorismo), piuttosto un'organizzazione parallela che vuole approfittare delle storture dello sviluppo economico, agendo nell'illegalità... La mafia si alimenta dello Stato e adatta il proprio comportamento al suo... E quanto più lo Stato si disinteresserà della*

> *mafia e le istituzioni faranno marcia indietro, tanto più aumenterà il potere dell'organizzazione...* [Marcelle Padovani, *op. cit.*, p. 98]

Dunque la pericolosità della mafia anche rispetto al terrorismo non si manifesta soltanto con il numero decisamente più esorbitante di assassinii, di violenze, di distruzioni, e nemmeno soltanto con la sua durata bisecolare dieci volte più lunga di quella del terrorismo che dalle prime avvisaglie di fine anni sessanta ha raggiunto la sua geometrica potenza quasi dieci anni dopo con il sequestro di Aldo Moro per essere poi distrutto negli anni ottanta, salvo successivi episodi isolati. Viceversa, dopo le condanne dei capi del maxiprocesso e la distruzione dell'esercito di Cosa Nostra e l'arresto dei vertici degli anni '91-93 il retroterra mafioso non si può dire estinto, semplicemente non sappiamo che fine abbia fatto. Il pizzo si continua a pagare, probabilmente a piccole cosche locali, e questo confermerebbe la diagnosi di Falcone che la presenza del pizzo è inversamente proporzionale alla forza dell'organizzazione centrale. Se il ritorno del pizzo segnala la mancanza di una direzione unitaria strategica, l'area di collusione e contiguità – la parte più difficile da individuare, sempre secondo Falcone –, costituita dai complici esterni, dai collusi, dagli alleati e dagli amici e dai cosiddetti "colletti bianchi" che ne curavano gli affari e gli interessi, che fine ha fatto? Si è clandestinizzata, rispondono molti. Ma non è sempre stata clandestina? Nel 1991, quando Falcone dettava a Marcelle Padovani *Cose di Cosa Nostra*, era distante dalle indagini sul campo e mostrò grande preoccupazione per l'assenza di nuovi pentiti. Sembrerebbe che negli anni successivi la carenza sia stata colmata, almeno a giudicare da quelli catturati nella guerra alla mafia del 1992 fattisi collaboratori di giustizia. Purtroppo però nessuno di loro, a quanto ne so, ha parlato della Cosa Nostra vivente, degli anni recenti, almeno di ieri se non di oggi. Al contrario, si sono tutti mostrati esperti e loquaci di archeologia mafiosa e di presunti amici della mafia di ieri, da Andreotti al ROS* dei Carabinieri, da Calogero Mannino a Marcello Dell'Utri. Insomma, testimoni di un passato sempre più remoto alla cui conoscenza peraltro aggiungono poco o nulla ripetendo con poche variazioni le stesse verità, se verità sono.

Invece non sono stati smascherati i tanti fili che connettevano a Cosa Nostra e altre organizzazioni mafiose, come in particolare la 'ndrangheta con le sue filiali nel resto d'Italia, in Europa e nelle Americhe – dal Canada al Brasile, alla Colombia –, dove tuttora si espande e prospera.

Per le sue caratteristiche di virus – di patologia del potere – a differenza del terrorismo la mafia sa adattarsi, trasformarsi, mimetizzarsi imparando a sfruttare le nuove opportunità criminali offerte per esempio dalla globalizza-

* Raggruppamento Operativo Speciale.

zione dei mercati finanziari e dalle innovazioni tecnologiche. È il caso delle cyber mafie di cui diremo alla fine di questo libro.

Tecnologica, finanziaria, digitale e cyber: nemmeno le ultime metamorfosi riescono a cancellare l'antropologia mafiosa, quell'insieme di riti e tradizioni peculiari, di legami con la terra siciliana forniti di una propria interpretazione della religione e dei costumi, dei simboli, dei segni e di un suo linguaggio con il quale comunicare e scambiarsi messaggi. Falcone aveva colto e ben descritto questo *continuum*, questo ininterrotto flusso relazionale tra la Sicilia e la mafia:

> *La cultura della morte non appartiene solamente alla mafia: tutta la Sicilia ne è impregnata. Da noi il giorno dei Morti è festa grande: offriamo dolci che si chiamano "teste di morto", fatti di zucchero duro come pietra. Solitudine, pessimismo, morte sono i temi della nostra letteratura, da Pirandello a Sciascia. Quasi fossimo un popolo che ha vissuto troppo e di colpo si sente stanco, spossato, svuotato… Le affinità tra Sicilia e mafia sono innumerevoli: se lo faccio notare non è certo per criminalizzare tutto un popolo. Al contrario, lo faccio per far capire quanto sia difficile la battaglia contro Cosa Nostra… Straordinaria è la contiguità economica, ideologica, morale tra mafia e non mafia, e la commistione*

inevitabile tra valori siciliani e valori mafiosi, tra appartenenti all'organizzazione e cittadini comuni... La mescolanza tra società sana e società mafiosa a Palermo è sotto gli occhi di tutti... La cosa più difficile da combattere è proprio questa contiguità... Anche gli imprenditori che versano il pizzo compiono un delitto, nella migliore delle ipotesi riconoscono l'autorità mafiosa...
La mafia, lo ripeto ancora una volta, non è un cancro proliferato per caso su un tessuto sano. Vive in perfetta simbiosi con la miriade di protettori, complici, informatori, debitori di ogni tipo, grandi e piccoli maestri cantori, gente intimidita o ricattata che appartiene a tutti gli strati della società... e spesso gode del consenso della società. [Marcelle Padovani, *op. cit.*, p. 106]

Rileggendo le parole di Falcone non si può non riprovare la stessa rabbia di fronte ai tanti suoi colleghi – ma anche ai politici e ai giornalisti – che anziché imparare continuarono a sprofondare nell'ignoranza e nella sottovalutazione, per poi diffondere pregiudizi vetusti, schemi ideologici e quintali di disinformazione. Anche dopo il suo assassinio ho sentito ripetere come rintronati ritornelli le stesse leggende contro cui Falcone si era scagliato. Esemplari quelle di una mafia moderata contro quella stragista, come se quelle di Capaci e di via D'Amelio fossero state le prime stragi. Dunque, quella di Portella delle Ginestre o di Rocco

Chinnici non erano stragi? Appartenevano a un'altra storia? Si è continuato a ragionare come se i conflitti all'interno dell'organizzazione non fossero cronici, come se non fosse successo già a Buscetta di essere definito prima un mafioso di nuovo stile perché si occupava di speculazione edilizia e poi di essere indicato come un uomo d'onore della vecchia mafia.

Seconda parte

La persecuzione

“La magistratura che forse ha più colpe di tutti”

La storia di Falcone è simile a quella di altri servitori dello Stato – politici, magistrati, carabinieri e poliziotti – che hanno combattuto la mafia e che i mafiosi hanno trucidato. Alcuni di loro avevano avuto in sorte un genere di coscienza così esigente da diventare costrizione interiore, certamente acuita dalle circostanze in cui si addentrarono, ma impressa nel loro stesso carattere. Un carattere plasmato da motivazioni che non lasciano scampo e animano un tirannico senso del dovere poi educato ed elevato a senso dello Stato. Lo Stato esiste, si materializza e si individualizza, nella concreta esperienza, nel fare dei suoi funzionari; in particolare di quelli che prestano servizio nelle forze armate, nella magistratura nelle forze dell’ordine. Come in guerra i militari dai nemici esterni, così magistrati, poliziotti, carabinieri si fanno custodi e protettori dei concittadini dai nemici interni, in particolare dalla violenza criminale. Custodi della pace sociale e delle libertà civili, tutori delle libertà di tutti e persecutori della giustizia, in alcuni dei migliori servitori dello Stato il senso del dovere è, o diventa, così forte e impegnativo che tutta la loro vita ne è impregnata e condizionata. La passione e la volontà professionali possono anche essere deluse, ferite, possono persino perderli, ma mai essere perdute. Falcone, Borsellino, Dalla Chiesa, Chinnici, Cassarà, Saetta, Livatino ne sono esempio. Come quei metalli capaci di resistere a urti e torsioni così è la natura di certi servitori dello Stato: combattiva, dura, resiliente, al punto che anche se il piombo e il fuoco dei delinquenti possono ucciderli, l'impronta che lasciano non si cancella, si trasmette e rinasce.

A quei magistrati, a quegli ufficiali dei carabinieri, a quei commissari di polizia che per tutti noi combattono la guerra al crimine, sempre esposti alla violenza omicida di assassini professionisti capaci di ogni delitto, tocca di soffrire anche perché consapevoli dei rischi cui espongono gli uomini e le donne a loro più vicini: i famigliari, i collaboratori che quella vita di pericoli non l'hanno scelta, ma son costretti a condividerla. Ancora più frequenti sono i rischi che corrono gli uomini e le donne delle loro scorte. Le cose infatti stanno così: le personalità che hanno la responsabilità istituzionale di pensare e di agire per proteggerci a loro volta vivono sotto la protezione diuturna di uomini armati. Non di rado le scorte diventano la cerchia umana più prossima, stretta e confidente con la quale le personalità condividono le soste, le attese, i trasferimenti. Vivono e muoiono con loro.

Se questa può essere definita la storia comune di alcuni dei migliori servitori dello Stato e dello stesso Falcone, la sua esistenza è stata diversa da quella dei colleghi che conobbero analoga tragica fine. Diversa per l'ampiezza degli orizzonti esplorati (basti pensare all'importanza che per lui ebbe la cooperazione internazionale con la giustizia americana); diversa per i risultati raggiunti (basti pensare allo straordinario successo che coronò il maxiprocesso di Palermo); diversa per il contributo intellettuale e di esperienza che lavorando al governo del paese diede alle leggi penali e alla riforma dell'ordinamento giudiziario.

Ma, infine, la vera diversità di Falcone da tutti gli altri suoi colleghi è un'altra, ed è una diversità che inquieta, urta e non dà requie. Si tratta di questo: se pure altri servitori dello Stato che combattevano la mafia – inascoltati i loro allarmi e lasciati soli – vennero massacrati, solo a Falcone è capitato di essere perseguitato in vita non solo da Cosa Nostra che contro di lui prima di quello fatale aveva ordito altri attentati falliti, ma anche di essere osteggiato, boicottato e calunniato da molti, troppi, colleghi magistrati e, con loro, da politici, giornalisti, intellettuali. Di essere bocciato e impedito di lavorare da organi dello Stato come il CSM e dalla loro associazione, l'ANM, con le sue correnti già allora degenerate in cordate politiche e di potere.

Come è potuto accadere e soprattutto perché? Questo aspetto della storia di Falcone, le ingiustizie di cui è stato vittima da parte della sua corporazione, per quanto raccontato da commentatori e scrittori, non è stato oggetto di domande inquietanti né sono state mostrate in piena luce le connessioni tacite e sotterranee e le drammatiche conseguenze che ne sono derivate. Eppure, l'amico più caro di Falcone, Paolo Borsellino, poco prima di essere a sua volta massacrato da Cosa Nostra, riprendendo un giudizio di Antonino Caponnetto, aveva indicato i responsabili e scolpito parole durissime, forse eccessive, sebbene giustificate dall'esacerbazione di un dolore che trascende in ira, sdegno e rabbia. Così accade agli onesti che abbiano dovuto assistere, impotenti, all'accanirsi di tanti e tante volte contro un uomo giusto. Ma rileggiamo quelle precise parole:

> *... ripercorrendo la vita personale di quest'uomo ci accorgiamo come in effetti il paese, lo Stato, la magistratura che forse ha più colpe di ogni altro cominciò a far morire Giovanni Falcone il 19 gennaio del 1988.*

A cosa si riferisce Borsellino? Esattamente a quel giorno in cui il CSM negò a Falcone la promozione a capo di quell'Ufficio Istruzione che Caponnetto aveva appena lasciato, sicuro che Falcone che già aveva vinto il primo grado di giudizio del maxiprocesso gli sarebbe subentrato. Il CSM avvolto e concentrato in una autoreferenzialità piena di alterigia e priva di buon senso, afflitto da una meschinità non di rado faziosa, attenta solo ai calcoli correntizi e di potere, commise un errore e un'ingiustizia che ferirono Giovanni e, come poi vedremo, segnarono la sorte del pool antimafia – ma certo non era la prima volta e non sarà l'ultima.

Anche per questo a lungo, in questi anni, mi sono interrogato su quel giudizio di Caponnetto e di Borsellino: "... la magistratura che forse ha più colpe di tutti cominciò a far morire Falcone..." Capivo le parole ma il senso metaforico sembrandomi vago e quello letterale eccessivo non riuscivo a decifrarne il vero significato e a coglierne la portata, quindi non riuscivo a condividerle. Pensavo: 'Non si muore e nemmeno si comincia a morire per una mancata promozione', tantomeno un uomo come Falcone che non era ossessionato dalla carriera e che certo non entrò in una depressione mortificante e paralizzante per la mancata nomina. Giovanni era fatto di quel metallo resiliente cui ho fatto cenno e sapeva di essere quel che era non per i gradi. Aveva guidato nelle indagini i suoi colleghi pari grado dell'Ufficio Istruzione organizzando il pool antimafia e dando vita al maxiprocesso – il più grande processo del mondo e il più coronato di successo in tutta la storia della repressione giudiziaria antimafia –, e tutti questi risultati li aveva ottenuti da semplice consigliere. Da semplice consigliere dell'Ufficio Istruzione, un grado, quello di allora, più o meno equivalente nell'odierna gerarchia a quello di un semplice sostituto procuratore.

Le cose erano andate bene, anzi, benissimo, perché l'anima del gruppo era lui, lui la guida del pool che aveva avuto come capi prima Rocco Chinnici e poi Antonino Caponnetto e come consiglieri fior di magistrati suoi colleghi e collaboratori. Leader del gruppo Falcone lo era diventato di fatto, cioè naturalmente e per riconoscimento dei colleghi di lavoro e del capo dell'ufficio. Era il capo di fatto perché tutti sapevano che era il più bravo, il più preparato, quello che vedeva più cose e più in profondità, quello che meglio sapeva motivare, organizzare e tenere unito il gruppo.

Dunque, dopo la mancata nomina, di sicuro Falcone era deluso, amareggiato e arrabbiato. Secondo i ricordi di chi gli era vicino, nei racconti che ho letto e anche in quelli ascoltati dalla sua voce ci mise un po' a sublimare il torto subìto nell'ironia che gli era così connaturata da costituire una risorsa a parte. Dunque, anche dopo lo smacco, restava pieno di vita, di voglia di fare e di continuare la sua lotta. Immaginare e affermare il contrario – cioè che sia caduto preda di un abbattimento totale, di una disperazione senza luce quale è il "cominciare a morire" – si può anche supporre, ma, in assenza di altri argomenti, rischia di sminuire Giovanni, di abbassare la sua statura a quella dei suoi avversari.

Poi, un giorno, quella frase mi è apparsa in una luce diversa e mi sono detto: "Non riuscirò a capire, a meno di immaginare qualcos'altro, a meno che quel voto così ingiusto e derisorio abbia costretto Falcone a guardare in faccia una realtà e una prospettiva allarmanti e lo abbia come risucchiato in un vortice di pensieri ben più dolorosi e inquietanti di una bocciatura." Ma di questo dirò tra poco. Intanto, riprendo il filo del ragionare là dove l'ho appena interrotto.

Dopo quell'ingiusta "retrocessione" Falcone, come ho detto, continuò a lavorare: condusse in porto importanti operazioni di polizia giudiziaria anche di carattere internazionale come l'"Iron Tower" in collaborazione con Rudolph Giuliani. Occorsero mesi di intercettazioni, di indagini affidate ad agenti infiltrati, di appostamenti, finché nel dicembre di quello stesso 1988 l'operazione fu conclusa con l'arresto tra New York e Palermo di 37 boss mafiosi narcotrafficanti.

Ci furono poi altre bocciature delle sue ambizioni – per esempio di essere eletto membro del CSM o Alto Commissario antimafia –, ma nemmeno queste riuscirono a fiaccare il suo carattere, tantomeno a sviarlo dalla strada che aveva scelto e che era diventata il senso della sua vita: far guerra alla mafia e sconfiggerla.

Bene, tanto basta per comprendere quale fu la reazione di Falcone, ma l'azione dei suoi nemici come si fa a capirla? Perché lo trattarono in quel modo? In un modo cioè tanto odioso e discriminatorio da essere e apparire come una volontà persecutoria?

Tutti ormai sappiamo, purtroppo, che l'autogoverno dei magistrati italiani, fondato sul loro associarsi e dividersi e lottarsi in correnti e clan al modo dei politici e dei partiti, scorre in alvei tortuosi e accidentati. Abbiamo imparato anche che le scelte che condizionano le loro carriere professionali sono così intorbidate da gelosie, invidie, livori da degenerare in liti esagerate, in aspre acrimonie e in rancori tenaci. Abbiamo appreso che le diverse fazioni – già ai tempi di Falcone e oggi certo non meno di allora – mettono all'opera nelle loro competizioni mezzi così spregevoli che paiono ricalcati sul modello della peggiore partitocrazia. (Penso – ma questa è una parentesi – che l'amministrazione della giustizia eguale per tutti e in nome del popolo dovrebbe semplicemente aborrire tali sistemi, tenerli a mille miglia da sé e, nel caso, esiliare dalla magistratura chi ne fa uso. E mi auguro che questa autoriforma la compiano i magistrati stessi in nome di una rivolta morale che ha accumulato mille ragioni per divampare. Ove ciò non accada, dovranno essere il capo dello Stato e la Repubblica Democratica, cioè Parlamento e Governo, a indicare e adottare i rimedi necessari.)

Ora, per tornare al punto, secondo ogni evidenza e malgrado tutto quel che si è detto e letto a proposito delle degenerazioni delle correnti, a far morire Falcone non sono stati i suoi colleghi e i loro complici – politici e giornalisti – che l'hanno diffamato. A ucciderlo al di là di ogni ragionevole dubbio è stata la mafia, sono stati Riina, Provenzano, Brusca e gli altri boss di Cosa Nostra, mandanti ed esecutori.

La vera colpa della magistratura è stata un'altra e bisogna dichiararla in modo chiaro, circostanziato con la massima precisione e veridicità. Non si è trattato di una singola colpa preterintenzionale, ma di una strategia, ovvero di una serie di azioni concertate e compiute da più soggetti che concorrevano nello scopo di "distruggere ed eliminare professionalmente Giovanni Falcone" "(sempre secondo Borsellino). Per capire meglio in che sia consistito il primo delitto di questa catena bisogna seguire come tracce e indizi quel che Falcone stesso disse parlando con persone a lui amiche e di cui si fidava.

Mi aiuta in questa ricerca il bel libro di Giovanni Bianconi *L'assedio*, documentatissima storia di Falcone da cui traggo le citazioni che seguono.

> *Dopo il verdetto* [il voto del CSM che elesse Meli contro Falcone], *Vito D'Ambrosio* [un consigliere suo amico] *gli telefonò per comunicargli l'esito del voto, e provò a rincuorarlo:*
> *"Coraggio, la prossima volta nomineremo te."*
> *Ribatté gelido Falcone: "Non ci sarà una prossima volta, perché con il nuovo Codice di Procedura Penale non ci sarà più l'Ufficio Istruzione. Non a caso è stata ingaggiata questa battaglia."*

> *L'ultimo consigliere istruttore di Palermo avrebbe avuto il compito di chiudere le più importanti indagini sulla mafia e le sue relazioni occulte, e per questo c'era chi non voleva che a guidarle fosse lui.*
> *"Mi avete crocefisso," disse a D'Ambrosio.*
> *"Perché? Che vuoi dire?"*
> *"Mi avete inchiodato come bersaglio."*

Veniamo ora alla seconda testimonianza raccolta da Bianconi.

> *A Fernanda Contri, altra amica (consigliera laica del CSM indicata dal PSI) uscita sconfitta con lui dalla battaglia nel CSM, spiegò che alla delegittimazione sancita dall'organo di autogoverno sarebbe seguito il tentativo di eliminazione fisica.*
> *"Avete capito che mi avete consegnato alla mafia?" le disse. "Ora possono eseguire senza problemi la sentenza di morte già decretata da tempo, perché hanno avuto la dimostrazione che non mi vogliono neanche i miei, cioè i magistrati."*

Eccola, dunque, la verità sciorinata dallo stesso Falcone, ecco spiegata la portata e previste le conseguenze della scelta del CSM, ecco chiarito il dubbio sul significato reale delle parole che Borsellino – e prima di lui Caponnetto

– aveva scagliato contro i colleghi dopo l'assassinio di Falcone!

L'accusa di Borsellino non era né un'iperbole né una perifrasi, non alludeva a un'indistinta responsabilità, non faceva letteratura e nemmeno politica: parlava il suo linguaggio di magistrato serissimo, rigoroso, abituato a indagare e a riflettere prima di dichiarare e soprattutto prima di formulare accuse. Sebbene parlasse a distanza di appena un mese ancora affranto dalla strage di Capaci, diceva la verità chiara e nota a Caponnetto e a lui, la terribile verità della storia che da subito aveva intuito e che il dipanarsi degli eventi gli aveva poi confermato e messo sotto gli occhi della vista e della mente. E la verità era questa: la magistratura nel far morire Falcone ha più colpe di tutti perché a partire da quel giorno ha cominciato e poi proseguito cocciutamente, sistematicamente a ostacolare, a isolare, a e boicottare Falcone, così impedendo non solo a lui ma allo Stato e a se stessa di combattere la mafia come si doveva e si poteva, come Falcone sapeva, voleva e aveva cominciato a fare. L'uccisione di Falcone è conseguenza dell'avere volutamente e insistentemente isolato, delegittimato, "crocefisso" in tutti i modi il giudice consegnandolo come "bersaglio" a Cosa Nostra.

Ma vediamo quali furono gli effetti pratici, immediati. La bocciatura che privò Falcone di autorità e potere si riverberò anche sul maxiprocesso, suscitò e nutrì nei mafiosi l'aspettativa che le condanne che la Corte d'Assise aveva inflitto potessero essere attenuate in Appello – come effettivamente accadde – e magari cancellate dalla Corte di Cassazione. E probabilmente proprio questo sarebbe accaduto senza il pressante invito del ministro della Giustizia al primo presidente della Suprema Corte (ma anche di questo parleremo meglio in seguito). Non solo, la bocciatura gli impedì di concludere le importanti indagini che aveva in corso come capo dell'Ufficio Istruzione.

Ancora un'altra conseguenza: sottoporlo a Meli e al suo opposto programma diede tregua e fiato a Cosa Nostra, le consentì di continuare a delinquere uccidendo ancora e ancora, indisturbata, sino a quando decise di pianificare l'assassinio dello stesso Falcone e, meno di due mesi dopo, di Paolo Borsellino.

Più rifletto, più mi convinco che questo è il senso di ciò che Caponnetto e Borsellino intendevano dire: cioè un senso molto più ampio e profondo che non contraddice quello letterale, ma lo illumina e ci orienta.

È questo il punto cruciale. Al di là dell'amarezza causata a Falcone, al di là della frustrazione inflitta alle sue ragionevoli ambizioni di carriera, la colpa più grave e gravida di conseguenze di cui si è macchiato il CSM è stata quella di aver paralizzato la guerra alla mafia scatenata dal maxiprocesso e dalle sue maxicondanne: i 19 ergastoli ai capi e i 2665 anni di carcere agli altri 360 condannati. Il maxiprocesso poteva essere l'inizio della fine di Cosa Nostra se Falcone e i colleghi del pool avessero potuto continuare e sviluppare l'azione che aveva portato a quei clamorosi, rivoluzionari risultati. Invece, e si stenta a crederlo, la conseguenza del maxiprocesso fu che a scatenarsi furono i nemici di Falcone dentro la magistratura e dentro lo Stato, dunque anche nella politica – basti pensare a come Orlando Cascio riuscì a trascinare il PCI contro Falcone –, e dentro il paese, cioè nella società, nell'opinione pubblica e nei giornali imbeccati e orientati dagli attacchi della magistratura contro Falcone.

Prima di esaminare gli sviluppi successivi che confermano la veridicità di questa interpretazione dei fatti dobbiamo soffermarci ancora su quel giorno e sulle conseguenze intenzionali provocate dalla bocciatura di Falcone e dalla nomina al suo posto di Meli.

Antonino Meli fu scelto come candidato e votato dalla maggioranza dei consiglieri non come un concorrente indipendente che corresse per sé ma, nemmeno come di regola accade, come frutto di un accordo spartitorio tra correnti. No, fu scelto solo perché era il candidato meglio piazzato per battere Falcone. Meli aveva un titolo in più: era più anziano in carriera, essendo entrato in servizio sedici anni prima. Per il resto era più esperto di diritto civile che penale. Invece non è esatto quel che quasi tutti hanno scritto e scrivono, e cioè che non si fosse mai occupato di criminalità organizzata (si veda, per esempio, "la Repubblica", 2 settembre 1984).

Meli era stato presidente della Corte d'Assise di Caltanissetta, e come tale aveva presieduto un importantissimo processo di mafia, nientemeno che il processo per l'assassinio del giudice Chinnici, il capo dell'Ufficio Istruzione che aveva voluto Falcone accanto a sé.

Nel corso del dibattimento Meli accusò il procuratore Patanè, rappresentante dell'accusa, di aver turbato il regolare andamento del processo con le sue dichiarazioni alla stampa e col suo protagonismo. Patanè replicò accusando il presidente e la corte di aver percepito la diaria per tutta la durata del processo, anziché per i soli giorni di udienza. A quel punto Meli accusò Patanè di interesse privato in atti di ufficio.

Liti furiose, contorte e miserevoli come spesso son quelle tra magistrati e che ebbero conseguenze sulla durata e il regolare svolgimento del processo Chinnici. Tuttavia, in primo grado, i fratelli Greco giudicati come mandanti furono condannati all'ergastolo e quindici anni furono inflitti agli esecutori. Ma Patanè, scavando nelle motivazioni e osservando le assoluzioni di altri imputati, commentò la sentenza di Meli con queste parole: "Si tratta di una sentenza tipica dei processi di mafia, dove lentamente si scagionano tutti."

Previsione azzeccata. Nei successivi appelli – ce ne furono almeno tre – le condanne vennero diversamente modulate. Il resto lo fece il collegio della Cassazione presieduto da Corrado Carnevale che tra annullamenti, rinvii e assoluzioni disfece il processo. La sentenza definitiva arriverà solo vent'anni dopo la strage di Chinnici con il processo bis e le condanne inflitte, come ormai era invalso, a tutta la cupola mafiosa.

Dunque, la vera differenza di Meli rispetto a Falcone era quella di avere la formazione e la mentalità di un giudice e non di un magistrato inquirente, tantomeno quella di un investigatore.

Ma c'è di più: proprio il modo con il quale Meli aveva vittoriosamente contrastato il procuratore Patanè censurandone il "protagonismo" può aver giocato a suo favore nella scelta del CSM, soprattutto se si considera che la stessa accusa era quella che per prima e più di frequente i colleghi ostili scagliavano contro Falcone accusandolo di essere malato di protagonismo. Questo argomento polemico risuonerà più volte anche nel dibattito che precederà la bocciatura di Falcone.

Falcone era un giudice istruttore, specialista in indagini sulla criminalità organizzata: anzi, secondo l'opinione generale sia italiana sia internazionale in quella materia era, semplicemente, il numero uno.

Falcone aveva dunque più esperienza e competenza, meriti e risultati da far valere e da far pesare, se li era conquistati sul campo con le inchieste che aveva condotto, aveva istruito il più importante processo della storia alla mafia e l'aveva vinto assestando alla criminalità un colpo micidiale. Con quel processo aveva restituito al popolo siciliano e italiano fiducia nella giustizia ripristinando la credibilità della magistratura e dello Stato, spesso sospettati e accusati – anche all'estero – di inerzia, di incapacità e persino di collusioni con la mafia.

Invece, quali furono le ragioni addotte dai consiglieri che scelsero Meli? Uno di loro era Vincenzo Geraci e fino all'ultimo incontro con Falcone di cui era e si professava amico spergiurò sul suo immancabile sostegno. Vale la pena di leggere a distanza e con mente serena le parole con cui Geraci giustificò il suo voltafaccia nella notte della decisiva assemblea plenaria del CSM.

> *Se da un lato, le notorie doti di Falcone e i rapporti personali e professionali che coltivo con lui mi indurrebbero a preferirlo nella scelta, a ciò mi è di ostacolo la personalità di Meli, cui l'altissimo e silenzioso senso del dovere, poi sempre manifestato, costò in tempi drammatici la deportazione nei campi di concentramento nazisti nella Polonia e nella Germania, dove egli rimase prigioniero per due anni dal settembre 1943 al settembre 1945.* [Francesco La Licata, *op. cit.*, p. 100; ma anche Giovanni Bianconi, *op. cit.*, p. 41]

Non stupisce che Falcone fosse rimasto disgustato non solo dal voltafaccia di un amico proprio all'ultimo minuto, ma anche da un'ipocrisia così smaccatamente insidiosa da strumentalizzare la tragica esperienza vissuta da Meli quarant'anni prima quando, giovane militare italiano, fu internato in un lager nazista. Che spudorata *captatio benevolentiae*, quella di Geraci!, oltretutto presentata come un argomento così irresistibile da aver persuaso lui stesso, lui amico e sostenitore di Falcone, a fargli cambiare idea. *Chapeau Monsieur Geraci!* Che gran teatro! Che commozione! I nazisti, il lager, Meli a stento sopravvissuto quarant'anni prima! Come si fa a non votarlo?

È probabilmente Geraci che Borsellino nella sua arringa chiama "Giuda" e da qui mi è venuto l'impulso a chiamare Via Crucis la persecuzione di Falcone.

Aprendosi con me che volevo capire come mai quella vicenda, contro tutte le previsioni, si fosse conclusa con una maggioranza di consiglieri che gli votarono contro Giovanni mi disse: "Perché ai nemici si sono aggiunti gli amici, amici di cui non dubiti e che all'ultimo minuto ti pugnalano alla schiena... Va bene l'ostilità, ma una slealtà così, no, non potrò perdonarla mai."

In effetti le più dettagliate ricostruzioni ci raccontano di come Geraci e altri abbiano addirittura fatto credere a Falcone e ai suoi sostenitori che Meli fosse ormai orientato a optare per l'altro incarico cui si era candidato, quello di presidente della Corte d'Appello. Un incarico, rispetto a quello di Consigliere Istruttore, certamente meno stressante e nella gerarchia giudiziaria più elevato, oltreché più coerente con la sua esperienza professionale.

Fatto sta che la falsa notizia del suo penultimo cambio di corsia, subito propalata dai suoi dante causa, funzionò. Il diversivo ebbe l'effetto sperato dal suo autore, cioè tranquillizzò Falcone ormai convinto – da Geraci! – di aver già vinto e lo distolse dalla sua "campagna elettorale" nei giorni fatidici prima del voto.

Altri consiglieri usi alla piatta obbedienza burocratica dietro cui spesso si nascondono gli ignavi per ripararsi dai rimproveri e zittire le polemiche sostennero di aver semplicemente applicato le regole che stabilivano il principio, anzi il primato, dell'anzianità. Principio provatamente e notoriamente molto elastico e davvero di intermittente applicazione se, appena un anno prima, quando si trattava di nominare il nuovo procuratore a Marsala, fu scelto Paolo Borsellino, anziché il concorrente più anziano, e in quel caso la scelta venne motivata proprio per i maggiori meriti, cioè la maggiore esperienza e competenza nelle indagini antimafia, del candidato più giovane. Allora, per Borsellino il CSM fece un'eccezione, una deroga, e per Falcone, no. Perché?

Era stato buon profeta Leonardo Sciascia quando, commentando sul "Corriere della Sera" la nomina di

Borsellino, scrisse che il CSM, calpestando la regola che si era dato, non solo si delegittimava ma creava le premesse di future, ulteriori controversie, di beghe e liti a ripetizione: insomma, le premesse di un disordine istituzionale destinato a durare.

La profezia di Sciascia si avverò di lì a poco, appunto quando il CSM contraddicendosi ancora una volta non usò il criterio adottato per Borsellino e negò la promozione a Falcone nonostante i suoi indiscussi meriti e la concesse a Meli solo perché più anziano.

Tutto quel che si è detto e da ultimo la plateale contraddizione di criteri e di comportamenti – Borsellino promosso, Falcone no – può essere stata solo frutto di rivalità personali, di invidie?

Io penso che all'origine dell'arbitrio e del disordine elettivo del CSM ci fosse una preminente ragione politica. Penso che bocciare Falcone significava sminuire il significato e la portata esemplare del maxiprocesso e revocare in dubbio i suoi presupposti giuridici era prodromico a una riforma della sentenza in appello e, chissà, a un futuro colpo di spugna della Cassazione. Questo mio argomentare è logico, ma solo logico: la conferma la daranno gli eventi successivi.

In concreto la bocciatura di Falcone suona come un richiamo alle armi, un segnale di riscossa per quei magistrati e quei giudici che ostili al maxiprocesso e al suo impianto giuridico ricavano dalla scelta del CSM sollecitazioni e stimoli alla loro propensione restauratrice. E, infatti, si misero subito al lavoro.

A dar fuoco alle polveri è lo stesso Antonino Meli, il magistrato che mai aveva indagato né istruito ma solo giudicato un'indagine di mafia però – o proprio per questo? – aveva ottenuto la guida dell'Ufficio Istruzione. Zelante, solerte come uno che paghi il pegno promesso, alla prima occasione interrompe la prassi instaurata da Falcone e dai suoi predecessori Chinnici e Caponnetto. La prassi seguita era questa: quando altre procure, specie le minori come Termini Imerese, ricevevano notizie di reati di mafia trasmettevano i fascicoli relativi all'Ufficio Istruzione di Palermo più dotato di magistrati competenti e di maggiori esperienze. Si venivano così affermando nei fatti quei principi o criteri di specializzazione e coordinamento che sembravano garantire maggiore efficienza e maggiori risultati, come aveva ampiamente dimostrato proprio il maxiprocesso di Palermo.

Le sedi più piccole si spogliavano di indagini complesse e non prive di rischi e quella distrettuale, Palermo, più grande, più dotata e più attrezzata in materia di indagini su Cosa Nostra, integrava al proprio patrimonio conoscitivo le nuove informazioni alle quali sapeva certo attribuire il peso e il significato che meritavano. Ed ecco che invece, a sorpresa, Meli rinvia al mittente – la Procura di Termini

Imerese – i fascicoli che questa aveva inoltrato all'Ufficio Istruzione di Palermo proprio perché lì lavoravano Falcone e il pool.

Poi, di fronte allo sconcerto, alle critiche, alle proteste di Falcone e dei consiglieri del pool per l'inspiegabile abdicazione dell'ufficio di cui era a capo, Meli, quasi non aspettasse altro che un *casus belli*, si rivolge alla Corte di Cassazione perché dirima il conflitto di attribuzione. E la Corte sentenzia che bene ha fatto e farà Meli a restituire i fascicoli alle procure che glieli hanno trasmessi perché così si deve fare.

Insomma, la Suprema Corte – con la sua "azione funesta" come la bollerà Borsellino – sentenzia che la procedura da seguire deve tornare a essere quella precedente al maxiprocesso: le indagini devono restare divise, spezzettate, e a condurle, caso per caso, ciascuno di testa sua, devono essere gli uffici che per primi hanno ricevuto le notizie di reato.

Come è noto le sentenze della Suprema Corte "fanno giurisprudenza", diventano cioè fonti di diritto quasi come leggi e a esse possono richiamarsi le corti territoriali per fondare e argomentare i loro giudizi. Naturalmente i giudici della Cassazione forniscono anche la motivazione della loro decisione. E la Corte spiega: bisogna tornare all'antico perché la mafia non è un'unica organizzazione, non è la Cosa Nostra raccontata da Buscetta e dagli altri pentiti, non è la struttura criminale gerarchica e piramidale descritta da Falcone nella sua istruttoria e avallata dalla Corte d'Assise di Palermo con le condanne inflitte alla cupola e agli altri imputati.

"La mafia," scrive la Corte di Cassazione, "è fatta di cosche locali dotate di un'ampia sfera decisionale; esse operano in ambito territoriale diverso e hanno preponderante carattere soggettivo." Tradotto dal *latinorum* giudiziario la sentenza questo afferma: la mafia è composta di cosche locali e non ha una direzione unitaria centralizzata, dunque ai suoi affiliati potranno essere attribuiti solo i delitti che hanno compiuto personalmente, non anche quelli dell'associazione. Forte di questa certificazione giuridica della Suprema Corte, Antonino Meli affonda il colpo e scioglie il pool antimafia.

Le campane della magistratura si sono intonate e adesso suonano in coro: il CSM boccia Falcone, la Cassazione smonta l'assunto fondamentale del grande processo a Cosa Nostra, Meli scioglie il pool. È il *De Profundis* al maxi: il suo destino è segnato, e intanto si torna alla polverizzazione delle indagini, cioè all'impotenza della giustizia italiana di fronte alla mafia.

Viene da chiedersi: se la Cassazione si è allineata a Meli, a sua volta Meli, che di mafia non sapeva molto, a chi si era allineato? A quale impulso aveva obbedito? Chi era il suo suggeritore o, più probabilmente, chi erano? Forse lo stesso – o gli stessi – che in cerca di un candidato più anziano di Falcone lo spinsero a candidarsi e lo assistettero lungo tutti i passaggi burocratici? E furono sempre gli stessi a dissuaderlo quando, per un momento, Meli sembrò propendere per l'altro incarico cui pure si era candidato, un ufficio più elevato a lui più congeniale e decisamente più appropriato per un magistrato anziano, qual era quello di presidente della Corte d'Appello? Tutto lo snodarsi di questa vicenda porta a concludere che ci sono state una o più menti – raffinatissime? – che avevano deciso che Falcone non doveva diventare capo dell'Ufficio Istruzione, che il maxiprocesso doveva essere azzoppato in Appello per essere "finito" in Cassazione.

Ma poi, ammesso e non concesso che non ci sia stato nessun regista particolare, quale interesse o ordine di scuderia fece desistere Meli dal mantenere al suo ufficio il primato della competenza in materia di mafia per tornare a essere un ufficio inquirente qualunque? Un'incontrollabile modestia? Una modestia sconfinante nel *cupio dissolvi*? E quale ragione o calcolo ha convinto la Suprema Corte di Cassazione a restaurare la polverizzazione delle indagini di mafia?

Noi possiamo solo far congetture su chi da tempo aveva cominciato a tessere la trama di quell'ordito e avanzare solo supposizioni circa l'identità del giocatore o dei giocatori che, disposti i pezzi sulla scacchiera, li mossero con callida destrezza. Quel che sappiamo per certo è che Meli appena installato al posto di capo dell'Ufficio Istruzione si applicò subito e senza indugi alla missione per cui era stato prima scelto e poi nominato. Sappiamo anche che come un emulo del procuratore generale Giovanni Pizzillo anche Meli si dedicò a distogliere Falcone da quella strana ossessione di voler indagare e processare la mafia. Come? Semplice: seppellendolo sotto una montagna di altri processi esattamente come Pizzillo aveva raccomandato di fare a Rocco Chinnici. Il quale a differenza di quel che farà Meli si era guardato bene dal dargli retta.

Il Corvo e l'Addaura

Nel giugno del 1988 al palazzo di giustizia di Palermo esplode un nuovo caso destinato a fare più che scalpore, un frastuono così assordante da varcare i confini italiani. Vengono diffuse lettere anonime clamorose: alcune accusano Falcone e Gianni De Gennaro di aver autorizzato il rientro in Sicilia di Totuccio Contorno – un ex mafioso diventato collaboratore di giustizia – allo scopo di consentirgli di regolare i suoi conti con i corleonesi che gli avevano sterminato un gran numero di famigliari mentre era in prigione in un carcere USA. Poiché i particolari riportati nelle missive potevano essere noti solo ai magistrati inquirenti della Procura prende corpo il sospetto che il delatore sia un magistrato, un corvo. "Corvo" era il nomignolo spregiativo con cui i mafiosi, ma anche ambienti della polizia, erano usi indicare i magistrati con allusione alle loro toghe nere. Viene sospettato e poi indagato il magistrato Alberto Di Pisa. Questi si protesta innocente e dichiara di essere un sostenitore di Falcone. Il PM romano Domenico Sica, da poco nominato Alto Commissario antimafia, impropriamente si incarica dell'indagine, preleva da un bicchiere di carta le impronte digitali di Di Pisa e annuncia che sono identiche a quelle del Corvo. Si scatena un inferno di polemiche contro Di Pisa, ma anche contro Sica e il suo agire. Assalito da nuovi dubbi, il commissario torna sui suoi passi e rettifica il giudizio. Adesso le impronte diventano sovrapponibili ma non più identiche. Poi Sica fa di peggio: lascia trapelare e non smentisce di aver confidato a un collega che, sì, Di Pisa forse era il Corvo, a suggerirglielo è stato lo stesso Falcone e il contenuto delle lettere anonime sarebbe in parte vero. A sua volta il CSM investito della questione decide di trasferire Di Pisa, ma per una singolare, salomonica ricerca di equilibrio e per fare pari e patta tra le correnti punisce anche un collaboratore di Falcone. Si tratta del magistrato Giuseppe Ayala, grande amico di Falcone, che il Corvo aveva accusato di aver accumulato debiti di gioco e anche lui viene trasferito. Cosa c'entrasse questa accusa vera o falsa che fosse con l'identità del Corvo il CSM non l'ha mai spiegato, ma si capisce lo stesso: nell'organo costituzionale che impersona l'autogoverno dei giudici è uso lottizzare per correnti anche le sanzioni disciplinari che vengono irrogate a pacchetti, come le nomine agli incarichi direttivi. Così c'è modo di accontentare tutte le correnti o di scontentarle tutte.

La mafia osserva, vede che il suo nemico numero uno è isolato e inviso ai suoi colleghi e decide di approfittarne: vuole bastonare il cane che affoga.

Il 21 giugno 1989 sugli scogli sottostanti la villa che aveva affittato all'Addaura viene trovata una borsa con 58 candelotti di dinamite e due detonatori. Falcone è lì per trascorrere un week-end tra relax e lavoro con Carla Del Ponte e un altro collega magistrato svizzero; sono entrambi esperti in antiriciclaggio e da tempo collaborano con lui nelle indagini sui capitali della mafia e i loro santuari.

Le indagini sul fallito attentato cominciano subito e subito si arenano. Dopo mesi l'inchiesta riparte e, se prima non si trovava traccia degli attentatori, adesso ce ne sono in abbondanza, tanti da formare due gruppi. Uno a terra composto da mafiosi della famiglia dell'Acquasanta e forse (!) da agenti di polizia che sono uomini dei Servizi; l'altro gruppo è composto da due sommozzatori su un canotto. Ma le indagini non si fermano e gli ulteriori sviluppi tendono a escludere che i sommozzatori fossero attentatori: anzi, risulterebbero essere dei poliziotti entrambi collaboratori dei Servizi ed entrambi specialisti nella caccia ai latitanti. Sennonché il primo, Antonio Agostino, viene ucciso insieme con la moglie un mese e mezzo dopo l'Addaura; il secondo viene trovato strangolato otto mesi più tardi. Parecchio tempo dopo un collaboratore di giustizia rivela che le indagini sono state depistate sin dall'inizio da agenti della squadra mobile di Palermo guidata da Arnaldo La Barbera, anche lui collaboratore dei Servizi Segreti. Mentre erano ancora in corso ulteriori sviluppi si verrà a sapere che i due agenti sommozzatori sarebbero stati presenti sul luogo dell'attentato per sventarlo e sarebbero stati uccisi per impedire che rivelassero le relazioni pericolose con la mafia di agenti della questura. Infine la conduzione delle indagini da parte della magistratura solleva un tale polverone che non si capisce più nulla e a nulla approdano.

A caldo, Falcone definì l'attentato opera di "menti raffinatissime" e se, come molti credono, aveva ragione di alludere a complicità tra Servizi Segreti e Cosa Nostra, a quali menti ancor più raffinate avrebbe attribuito l'abilità e il potere di depistare e confondere a tal punto le indagini da non venire a capo di niente e da non poter celebrare un processo?

Gerardo Chiaromonte, a quel tempo presidente comunista della Commissione parlamentare antimafia, ricorda – e il ricordo sta nelle pagine del suo libro (*I miei anni all'antimafia*, 1996).

> *A Palermo, negli ambienti politici e soprattutto in casa democristiana e comunista, tra i seguaci del sindaco Orlando Cascio si sosteneva che quello dell'Addaura fosse un falso attentato che Falcone si era organizzato da solo per farsi pubblicità.*

Falcone confida al suo amico La Licata (*op. cit.*, p. 198) che le lettere calunniatrici dovevano servire a fornire alla mafia un movente "nobile" all'attentato che sarebbe così apparso come una giusta vendetta contro un magistrato scorretto. Una settimana dopo l'attentato il ministro della giustizia Giuliano Vassalli istituisce un posto in più al vertice di Palermo e il CSM nomina Falcone terzo procuratore aggiunto di Palermo. il CSM, sollecitato dal ministro Giuliano Vassalli, nomina Falcone terzo procuratore aggiunto di Palermo. All'inizio i rapporti col capo, Pietro Giammanco, filano lisci, poi si guastano. Il capo gli affida solo processi minori, non gli passa le carte di quelli di mafia, lo emargina lo sorveglia.

Il 24 settembre 1990 si conclude l'appello del maxiprocesso. La sentenza è in linea col nuovo corso della magistratura e con la sentenza della Cassazione che aveva dato ragione a Meli contro Falcone. In sostanza scagiona e assolve parte degli imputati, riduce i 19 ergastoli comminati in primo grado a 12, cancella o attenua le condanne di altri imputati.

Una sentenza così non fa presagire niente di buono per quando, ormai presto, la Cassazione dovrà decidere la sorte del maxiprocesso.

Intanto la cupola mafiosa condannata in primo grado era e rimaneva latitante, a cominciare da Riina e Provenzano, i due super capi che come bravi imprenditori sono sempre al lavoro. E di lavoro da fare ce n'è tanto anche solo per prevenire rischi di tradimenti e per punire semplici sospetti: fatto sta che ben 18 imputati del maxiprocesso vengono assassinati nelle more dei tempi della giustizia tra primo e secondo grado di giudizio. Parallelamente in quel lasso di tempo 52 condannati in primo grado vengono inviati dal carcere ai domiciliari, tutti gli altri grazie ai conteggi della Cassazione – esatti, esattissimi, meticolosissimi – vengono scarcerati per decorrenza dei termini o sono in procinto di esserlo.

Se la mafia non ha pace, la magistratura e altri settori dello Stato non sono da meno. Riflettendo sulle successive bocciature della candidatura a capo dell'Ufficio Istruzione, al CSM, della possibile nomina a Alto Commissario e, in parallelo anche ai diciotto testimoni del maxi ammazzati e all'attentato dell'Addaura ordito da "menti raffinatissime", Falcone confida all'amico Francesco La Licata: "Si è verificata la saldatura, c'è stata la coincidenza degli interessi..." "Ma tra chi?" gli chiede il giornalista, che è in grande confidenza col giudice ed è un gran conoscitore di cose di mafia.

"Te lo dirò un'altra volta," si schernisce Falcone.

"Non me lo disse mai più," si dispiace La Licata (*op. cit.*, p. 114).

Lasciamo stare la riservatezza, questo tratto del carattere di Falcone – anch'io l'ho sperimentato – che lo faceva cambiare argomento o ammutirsi quando un amico voleva esser messo a parte di qualche segreto o, peggio, di quel che per lui era un sospetto non provato e andiamo al punto.

Si può davvero credere che questa sequenza di attacchi paralleli – eppure convergenti! – destinati a eliminare Falcone, professionalmente e fisicamente, e tutte le azioni mirate a far naufragare il maxiprocesso siano eventi casuali, rapsodici e incoerenti?

E se no come definire allora i numerosi, paralleli attacchi a Falcone di certa magistratura e quelli di Cosa Nostra?

Che cosa prova la successione di pochi mesi tra la bocciatura del CSM e l'attentato dell'Addaura? E la contemporaneità del mafioso armato che aspetta la visita in carcere di Falcone cosa c'entra con le lettere calunniose del Corvo? E i depistaggi e gli assassinii di testimoni dell'Addaura concomitanti con la campagna di delegittimazione?

Prima di arrivare a qualunque conclusione è bene procedere con la massima prudenza e con tutta la gradualità necessaria.

Francesco La Licata e Giovanni Bianconi parlano ripetutamente dei tanti, troppi nemici di Falcone e questo è fuor di dubbio come lo è il fatto che tra i tanti una posizione di rilievo la occupano la cupola mafiosa e alcuni esponenti della magistratura e degli apparati di sicurezza dei Servizi Segreti. Ma perché entrambi i raggruppamenti erano nemici di Falcone, in altre parole perché e in che cosa l'azione di Falcone costituiva per entrambi e probabilmente anche per altri – fossero imprenditori, amministratori, giornalisti – una minaccia talmente insopportabile da spingerli a eliminarlo, gli uni fisicamente, gli altri professionalmente?

Ebbene, un interesse superiore, una ragione e uno scopo che li sovrastava e li accomunava c'erano: mantenere lo *status quo* in Sicilia e perciò impedire che qualcuno o qualcosa lo rompesse, lo minacciasse e lo cambiasse.

Per riuscire nell'intento bisognava evitare a tutti i costi che cambiassero le regole e la prassi abituale della magistratura, come sarebbe successo se il magistrato più capace, rafforzato dal successo e dotato di più autorità e di più potere fosse stato messo in grado di continuare la sua lotta nel ruolo in cui meglio avrebbe potuto servire lo Stato.

Nel passato lo *status quo* in Sicilia era stato mantenuto garantendo la convivenza quasi pacifica tra lo Stato e la mafia. Forse in alcuni degli avversari di Falcone c'era malafede e ci fu del dolo, ma nella maggioranza era attivo un riflesso automatico, il *Queta non movere*, ispirato dalla rassegnazione o dalla convenienza all'esistenza della mafia in quanto dato strutturale, perenne e immutabile della Sicilia. Di qui era derivato anche il mito dell'invincibilità della mafia, un mito che veniva declinato in tanti modi diversi: per esempio, coltivando quello fatalistico/sociologico di osservatori distaccati. Per costoro la mafia era figlia del sottosviluppo e sarebbe scomparsa solo con la crescita economica dell'isola. A loro Falcone replicava:

> *... quel che continua ad accadere nel campo degli appalti smentisce tutte le teorie secondo cui il decollo socioeconomico della Sicilia avrebbe portato automaticamente alla scomparsa della mafia. Cosa Nostra ha invece saputo innestarsi nello sviluppo. La sola possibilità per lo Stato di segnare un'inversione di rotta mi sembra consista nel garantire un livello minimo di convivenza civile, una forma minima di contratto sociale... Una delle precondizioni consiste nell'assicurare il rispetto della legge, e nel contrastare efficacemente la criminalità.* [Francesco La Licata, *op. cit.*, p. 137]

Un'altra declinazione del *Queta non movere* era quella di negare la necessità di norme e di strumenti eccezionali e, in forma ancor più radicale, di negare in termini di principio che la magistratura dovesse e potesse muover guerra alla mafia: "La magistratura non fa guerre, applica la legge," oracolavano toghe e ermellini. Premesse impeccabili e nobili principi da scolpire sui muri dei palazzi di giustizia. Ci si chiede però come possa la magistratura riuscire ad assolvere al dovere di applicare le leggi se i mafiosi uccidono testimoni e poliziotti, magistrati inquirenti e giudici che esercitano la giurisdizione? Cosa devono fare i servitori dello Stato? Rischiare la pelle o piegarsi ai ricatti e alle intimidazioni?

Un'altra declinazione apologetica dello *status quo* veniva da quella parte più disinvolta e corriva dell'avvocatura siciliana che aveva nei clienti mafiosi le fonti di guadagno più cospicue e spesso più riservate, perciò ostile a inchieste penetranti, soprattutto se mirate ai movimenti di denaro. Non potrebbe anche essere accaduto che alcuni avvocati tramiti delle volontà, e magari degli interessi dei loro clienti mafiosi, siano diventati anch'essi cultori del *Queta non movere*?

Il tratto comune delle diverse declinazioni dell'invincibilità della mafia si manifesta nell'indurre all'inerzia con la persuasione e i suoi mezzi o nel delegittimare e nello spegnere i tentativi di cambiare lo stato delle cose con l'intimidazione e la violenza.

Non fece eccezione il caso di Falcone e del suo maxiprocesso. I tentativi del giudice di spezzare la *pax* mafiosa per essere interrotti, rintuzzati, bloccati richiesero l'ingegno acuminato e gli sforzi paralleli di diversi attori, ciascuno dei quali si servì di suoi mezzi, seguì proprie strategie, attivò alleanze e complicità. Ne fece le spese anche il giudice Alfonso Giordano. Dopo il rifiuto di altri colleghi non si sottrasse a presiedere la Corte d'Assise di Palermo che doveva giudicare il maxiprocesso, e per questo subì contestazioni e intimidazioni che non scossero la sua rettitudine e il suo coraggio civile a presiedere con assoluto rigore e imparzialità il maxiprocesso.

Per evitare la diffusione del "contagio" falconiano la prima cosa da fare era dissuadere, seminare sfiducia, circondare di infauste previsioni e indiretti allusivi moniti chiunque in un modo o nell'altro assumesse atteggiamenti fermi e risoluti, specie quando si trattava di magistrati o di politici, ma anche di giornalisti. In ogni caso la tacita, implicita intesa di tutti i sostenitori più o meno personalmente interessati alla *pax* mafiosa era quella di scoraggiare, ostacolare, fermare chi voleva la guerra alla mafia, e Falcone, venuto a portare la spada e non la pace, era un nemico e un bersaglio: anzi, era diventato per tutti costoro, ovvero per il partito siciliano del potere, il nemico numero uno e il principale bersaglio.

Le frecce indirizzate a Falcone erano intinte nel veleno dell'odio e del sarcasmo, la corda dell'arco tesa a trafiggerne il carisma, travolgerne la credibilità, affossarne il prestigio, l'astio evocava i suoi insuccessi, mefitici sospetti gli accreditavano riguardi e scrupoli coi potenti – da Costanzo a Lima e fino ad Andreotti.

Tutto ciò che altrove – dove c'è uno Stato mediamente efficiente nella repressione dei crimini e capace di distinguere i meriti e i demeriti dei suoi funzionari – sarebbe apparso per quel che era (spazzatura, cinismo incivile), nella palude di Palermo, in quel sistema di potere uso a imbrogliare, sporcare e confondere tutto per abbassare tutto al proprio livello, scorreva limaccioso. Altrettanto equivoche erano le celebrazioni della diversità siciliana come una superiorità inarrivabile dai non siciliani.

Mi ricordo, una volta, tanti anni fa, universitario attivo nelle associazioni studentesche, frequentando colleghi di tutta Italia, mi colpì l'atteggiamento davvero speciale di giovani coetanei siciliani. Alcuni di loro, più accalorati e sfrontati, alle mie critiche forse troppo dirette e puntute, agli esempi di ritardi e di incuria e alle mie prediche condite di "Ma" – "Ma dovete cambiare mentalità... Ma dovete darvi da fare... Ma dovete europeizzare la Sicilia" –, replicarono canzonando: "Ma che dici! Ma no. Ma al contrario... Ma noi, altro che Europa, noi dobbiamo 'sicilianizzare' il mondo!"

Erano poco più che ragazzi, ventenni un po' confusi, un po' spacconi, come tanti ce ne sono a quell'età, ovunque. Più che ragionare, ribollivano, come ultrà del calcio. Ma il loro orgoglio non era di campanile, non era rivalità di paese né di squadra. Dava voce a un'identità profonda, a un'alterigia atavica, da nazione siciliana oppressa e repressa. Il rifiuto di omologarsi e di cambiare traboccava in un "orgoglio delirante", la frustrazione si compensava con un'illusione di potenza e persino nella presunzione di dare esempio, di essere un modello da esportare.

"Sicilianizzare il mondo": la mafia ci ha provato, e purtroppo qua e là ci è riuscita.

L'illusione del CSM e l'appello del maxiprocesso

Ferito, sdegnato, polemico, Falcone rompe antichi legami di solidarietà e di amicizia con i colleghi che l'hanno tradito o abbandonato e si lascia convincere a buttarsi, lui con quel suo carattere, nelle lotte politiche e di corrente della magistratura associata. Persuaso e reclutato da Mario Almerighi, un collega prestigioso, partecipa alla fondazione di una nuova corrente battezzata "Movimento per la Giustizia – Proposta 88" e si candida al Consiglio Superiore della Magistratura.

Agli inizi Falcone era avversato dalla parte più conservatrice della magistratura, quella che dubitava dell'esistenza stessa della mafia e non concepiva che si potesse processare l'associazione mafiosa, ma solo crimini compiuti da singoli.

Ma da qualche tempo era avversato anche dalle correnti di sinistra e centro-sinistra come Unicost nella quale aveva militato, dai suoi esponenti più faziosi e dai loro alleati esterni, politici e giornalisti. La presa delle correnti era tale che anche la corrente di destra, Magistratura Indipendente, in cui militava Paolo Borsellino, il suo migliore amico, nella stragrande maggioranza preferì votare Meli o astenersi. Così fecero anche nella maggioranza della corrente di centro-sinistra, Unità per la Costituzione e, ancor più, di Magistratura Democratica, la corrente di sinistra, con l'eccezione di Giancarlo Caselli che votò Falcone

C'è chi non gli perdona l'insubordinazione alle gerarchie interne dell'ANM e agli ordini di scuderia, chi gli imputa le simpatie americane e la collaborazione con l'FBI, chi le idee controcorrente sull'assurda obbligatorietà dell'azione penale, sul PM parte in causa e guida della polizia giudiziaria e perciò, in radice, diverso dal giudice. Chi contesta le sue prediche sulla necessità di specializzare e coordinare i pubblici ministeri e gli oppone astratti precetti, chimere infantili o pretestuose del genere che tutti i magistrati devono saper fare tutto. E sono schiere i colleghi che lo detestano per la notorietà, la popolarità e per l'aura mediatica del migliore e del più coraggioso che avvolge il vincitore del più grande processo della storia.

Poi ci sono quelli, ovunque numerosi, che più che servitori dello Stato sono servitori del potere. Quale che sia il potere di turno – quello dei superiori, quello che ha la maggioranza, quello più vicino cui raccomandarsi, quello della corrente, quello dell'ANM, quello del CSM –, ovunque ci sia il potere, un potere, ci sono i suoi servitori. Lo Stato è un'entità astratta, lontana, spesso inavvicinabile, invece il potere è vicino, concreto, raggiungibile e famigliare. Ha il volto di un amico, di un conoscente, di un pari grado meglio introdotto. Il senso del potere è molto più diffuso e radicato del senso dello Stato anche tra quelli che dovrebbero servirlo. E il realismo che induce a servire o assecondare e lasciarsi guidare dal potere è l'ideologia dominante.

"Il Giornale" di Montanelli ospita un attacco in piena regola della deputata andreottiana Ombretta Fumagalli Carulli. L'autrice si scaglia contro "la gestione monopolistica da parte di alcuni magistrati, che facendosi scudo della propria professionalità secondo la ormai ben nota concezione del pool chiuso [manco fosse un maso di montagna *N.d.A.*]... una pratica che costituisce un lampante pericolo non solo di condizionamento giuridico, ma anche politico". Per fortuna è arrivato Meli, e la Carulli entusiasta prevede che sarà lui con "la sua ostinazione a inceppare quel meccanismo perverso". Insomma, il pool che aveva indagato, smascherato e fatto condannare Cosa Nostra è diventato un "meccanismo perverso". L'ordine impartito a destra e a sinistra diventa un coro: "Fermate Falcone. Quel meccanismo deve essere inceppato" e, come abbiamo visto, Meli obbediente lo incepperà.

È in quel momento che Mario Almerighi, un magistrato che gli è stato spesso vicino, vedendolo disorientato oscillare tra la rabbia e la voglia di mollare, sconfortato, per "ritirarsi in una procura, anzi, in una pretura di provincia" concepisce un'idea sciagurata e gliela suggerisce. Probabilmente Almerighi immaginava che impegnandosi politicamente ed esercitando un ruolo rappresentativo e di potere Falcone avrebbe potuto riconciliarsi con la comunità dei colleghi e far avanzare le sue idee. In ogni caso gli parla e lo incita: "Candidati al CSM! Candidati con noi, con il Movimento per la Giustizia!" Probabilmente era convinto che la sua corrente nata da una scissione di Unicost avrebbe avuto successo e che Falcone, popolarissimo nell'opinione pubblica italiana e internazionale, lo fosse anche nella base della magistratura. Tanto popolare da portare voti alla nuova corrente e da esserne plebiscitato. C'è da strabuzzare gli occhi scoprendo che un magistrato esperto di correnti come Almerighi abbia preso un simile abbaglio. Perché mai le stesse consorterie di magistrati che avevano bocciato Falcone come capo dell'Ufficio Istruzione avrebbero dovuto fremere dalla voglia di eleggerlo al governo della magistratura?

A sua volta Falcone, lasciandosi convincere dall'amico, commise un'imprudenza in lui insolita, poi aggravò l'errore con la presunzione che la notorietà lo esimesse dalla fatica di andare a caccia di voti.

Ignaro di competizioni elettorali, poco o per nulla diplomatico, incapace e riluttante a procacciare voti per la corrente e preferenze per sé, scambiando richieste con promesse come facevano gli altri candidati, chissà, forse s'aspettava che i voti glieli avrebbe procurati qualcun altro o che sarebbero piovuti dal cielo. La verità era che Falcone, un fuoriclasse come magistrato, politicamente era un ingenuo. Così non si accorge che i suoi compagni di corrente pensano di profittare della sua fama, vogliono i voti che lui può procurare alla corrente, ma i loro pochi voti se li tengono ben stretti. In conclusione, la nuova corrente ebbe pochi suffragi, Falcone pochissimi. Così, dopo la bocciatura decretata dall'alto del CSM, ora gli arriva il fiasco decretato dal basso, dai suoi colleghi elettori.

E ancora non è finita: le delusioni sono come le ciliegie, una tira l'altra.

Ciriaco De Mita, segretario della DC, ha lanciato in Sicilia un tentativo di rinnovamento del suo partito compromesso, chiacchierato e in alcuni esponenti come Lima e Ciancimino sospettato e accusato di contiguità e collusione con la mafia. De Mita vuole uomini e volti nuovi e si affida a Calogero Mannino, leader del partito, a Rino Nicolosi, presidente della Regione, al trentottenne sindaco di Palermo, Leoluca, figlio di Salvatore Orlando Cascio. Con loro fa capolino la *new entry* della politica siciliana, Sergio Mattarella, figlio di Bernardo e fratello di Piersanti, il presidente della Regione trucidato in strada sotto gli occhi dei famigliari nel gennaio 1980.

Nell'indagine relativa Falcone ipotizzerà che la mano assassina sia quella di terroristi neri in combutta con la mafia. L'indagine procederà a singhiozzo per anni, le conclusioni arriveranno solo nel '91 e Falcone, in procinto di lasciare Palermo per trasferirsi a Roma, al ministero della Giustizia, le sottoscriverà tutt'altro che convinto, per dovere d'ufficio.

Una volta diventato presidente del Consiglio, De Mita riprende il dossier del rinnovamento siciliano e concepisce l'idea di nominare Alto Commissario antimafia il famoso Giovanni Falcone. Falcone, informato, ci crede, sperando in un incarico operativo in cui mettere a frutto la sua competenza e con cui sottrarsi alle beghe della magistratura siciliana. Invece la procedura rallenta, la nomina s'inceppa e poi sfuma – si dice per l'opposizione del ministro degli Interni Antonio Gava. In ogni caso il governo De Mita sceglie come commissario Domenico Sica e – come abbiamo visto – sarà Sica a indagare sul Corvo di Palermo e a combinare il pasticcio delle impronte che erano di Di Pisa, ma non erano di Di Pisa.

Sica non è un estimatore di Falcone, al contrario, si è lasciato andare a qualche giudizio pesante, tipo che quella del pool antimafia è una fama ingiustificata e l'idea del coordinamento dei pubblici ministeri una minaccia all'autonomia dei singoli. Insomma, ancora una volta Falcone è stato illuso e poi bruciato, e di nuovo al suo posto è stato messo qualcuno che gli è ostile.

Under Western Eyes. A Sicilian Patriot

Le relazioni tra Italia e Stati Uniti, soprattutto nel periodo della Guerra Fredda e, dunque, fino alla caduta dei muri nel 1989, sono spesso circondate da un alone di mistero, da un'aura di leggenda, da una nebbia di pregiudizi che si ispessisce o si schiarisce a seconda delle prospettive degli autori e degli interessi degli interlocutori. A questa regola non sfuggono neppure i rapporti tra Giovanni Falcone e le autorità americane impegnate sullo stesso fronte di contrasto alla criminalità organizzata. Dunque, innanzitutto, l'FBI, il dipartimento di Giustizia, quello di Stato e la DEA sul versante americano; Falcone, i suoi collaboratori e i politici – in particolare il presidente della Repubblica Francesco Cossiga, amerikano con la kappa, che di Falcone è sostenitore.

Da parte italiana non mancano coloro che hanno voluto vedere in questi rapporti di Falcone con autorità americane uno dei tanti esempi di soggezione, se non di servilismo, nei confronti del principale e più forte alleato. Altri vi scorgono motivi per un panegirico totale e acritico, vuoi dell'FBI, della DEA e della giustizia americana che si estende alle relazioni giudiziarie e politiche Italia-USA.

Il libro *Un patriota siciliano* di Giannicola Sinisi, stretto collaboratore di Falcone, direttore degli Affari Penali del ministero della Giustizia, toglie i paraocchi e fa giustizia di quegli schemi. L'autore si è potuto giovare di un duplice vantaggio: per un verso la fiducia di Giovanni Falcone lo aprì a una comprensione riservata, da *inner circle*, delle scelte di Falcone quando lavorava al ministero della Giustizia; per altro verso Sinisi, che poi lavorerà presso l'ambasciata italiana a Washington, ha potuto accedere a documenti che erano stati a lungo secretati – *Classified* – dalle autorità americane. Documenti – cablogrammi e scambi epistolari – che registrano le comunicazioni al dipartimento di Stato da parte dell'ambasciata americana a Roma nel periodo in cui si succedettero gli ambasciatori Maxwell Raab e Peter Secchia, fino a lambire l'arrivo e l'avvicendamento con Donald Bartholomew.

Che Falcone godesse della stima dei suoi colleghi americani – dirigenti e funzionari dell'FBI, del dipartimento di Giustizia e di singoli giudici e *prosecutors* – era cosa nota, ma non era abbastanza chiaro che gli americani giudicavano Falcone non soltanto il leader del pool antimafia, dunque il vero protagonista, motore e ispiratore della strategia antimafiosa impostata a Palermo, ma anche un collaboratore fondamentale per le loro iniziative di contrasto alla Cosa Nostra americana, a partire dall'operazione celebratissima detta "Pizza Connection" all'altra non meno importante ma meno nota detta “Iron Tower”. Sulla base di queste e altre esperienze si sviluppò un rapporto di collaborazione e di fiducia concretatosi nello scambio continuo di informazioni e di aggiornamenti su inchieste e personaggi, uno scambio tale da produrre una griglia comune di conoscenze e di relazioni a diversi livelli. Probabilmente quello è stato il primo passo nell’internazionalizzazione della risposta istituzionale alla Cosa Nostra che, purtroppo, già da molto prima agiva sulle due sponde dell’Atlantico, ricavando dalla sua internazionalità i vantaggi e gli enormi profitti del narcotraffico. Ciò spiega non soltanto l’interesse ma la vera e propria partecipazione con la quale gli americani seguivano i progressi delle indagini di Giovanni Falcone sulla Cosa Nostra siciliana. Non si trattava soltanto di adesione e di simpatia per un collega e per un amico. Gli americani sapevano di poter ricavare dal lavoro di Falcone informazioni utili anche alle loro indagini, e a loro volta erano pronti a condividere le loro con lui.

Agli esempi di collaborazione “atlantica” narrati nel libro aggiungo i tratti essenziali di una vicenda che mi colpì molto e che mi fu raccontata dallo stesso Giovanni.

Intercettando conversazioni telefoniche di boss palermitani con boss americani di New York e del New Jersey, Falcone apprese dalla loro viva voce che questi ultimi chiedevano agli amici boss palermitani di inviare nuove reclute, “soldati di sangue nostro, sangue siciliano”. Il motivo era quello di reagire all'inquinamento creato tra le fila della Cosa Nostra americana dalla presenza di delinquenti di scarso spessore e di scarso affidamento, provenienti da etnie con costumi e regole criminali diverse da quelle, invece, affini della Cosa Nostra americana e di quella siciliana. Ristabilire con il primato etnico le regole omertose e l'affidamento professionale alterati da troppe reclute estranee alle comuni tradizioni era l'intento dei boss americani, e i "fratelli" siciliani prontamente si offrirono di occuparsene. Quando i palermitani si dissero pronti, gli uomini di Falcone che li intercettavano avvertirono i colleghi americani sicché le reclute siciliane imbarcate a Palermo e destinate a rinsanguare la Cosa Nostra americana, appena sbarcate negli aeroporti USA trovarono ad attenderle i confratelli mafiosi, ma dietro di loro trovarono anche gli agenti dell'FBI che presero in custodia gli uni e gli altri.

Ciò spiega anche la partecipazione con la quale gli americani seguivano non solo i progressi di Falcone nelle sue indagini a Palermo e in Sicilia, ma anche le vicende interne alla magistratura palermitana e i conflitti che insorsero tra Falcone e quelli tra i suoi colleghi che lo contrastavano perché vittime e complici di un clima o perché animati da gelosie, rivalità personali connesse a modi diversi di condurre le indagini e a questioni di carriera.

Si comprende altresì – osserva Giannicola Sinisi – che in America l'assassinio di Giovanni Falcone venne avvertito "come un attacco interno, una lesione e una minaccia agli sforzi che in quegli anni gli Stati Uniti stavano compiendo con notevoli risultati sul fronte del contrasto al crimine organizzato".

Quanto a noi, la preziosa ricostruzione di *Un patriota siciliano* non solo ci aiuta a comprendere il punto di vista americano, ma getta nuova luce su ciò che effettivamente pensava Falcone circa alcune tra le più controverse e delicate vicende di casa nostra, e sul ruolo di diversi protagonisti.

Per esempio gli avversari di Falcone, e non solo loro, non gli perdonavano di aver accettato di lavorare al mio fianco al ministero di Grazia e Giustizia nel governo Andreotti, il più coriaceo e il più chiacchierato dei politici democristiani. Ebbene, ai suoi amici americani Falcone dichiara la sua certezza circa "il sostegno senza riserve" di Martelli e quanto ai sospetti legami di Andreotti con la mafia replica: "Ha peccato, sì, ma più per omissione che per commissione."

Come è noto la guerra sul fronte dell'antimafia giudiziaria deflagra quando il CSM sceglie come successore di Caponnetto alla guida dell'Ufficio Istruzione di Palermo anziché il candidato naturale, cioè Giovanni Falcone, il più anziano Antonino Meli. In questo modo – osservò Paolo Borsellino – diventava titolare della pubblica accusa nel maxiprocesso ormai alla prova di appello "... uno che non ci credeva". Le conseguenze furono devastanti. È sempre Borsellino a commentare amaramente: "Cosa Nostra si è riorganizzata come prima, più di prima. La polizia non fa indagini, le iniziative sono frantumate in mille rivoli, il pool smantellato, non c'è più alcun coordinamento..."

In effetti – e oggi sembra più incredibile di allora – la verità è che l'anno dopo la celebrazione del maxiprocesso – la prima grande sconfitta di Cosa Nostra in un'aula di giustizia – il principale protagonista, Falcone appunto, anziché essere premiato veniva accantonato. A seguito di "infami calunnie e di una campagna denigratoria di infinita bassezza" (Borsellino) – si pensi in particolare alle lettere del cosiddetto "Corvo" – Falcone denuncia questo clima mefitico con una lettera al CSM e si dimette dall'Ufficio Istruzione.

Ebbene, il 3 agosto di quello stesso 1988 l'ambasciatore americano a Roma, Maxwell Raab, in un cablogramma al dipartimento di Stato americano scrive: "Se il CSM ha sostenuto Meli nell'intento di abbandonare il metodo del pool per combattere la mafia, lo sforzo antimafia italiano potrebbe essere seriamente danneggiato e gli interessi degli Stati Uniti seriamente messi in pericolo." Le stesse fonti diplomatiche riferiscono che nell'Ufficio palermitano pendevano numerose rogatorie per l'acquisizione di prove determinanti in processi importantissimi in corso di celebrazione a New York e a Washington. In particolare, "nella più importante inchiesta avviata dai nostri due paesi l'allontanamento di Falcone potrebbe comportare la fine dell'inchiesta stessa... Falcone è il giudice più esperto e più informato... Falcone è il pool, e il pool lo segue [*is beyond him*]".

Viceversa il piano Meli veniva giudicato come un modo di smantellare il pool e di neutralizzare Falcone che l'anno precedente era stato invitato, aveva parlato al Congresso degli Stati Uniti ed era stato trattenuto a colloquio dal presidente Bush. L'onore riservato al giudice Falcone, un caso unico nella storia delle relazioni tra i due paesi, era il tributo per il lavoro fatto nell'interesse della giustizia italiana e americana.

Ecco perché di fronte ai rinnovati attacchi a Falcone l'ambasciatore americano non si limita a informare i suoi superiori a Washington, si reca dal presidente della Repubblica italiano e Francesco Cossiga striglia il CSM al punto da costringerlo a una mezza retromarcia. Le dimissioni di Falcone dall'Ufficio Istruzione vengono respinte, il presunto Corvo, cioè il magistrato Di Pisa, ma anche inspiegabilmente Giuseppe Ayala, stretto collaboratore di Falcone, vengono trasferiti da Palermo. In Italia la retromarcia del CSM dai più viene interpretata come una vittoria di Falcone. Più preoccupato e caustico il giudizio dei diplomatici americani a Roma: "I giudici antimafia spendono più tempo a combattersi tra di loro che a combattere la mafia."

Severo, anzi sdegnato, il giudizio di Gerardo Chiaromonte, presidente della Commissione parlamentare antimafia che, caso più unico che raro tra i comunisti, non fece mai mancare il suo sostegno prima a Falcone e, qualche anno dopo, ancora a Falcone, a me e al ministro degli Interni Scotti.

"Il CSM," scrive Chiaromonte, "che ha pesanti responsabilità per la situazione del palazzo di giustizia di Palermo, assume una decisione che non esito a definire 'vergognosa'. Un colpo al cerchio e uno alla botte..."

In quello stesso periodo entrava in vigore il nuovo codice di Procedura Penale, il codice Vassalli, che nelle intenzioni, superando il processo di tipo inquisitorio, intendeva introdurre in Italia il processo accusatorio all'americana, "nello stile Perry Mason", come allora si diceva. A parte il divertito commento dei diplomatici USA alla circostanza che un serial televisivo americano diventasse in Italia modello di una riforma della giustizia, l'ambasciata americana, evidentemente edotta dell'impreparazione complessiva della nostra organizzazione giudiziaria – avvocatura compresa – nell'imminenza di una riforma di tale portata, senza giri di parole, previde che ne sarebbe derivato il caos.

Analogamente si era espresso Falcone, preoccupato per i processi di mafia impostati col vecchio rito che ora dovevano transitare al nuovo. Che avesse condiviso la sua preoccupazione con i colleghi americani mi sembra più che una congettura.

Giannicola Sinisi registra tra tanti consensi americani a Falcone anche una voce dissonante, quella del console USA a Palermo, Luciano Mangiafico. Questi indulge in giudizi molto meno lusinghieri sul maxiprocesso e per errore o per avvalorare le proprie parole riferisce a Washington che Falcone le condividerebbe.

Ma leggiamo il messaggio confidenziale che il 10 maggio 1990 il console invia al dipartimento di Stato:

I maxiprocessi sono, nel lungo periodo, controproducenti per la giustizia... Di oltre 470 imputati al maxiprocesso, solo 48 sono ancora in carcere, presenti fisicamente al processo di appello in corso. Circa venti imputati sono stati assassinati, altri sono malati o agli arresti domiciliari, e i rimanenti sono stati rilasciati o sono latitanti... (dunque) l'effimera natura del successo è adesso più che evidente. Per di più si ritiene che Falcone abbia sviluppato una maggiore sensibilità politica e abbia preso le distanze da alcune persone con le quali si era associato in passato. Una fonte autorevole e disinteressata ha riferito recentemente a questo consolato che il triangolo Falcone-Ayala (politico di orientamento di sinistra) e il Comitato di coordinamento antimafia (presieduto da un poliziotto, Carmine Mancuso) si sia spezzato. Falcone deve aver probabilmente realizzato che i politici, principalmente il sin-

daco di Palermo Orlando, lo stanno usando per i loro scopi personali e che, a livello nazionale, il loro sostegno era insignificante.

Il console Mangiafico si esprime criticamente anche sulla candidatura di Falcone al CSM osservando che "sia che vinca sia che perda, sarà una perdita per il pool antimafia: una perdita dell'anima e delle conoscenze che l'hanno guidato se sarà eletto; del prestigio (suo e del pool) se sarà sconfitto".

Falcone, come sappiamo, non venne eletto: anzi, l'esito delle urne fu disastroso: poco più di 50 voti.

Anche l'ultima esperienza umana e professionale di Falcone, quella che lo impegnò come direttore degli Affari Penali al ministero della Giustizia, trova precisi riscontri nelle comunicazioni dell'ambasciata retta dal nuovo ambasciatore Peter Secchia.

L'ambasciata avverte l'aria nuova che spira al ministero, mostra di apprezzare le leggi che vengono varate a spron battuto, l'intensa collaborazione e la nascita delle due nuove istituzioni, la DIA[*] e la DNA[**].

Poi venne Capaci.

Le autorità americane parteciparono intensamente al cordoglio per l'assassinio di Falcone sentendosi colpite

* Direzione Investigativa Antimafia.
** Direzione Nazionale Antimafia.

come noi e subito si misero a disposizione per collaborare nelle indagini, dimostrandosi indispensabili nello scovare gli esecutori con intercettazioni ed esami del DNA sui mozziconi di sigaretta abbandonati dai mafiosi nel luogo in cui si erano appostati.

Tra tante cerimonie solenni e tanti tributi americani dedicati alla memoria del giudice italiano risalta la statua eretta in suo onore nel giardino prospiciente la Academy dell'FBI, lì dove tutti gli studenti possono vederla.

Orlando Cascio: "Processate Falcone!"

Di recente il CSM ha desecretato i verbali delle audizioni cui fu sottoposto Giovanni Falcone nel corso della sua carriera di magistrato. Il più importante e il più impressionante è quello da cui traggo le citazioni che seguono.

"Alle nove e trenta del 15 ottobre 1991" nella sede del CSM a Palazzo dei Marescialli "viene introdotto il dottor Giovanni Falcone, direttore degli Affari Penali del ministero della Giustizia". Lo interrogano sei colleghi magistrati che compongono la prima commissione del CSM; la loro inchiesta e le loro domande seguono come traccia l'esposto/denuncia contro Falcone presentato da Leoluca Orlando Cascio, sindaco di Palermo insieme con l'avvocato Alfredo Galasso e il poliziotto Carmine Mancuso, esponenti della Rete e "professionisti antimafia".

La prima contestazione a Falcone è quella di non aver sviluppato accertamenti approfonditi in ordine ad appalti sospetti dei lavori su sei scuole palermitane; appalti che, secondo i denuncianti, potevano essere la causa degli omicidi di Costa e di Chinnici, e poi dello stesso presidente della regione Sicilia, Piersanti Mattarella.

Falcone risponde così: "Sarebbe veramente riduttivo e contrario alla realtà pensare che l'omicidio di Piersanti Mattarella sia stato provocato da uno o più appalti concessi o rifiutati. L'azione moralizzatrice di Mattarella era ben più ampia e ben più articolata... cercava soprattutto di fare in modo di rendere la classe burocratica amministrativa, la classe dirigente siciliana... molto meno permeabile a influenze di qualsiasi genere... per esempio, con richieste agli assessorati competenti di riferire i nomi dei funzionari collaudatori delle opere pubbliche: in siffatta maniera lui sarebbe venuto a conoscenza del tipo di orientamenti e di assegnazioni all'interno della classe politica regionale e tutto questo creò vivo disappunto... e diversi attacchi che gli furono lanciati anche attraverso la stampa."

Poi Falcone ha buon gioco nel dimostrare che i mancati "accertamenti approfonditi" lui li aveva già fatti in un altro procedimento attraverso un'indagine bancaria sul boss mafioso Rosario Spatola e sul suo capo, Salvatore Inzerillo. Ai colleghi che lo incalzano senza conoscere la realtà, Falcone, paziente, fa presente che non tutti gli appalti hanno la stessa importanza. Un conto sono le poche centinaia di milioni per la manutenzione di sei scuole, un conto gli appalti miliardari per la rete fognaria e l'illuminazione pubblica di una città come Palermo. Ricorda anche un recente processo di appello in cui sono finiti condannati "diversi sindaci palermitani, tra cui Vito Ciancimino", grazie alle testimonianze "molto importanti e molto coraggiose degli ex sindaci Elda Pucci e Giuseppe Insalaco". Le loro testimonianze hanno reso evidente che "questa materia è una delle materie più incandescenti in cui parecchia gente ha perso la vita". Falcone conclude osservando che, nonostante i cambi di amministrazione comunale, la politica dei grandi appalti a Palermo "non è ancora trasparente". Gli interroganti incassano, ma siamo solo agli assaggi.

Subito dopo, il presidente della commissione solleva una delle questioni cruciali. Santoro ricorda le accuse di Orlando, poi cita la sentenza del maxiprocesso a Cosa Nostra, con la quale Falcone si era riservato di sviluppare l'attività istruttoria su alcuni personaggi come Gino Costanzo, erede e leader del più importante gruppo industriale siciliano e uno dei primi in Italia, e come l'onorevole Salvo Lima, storico dirigente andreottiano della DC. Santoro ricorda anche le parole di Falcone al "Maurizio Costanzo Show": "Il rammarico è quello che eravamo giunti al limite di una svolta epocale... Poi tutta una serie di errori, di problemi..." "Dunque," conclude Santoro, "Orlando e tu, Falcone, dite più o meno la stessa cosa, e cioè che tu avevi promesso di fare queste indagini e invece..." Falcone si fa gelido: "Si era promesso soltanto di fare il proprio dovere. È un'obbligazione di mezzi, non di risultati." Ma Santoro non molla: "Il ragionamento portante è che fino a una certa epoca, fino al maxiprocesso, è stato fatto tutto quello che si poteva fare, e dopo no." A quel punto, Falcone – immagino con uno dei suoi sorrisi sornioni – risponde: "O forse è stato fatto da altri in modo che non si facesse quello che si poteva fare." A chi e a cosa stesse alludendo, Falcone lo chiarirà poco dopo.

Gli viene contestato il mancato arresto, da parte del pool, di Gino Costanzo dopo che un pentito, Antonino Calderone, aveva raccontato che Costanzo "si meraviglia del fatto che il generale Dalla Chiesa stesse per venire in Sicilia e che i palermitani praticamente stessero fermi a guardare". "Dopodiché Dalla Chiesa viene ammazzato..." Ora Falcone diventa sarcastico: "... e noi avremmo dovuto emettere informazione di garanzia nei confronti di Gino Costanzo per concorso in omicidio! Io non lo so: siamo tutti giuristi qua... C'è un bellissimo lavoro di Giandomenico Pisapia su sospetto, indizio, prova... e questa qua, al massimo, era un'ipotesi di lavoro da coltivare, non un indizio che giustifichi un'informazione di garanzia. L'informazione di garanzia non è una coltellata che si possa infliggere così: è qualcosa che deve essere utilizzata nell'interesse dell'indiziato."

Ma Santoro insiste ancora: "Secondo Orlando e Galasso hai fatto arrestare tanta gente per molto meno." A questo punto Falcone sbotta, dichiara tutto il suo sdegno e sfida "chiunque a dire che ci sia stata anche una sola persona che sia stata, da me o da altri miei colleghi del pool, raggiunta da un mandato di cattura per fatti addirittura di minore significazione rispetto a quelli riguardanti Costanzo".

Poi riacquista la calma e osserva: "Mi sembra umoristico che da parte di questi signori mi si addebiti qualsiasi cosa nei confronti di Costanzo, quando tutti sanno la polemica che c'è stata tra me e il mio capo, il consigliere istruttore Meli, che ha portato, praticamente, a spogliarmi delle indagini: il guaio è che quando si hanno certe idee e non si può portarle a termine, poi ti verranno addebitati anche gli errori fatti dagli altri."

Falcone ricorda benissimo: "In un sistema in cui fino ad allora si era sempre negata da parte della classe imprenditoriale addirittura l'esistenza del pizzo, della tangente, della guardiania, ecco che Costanzo, uno degli imprenditori più forti d'Italia e il più forte della Sicilia, era stato da me messo in condizione di dire: 'Io, per primo, pago' e di poter esprimere verità molto importanti... Tutto il resto bisognava convincerlo a dirlo con molta pazienza, con molta calma... Invece mentre io coltivo questa collaborazione il mio capo, il giudice istruttore Meli, da un lato fa arrestare Costanzo per concorso in omicidio, dall'altro smantella il pool."

Ora Falcone è davvero arrabbiato: "I Costanzo avrebbero dovuto essere utilizzati in un contesto molto più ampio con prospettive più profonde, non pensando di utilizzare una frasetta per fondare chissà quali investigazioni, per arrivare chissà a che cosa. A nulla. A nulla si arriva in questo modo. Difatti, messo a confronto con Calderone, questi ha ripetuto: 'Sì, l'ha detto', e lui ha risposto: 'No, non l'ho detto.' Ecco, finito, chiuso."

Invece Falcone non ha finito: "Se a ogni piè sospinto il tuo capo disfa quello che tu fai un minuto prima, è chiaro che le indagini si arrestano... Insomma, in buona sostanza, una volta che passa la tesi dello spezzettamento, tesi autorevolmente avallata dalla Corte di Cassazione, è chiaro che un tipo di indagine e un metodo investigativo non vanno più bene."

Così è andata nel caso Costanzo e anche nel caso Calderone. Le indagini sono state spezzettate tra varie procure. Risultato?

"Le dichiarazioni di Calderone riempivano due armadi. A un certo punto (grazie a Meli e alla Cassazione) la procura di Caltagirone si vede arrivare tre, quattro, cinque imputati; Piazza Armerina se ne vede arrivare qualche altro; e Calderone viene prosciolto da quattro omicidi di quattro bambini da lui stesso confessati (non c'è riscontro, dicono); il suo complice Totò De Seta si è autoaccusato di sette omicidi e viene prosciolto."

Il presidente Santoro interviene a correggerlo: "È stato condannato."

"No, è fuori," ringhia Falcone, e Santoro cambia tema.

Poco dopo, la colpa contestata a Falcone diventa quella di non aver utilizzato i lavori della Commissione parlamentare antimafia a proposito di Lima, ma si sbagliano anche qui. Falcone, in premessa, dice che i lavori della commissione bisognerebbe farli leggere anche nelle scuole, però si tratta di "dichiarazioni, denunce, considerazioni di carattere politico, non di carattere giudiziario... Quando altri colleghi le hanno usate in una serie di procedimenti è finita in un'archiviazione".

Ora Falcone è di nuovo pacato: "Io posso anche sbagliare, ma sono del parere che nei fatti in cui si avanzano accuse gravissime riguardanti personaggi di un certo spessore o hai degli elementi concreti, oppure è inutile azzardare ipotesi indagatorie, ipotesi di contestazioni di reato che inevitabilmente si risolvono in un'ulteriore crescita di prestigio del soggetto che diventerà la solita vittima della giustizia nel nostro paese... I motivi dei miei contrasti, spesso con colleghi un po' più anziani di me, derivano proprio da questa differenza di mentalità. A me sembra profondamente immorale che si possano avviare delle imputazioni e contestare dei reati nella assoluta aleatorietà del risultato giudiziario. Non si può ragionare 'Intanto io contesto il reato, poi si vede': da queste contestazioni derivano conseguenze incalcolabili. Io continuo a essere convinto che gli elementi a carico di Salvo Lima non fossero tali nemmeno da giustificare un'informazione di garanzia." E Falcone non dimentica di citare quel titolo dell'"Unità" – "E Falcone insabbiò tutto" – che proprio non gli va giù.

La lezione morale e professionale di Falcone si sviluppa, oltre che in un invito a un'economia e un'ecologia delle indagini, in una lezione sul come si interrogano i mafiosi che collaborano.

A chi gli contesta di non aver incalzato più duramente i pentiti, Falcone obietta: "Vorrei che ci si rendesse conto che un uomo d'onore non viene manovrato da nessuno: nessuno. Neanche quando decide di collaborare si è in grado di dirgli: 'Fai così, anziché colì.' Se decide di collaborare dichiarerà quello che vuole lui, quello che in quel momento intende dichiarare."

E ricorda un famosissimo collega romano [forse Domenico Sica, *N.d.A.*] che cercò di scuotere Antonino Rotolo, appena arrestato, interrogandolo con tono concitato. "E questo Rotolo lo guarda e gli risponde: 'Ma lei perché sta gridando, io le volevo tanto bene.'" Falcone spiega che i boss sono "personaggi saldissimamente strutturati che riferiscono ciò che sanno sulla base di un loro preciso disegno. E allora il problema è un sottile gioco psicologico per riuscire a capire qual è il loro disegno per poterli inserire e per poterli portare verso lo Stato", cioè a collaborare.

Poi ricorda un altro esempio ancora più significativo, quello di Marino Mannoia, "un condensato di tutti gli altri personaggi di spicco, ancora giovane ma di una saldezza psicologica da far paura". Quando Falcone gli porta la notizia che gli hanno ucciso madre, sorella e zia, tutte e tre in una volta, Mannoia per un po' tace e poi parla in un soffio: "Riprendiamo l'interrogatorio." E l'unica cosa che riesce a ottenere da lui sono queste parole: "Dottore, io vedo che a lei, quando qualcosa non la convince, le trema il baffo. Allora mi faccia una cortesia: se io dico che una cosa non la ricordo, non la ricordo. Non mi faccia domande ulteriori."

Insomma, veniamo al tema più importante di tutti e che nell'interrogatorio davanti al CSM mostra i due volti non solo della magistratura, ma della politica, del giornalismo, della mentalità italiana di fronte alla mafia: la questione del terzo livello o del comando politico sulla mafia. L'occasione di una nuova messa a punto la forniscono, questa volta, le domande dei consiglieri Criscuolo e Viglietta. Il succo è questo: "Perché, una volta imputato Ciancimino, vi siete fermati lì? Possibile che non ci sia nessuno dopo, oltre, più in alto di Ciancimino?"

Intanto Falcone non crede che Ciancimino sia un personaggio minore. Seguendo la pista di un suo assegno, con un'indagine bancaria a sorpresa, ha scoperto che il conte Romolo Vaselli (lui e la sua famiglia sono "un'istituzione a Palermo" da tempo immemorabile) è diventato il factotum di Ciancimino, che l'assegno di Ciancimino viene da un libretto di risparmio intestato al conte Vaselli e usando il computer scopre che a questo ne sono collegati centinaia di altri per oltre 36 miliardi di lire. E scopre anche che il potere di Ciancimino dura ancora, che ha ancora le mani sulla città dopo averla messa a sacco quand'era sindaco.

Falcone emette un'ordinanza di custodia cautelare contro Ciancimino, la Cassazione l'annulla. Falcone e i suoi colleghi continuano le indagini e smascherano una realtà agghiacciante.

Poi riprende la domanda postagli in precedenza – se a provocare lo scontro con Orlando ci fossero questioni personali – e, quasi con delicatezza, suggerisce: "Probabilmente Orlando e i suoi amici hanno preso come un inammissibile affronto alla gestione dell'attività amministrativa del Comune il mandato di cattura contro Ciancimino che... riguardava episodi di corruzione molto seri, molto gravi, afferenti la gestione del comune di Palermo."

Episodi che provocheranno indagini anche nei confronti di Orlando, il quale reagirà come sappiamo, accusando Falcone, per un anno intero, di "tenere chiuse nei cassetti della Procura le carte che portano ai mandanti politici degli omicidi eccellenti", fino a denunciarlo al CSM.

Il clima dell'audizione è ormai tesissimo ed è a questo punto che i consiglieri, sempre seguendo le tracce della denuncia, interrogano Falcone sul cosiddetto "terzo livello".

Falcone premette: "Io sono sempre stato del parere di non curarmi della formale regolarità burocratica di un'indagine: se pensi che basti interrogare l'imputato, sentire i testi, non ottieni nulla e puoi benissimo proscioglierli. Non lo intendo in questa maniera il modo di fare il giudice istruttore." Quindi viene al punto: "Questa questione del Ciancimino come vertice mi sembra che riecheggi quella sorta di terzo livello da cui son tormentato da anni. Non esistono vertici politici che possano orientare la 'politica' di Cosa Nostra. È vero esattamente il contrario. Credo di averlo dimostrato in più occasioni. Il terzo livello, inteso quale direzione strategica che sarebbe formata da politici, massoni, capitani d'industria e che guida Cosa Nostra, vive solo nella fantasia degli scrittori: nella pratica non esiste. Esiste una situazione estremamente più grave e più complessa perché più articolata."

Non bisogna mai dimenticare che i bersagli polemici di Falcone sono due perché due e diverse sono le contestazioni che gli vengono mosse: da una parte ci sono sentenze recenti della Corte di Cassazione che "mettevano in dubbio che la mafia in quanto tale potesse essere considerata associazione mafiosa, o che distinguevano tra vecchia mafia e nuova mafia, o che parlavano di germinazione spontanea del fenomeno mafioso e che si può essere mafiosi senza appartenere alla terra di origine e così via".

Falcone non ha dubbi: "Tutte queste sono amenità." Poi ci sono quelli come Galasso, Orlando, Mancuso – l'altra linea di fuoco contro Giovanni – che subdolamente si interrogano sul perché Falcone non abbia fatto di più, non abbia indagato oltre Ciancimino, su su fino al terzo livello come aveva promesso di fare. Anche su questi antimafiosi di facciata Falcone è *tranchant*: "Questo significa ragionare per slogan, fare delle affermazioni a effetto e basta."

E poiché costoro fanno finta di non aver capito quel che Falcone da anni va ripetendo, Giovanni ricomincia a spiegare: "Visto che la mafia commette delitti, cerchiamo di analizzarli. Ci sono delitti che sono quelli per cui è costituita l'organizzazione mafiosa: per esempio, il traffico di stupefacenti, il contrabbando, le estorsioni ecc. Questi delitti sono delitti certi, prevedibili, delitti di primo livello, chiamiamoli così. Poi ci sono i delitti eventuali, del secondo livello, cioè che non sono nelle finalità dell'organizzazione in quanto tale, ma che vengono, volta per volta, consumati per garantire la prosecuzione dell'attività dell'organizzazione: per esempio, lo sgarro di un picciotto che provoca la sua uccisione. Infine, abbiamo dei delitti che servono per tutelare l'organizzazione nel suo complesso. Ecco, quindi, il delitto contro un magistrato, contro un uomo politico: questi li possiamo definire delitti del terzo livello."

Finalmente, dopo la scherma, l'affondo: "Come da questo si arrivi a dire che io sostenevo il terzo livello, cioè una direzione strategica che ordinava alla mafia di comportarsi ora in questa maniera ora in quest'altra, ripeto, tuttora non riesco a capirlo, salvo che serva al loro scopo di dire: 'Falcone ha cambiato idea! Prima parlava del terzo livello, ora non ne parla più."

Come altre volte gli avevo visto fare, Falcone torna a spiegare al CSM: "Non parlare del terzo livello non è un'omissione a beneficio della classe politica. Magari ci fosse un terzo livello! Se ci fosse una sorta di SPECTRE, basterebbe James Bond per toglierla di mezzo. Purtroppo non è così. Abbiamo dei rapporti molto intensi, molto ramificati, molto complessi."

Viceversa, dubbi sui rapporti tra Cosa Nostra e logge massoniche deviate non ne aveva proprio. Davanti alle insinuazioni dei soliti professionisti dell'antimafia che lo accusano di non aver indagato, di non aver approfondito, di non essere andato oltre, rivendica la scoperta della loggia Camea di Palermo, implicata con i mafiosi nel falso sequestro e nel vero assassinio di Sindona; e poi della volontà di Stefano Bontate di iscrivere Calderone alla loggia P2, che proprio in quei mesi era stata smascherata a causa dei suoi collegamenti con Cosa Nostra e grazie alla collaborazione – "un caso raro di coordinamento tra magistrati" – di Falcone con i magistrati di Milano, Giuliano Turone e Gherardo Colombo.

Dulcis in fundo, il consigliere Santoro sente il dovere di riproporre a Falcone la domanda "scandalosa": se corrisponda al vero la notizia pubblicata dal "Giornale" di Montanelli secondo la quale Falcone avrebbe "rivelato ad Andreotti il contenuto delle dichiarazioni di Pellegriti".

Falcone smentisce quasi con fastidio e ribadisce con forza: "Non si può investire della cultura del sospetto tutto e tutti: la cultura del sospetto non è l'anticamera della verità, è l'anticamera del khomeinismo."

Infine l'indignazione si trasforma in qualcosa di diverso, in un allarme schifato di tanta miseria umana: "Se mi fossi comportato come i miei accusatori, avrei dovuto dire che prima di interrogare Pellegriti ci sono state tutte una serie di strane frequentazioni del personaggio, poi ci sono stati dei convegni carcerari in cui certe persone hanno incontrato Pellegriti per continuare ad alzare il polverone."

A questo punto l'interrogatorio diventa un crescendo drammatico, l'allarme di Falcone si fa doloroso, tragico e disperato come un presagio funesto: "Non si può andare avanti in questa maniera, questo sia chiaro, non è possibile: questo è un linciaggio morale continuo. Io sono in grado di resistere, ma altri colleghi un po' meno: io vorrei che vedeste che tipo di atmosfera c'è adesso a Palermo: veramente non lavorano più! Si trovano in una situazione estremamente demotivata e delegittimata, sono guardati con estremo sospetto da tutti. Per carità, voi fate tutto e per intero il vostro dovere, ma tenete conto anche di questo, perché io li conosco questi ragazzi, non possono essere guardati... Facendo in questa maniera, le conseguenze saranno incalcolabili, ma veramente incalcolabili."

Chissà se tanti sedicenti eredi di Falcone e di Borsellino hanno mai davvero studiato il suo metodo, il suo rigore. Se l'hanno fatto, hanno imparato poco, o perché non sanno o perché non vogliono imparare. Ma la colpa non è tanto dei singoli, piuttosto di un clima malato, avvelenato, nevrotico che imperversa ormai da tempo immemorabile nella magistratura politicizzata.

Terza parte

La guerra alla mafia

Dall'agenda del ministro

Finora ho raccontato la storia di Falcone che conosco. Da quando viene a Roma a lavorare con me al ministero della Giustizia la sua storia si intreccia strettamente con la mia e con quella politica. Eventi diversi si annodano e si complicano, tutto subisce un'impressionante accelerazione.

Ho pensato che recuperare gli appunti dal mio diario e dalla mia agenda di ministro possa fornire un quadro di riferimento cronologico e dare un'impressione in presa diretta del contesto politico, del modo in cui lavoravamo e di quel che abbiamo fatto.

Neanche il tempo di prendere possesso dell'ufficio e subito ricevetti il battesimo del fuoco. La Corte di Cassazione aveva riconteggiato i tempi della custodia cautelare di quaranta mafiosi in attesa di giudizio: un calcolo, o ricalcolo, così vantaggioso per loro da rimetterli fuori e liberi all'improvviso. Toccava rimediare a quella decisione che aveva scandalizzato la pubblica opinione, in Italia e persino in Francia, dove mi trovavo, in visita a François Mitterrand e al ministro della giustizia Henri Nallet e poi ospite del congresso degli avvocati parigini. Mi avevano invitato a illustrare il nostro nuovo Codice di Procedura Penale, incuriositi dal passaggio al processo di tipo accusatorio. L'abbinamento tra varo del nuovo codice e scarcerazione di quaranta mafiosi aveva un che di pittoresco, di italica teatralità, e aveva fatto il giro dei loro TG. Mi sentivo bersaglio di un destino beffardo: da anni tuonavo contro gli abusi della carcerazione preventiva e, appena diventato ministro della Giustizia, esordivo allungandola: per dei mafiosi, d'accordo, ma i mafiosi non sono cittadini come gli altri? Smisi di interrogarmi perché cercando una giustificazione decente mi era venuta un'idea. L'idea mi costò una notte in bianco a compulsare il capitolo della *Dottrina pura del diritto* dedicato all'interpretazione autentica della norma. Rinfrancato arrivai al primo incontro con i tecnici del ministero, tutti magistrati per nulla imbarazzati e senza patemi garantisti. Mettemmo a punto un decreto. Cossiga, quando lo lesse, commentò: "Mi volete far firmare un decreto d'arresto." Tuttavia lo firmò, e Falcone che ancora non si era insediato al ministero disse: "Questa beffa è una dichiarazione di guerra a Cosa Nostra." In effetti, l'interpretazione avrebbe di fatto determinato una rilettura *ad hoc* proprio di quella parte della norma che fa riferimento al calcolo della durata della "custodia cautelare". Più che *ad hoc*, una rilettura *ad homines*.

I primi giorni del mio nuovo incarico li spesi a studiarmi le carte, a parlare coi dirigenti del ministero e con Vincenzo Scotti, il ministro degli Interni, il mio interlocutore più importante per via della contiguità delle nostre competenze. Eravamo amici da tempo, avevamo dialogato di riformismi, quello cattolico e quello socialista, in privato e in pubblico. Sapeva dell'arrivo di Falcone e ne era entusiasta, volevamo la stessa cosa: fare guerra alla mafia e farla diventare la priorità nell'azione di governo.

Giovanni Falcone si insediò il 13 marzo 1991, nel pieno dell'emergenza profughi albanesi che mi toccava direttamente come autore delle leggi sull'immigrazione, l'asilo politico e la cittadinanza. Il giorno dopo avrei incontrato i vertici dell'Associazione Nazionale Magistrati (ANM), l'interlocutore più difficile, con il quale avevo a lungo duellato dopo aver promosso, nel 1987, il referendum sulla "giustizia giusta" e sulla responsabilità civile dei magistrati. Giovanni era arrivato da appena tre giorni quando, bruciando le tappe, abbiamo introdotto nel nostro ordinamento un provvedimento messo in cantiere dal mio predecessore, il grande giurista Giuliano Vassalli. Era un provvedimento cui Giovanni teneva molto, un suo chiodo fisso. Si trattava di un sistema "premiale" per i "collaboratori di giustizia" colpevoli di delitti di mafia, analogo a quello adottato a suo tempo per i rei confessi e ravveduti di terrorismo. Falcone aveva da sempre auspicato che "giuristi e legislatori spinti dalle necessità pragmatiche, avrebbero finalmente portato la materia premiale nel diritto, al di fuori della mera facoltà e dell'arbitrio, costringendole in regole ben precise "non tanto nell'interesse dell'aspirante a un premio, ma nell'interesse superiore della collettività".

L'aprile 1991, il primo intero mese di lavoro insieme, se ne va tra convegni, congressi di avvocati e sindacati della polizia penitenziaria, dibattiti parlamentari, emergenza Albania, e precede un importante passaggio al CSM in cui si affaccia il tema delle "vacanze", termine che sta a indicare non le ferie, piuttosto le carenze o vuoti in pianta organica – di magistrati nelle sedi più esposte, la Calabria in particolare. Delle vere e proprie vacanze mi occuperò a fine luglio e a settembre telefonando anche personalmente al centralino di non pochi tribunali per verificare quanto fossero vere denunce e sospetti di troppo prolungate assenze e non solo di dirigenti. Tutto vero, purtroppo, anche se nel rispetto delle regole.

Giorni dopo sarà lo stesso presidente della Repubblica a scagliarsi contro il sistema di attribuzione degli incarichi: un sistema che lascia le sedi di frontiera dello Stato, le più esposte nella lotta al crimine, perennemente scoperte salvo quando il CSM le copre con "giudici ragazzini" – magistrati al primo incarico e anche semplici uditori giudiziari evidentemente impreparati. Sia io che Falcone sosteniamo Cossiga, ma la casta reagisce dando vita a un esempio plateale di manipolazione del reale con l'aiuto di quei giornali che ritorcono quel sacrosanto richiamo contro lo stesso Cossiga.

Le sue parole vengono mistificate come se fossero indirizzate a criticare la figura del trentasettenne giudice Rosario Livatino, ucciso dalla mafia otto mesi prima.

Con Falcone procediamo col *focus* sul crimine organizzato varando il 3 maggio un decreto-legge contro il riciclaggio e il 13 maggio un altro decreto sul regime delle pene (cioè sul trattamento penitenziario), che contiene ulteriori disposizioni per gli imputati che si dissociano.

A Palermo e Gela, il 14 maggio, incontriamo i capi degli uffici giudiziari e i giovani uditori che li affiancano armati solo del PC che si sono portati da casa. In un'intervista all'ANSA ribadisco i due obiettivi annunciati al momento dell'incarico a Falcone: "La priorità delle priorità che il governo si è dato è la lotta al crimine organizzato. La lotta alla mafia richiede il coordinamento della risposta dello Stato."

Da anni Giovanni non si stancava di sottolineare che la mafia è un'organizzazione unitaria, gerarchica, piramidale. Non la si può contrastare disperdendo le risorse investigative in una molteplicità di indagini separate e spezzettate. Proseguendo alla vecchia maniera non sarebbe mai emerso il filo sotterraneo che tiene saldamente insieme Cosa Nostra.

In una lettera a Giovanni Galloni, vicepresidente del CSM, batto il ferro del trasferimento d'ufficio dei magistrati:

"Esiste oggi una ragnatela inestricabile di regole che impedisce la mobilità, e con queste regole non si può far niente. O il CSM usa gli incentivi, oppure non resta che la via dei trasferimenti d'ufficio" e, ancora una volta, ribadisco la necessità di un coordinamento delle indagini in materia di crimine organizzato. Galloni fa orecchio da mercante esattamente come quando, tredici anni prima non ascoltava le nostre esortazioni a credere alle lettere di Aldo Moro dal carcere delle Brigate Rosse, e a uscire dall'inerte "fermezza dello Stato".

Il 23 maggio nomino Livia Pomodoro mio nuovo capo di Gabinetto. Per lei è una seconda volta avendo già ricoperto l'incarico in passato. Mi gioverò molto della sua esperienza e del suo carattere che non si fa impressionare da nulla.

Il 25 sono a Reggio Calabria, Palmi e Locri. A Palmi, incoraggiato prima da Giacomo Mancini poi da Giovanni, spenderò parole di elogio per Agostino Cordova, contrastato dai colleghi proprio mentre si batte contro la 'ndrangheta. In seguito gli chiederò conto di persona degli arresti di massa di socialisti calabresi e della pretesa di disporre a Roma di una sede distaccata della sua Procura per sviluppare indagini nazionali e internazionali sulla massoneria deviata. Nei mesi successivi Cordova prima si schiererà contro il progetto della Direzione nazionale antimafia; poi, con un'incredibile capriola, si candiderà a dirigerla e proprio contro Giovanni Falcone, diventando il candidato prediletto di un CSM intenzionato a farne un secondo Antonino Meli, vittorioso per anzianità. Ma il disegno fallirà perché non gli darò il *concerto* e, dopo le stragi di Capaci e via D'Amelio, riaprirò il concorso per consentire di partecipare anche a coloro che in precedenza non si erano candidati per rispetto dei maggiori meriti di Falcone e di Borsellino.

A fine maggio '91 incontro i procuratori generali e poi i procuratori della Repubblica per raccogliere suggerimenti e proposte dai diversi distretti. Poi torno ancora in Calabria, questa volta con Vincenzo Scotti. A Taurianova, dopo un sanguinoso scontro a fuoco tra gruppi della 'ndrangheta, con tanto di decapitazione pubblica e rotolamento di testa in strada, con Enzo decidiamo di dare un segnale di ristabilimento dell'autorità dello Stato e inauguriamo, con alzabandiera e inno nazionale, un nuovo posto di polizia.

Con Scotti che ne è autore, il 31 maggio 1991 variamo il decreto con cui lo Stato per la prima volta adotta "Misure urgenti per lo scioglimento dei consigli comunali e provinciali e degli organi di altri enti locali, conseguente a fenomeni di infiltrazione e di condizionamento di tipo mafioso". Con la nuova legge Scotti scioglierà decine e decine di consigli non pochi dei quali a guida democristiana, a testimonianza del coraggio e dell'imparzialità del ministro degli Interni di allora.

Finalmente, sopperendo all'inerzia del CSM, il 31 maggio variamo il decreto-legge che regolamenta i trasferimenti d'ufficio dei magistrati per assicurare la copertura degli organici di uffici giudiziari non richiesti perché pericolosi o disagiati. Commento: "Se il CSM non fa, il ministro non aspetta."

Il 4 giugno, sempre con Falcone e altri dirigenti del ministero, visitiamo le sedi giudiziarie di Palermo e di Catania. Due giorni dopo sono al CSM a discutere il progetto di riforma del processo civile.

Poi, a Vasto, partecipo al Congresso Nazionale dei Magistrati, dico quel che penso dello stato della giustizia e delle responsabilità della loro associazione. Come previsto mi prendo molti fischi e pochi applausi.

L'11 torno a Palermo e, nel pomeriggio, visito le sedi di Caltanissetta. Il 19, invitato, partecipo ai lavori della Commissione che discute la riforma del CSM. Non so da quanto tempo fosse cominciato l'esame, ma da allora a oggi sono passati altri trent'anni e siamo ancora lì. La giustizia italiana è lenta in tutto, sempre.

A fine giugno sono a Bari per il 46mo Congresso del Partito Socialista Italiano, l'ultimo della storia.

Il 5 luglio torno a visitare i genitori del giudice Livatino, a Canicattì, e poi con Falcone e Borsellino a Racalmuto, patria di Leonardo Sciascia, partecipo a un convegno sulla giustizia. È l'occasione giusta, sebbene postuma, per superare definitivamente la clamorosa polemica sui "professionisti dell'antimafia" che il grande scrittore aveva già chiarito essere rivolta non a Borsellino o a Falcone, ma al contraddittorio modo di agire del CSM che, a seconda dei casi, applicava o non applicava il criterio dell'anzianità.

A fine luglio, con una lettera al presidente Cossiga, che presiede il CSM, affronto il tema delle nomine degli incarichi direttivi dei magistrati e chiedo si chiarisca la procedura corretta. Questa prevede il *concerto* che spetta al ministro di dare o non dare, mentre una prassi, che io contesto, vede la proposta dell'incarico concordata solo tra la Commissione deputata del CSM, la V, e il *plenum* dello stesso e solo successivamente "comunicata" al ministro. Una procedura inaccettabile perché contro la legge.

Nell'estate 1991 si consuma l'omicidio di Antonino Scopelliti, sostituto procuratore generale presso la Corte di Cassazione. Di lì a poco avrebbe dovuto sostenere l'accusa nel terzo e decisivo round del maxiprocesso. Siamo subito sul luogo del delitto e per Falcone più che possibile sembra probabile che il crimine sia stato deciso e perpetrato d'intesa tra Cosa Nostra e una cosca calabrese; che il suo scopo sia stato tanto quello di togliere di mezzo un giudice che di sicuro non si sarebbe fatto condizionare, quanto di lanciare un inequivocabile, intimidatorio messaggio alla Corte di Cassazione. Più volte, nel corso delle successive indagini emergeranno indizi in questo senso, eppure né allora né nei successivi trent'anni è stata accertata la verità.

In quella stessa estate con Falcone, con Scotti e i nostri collaboratori definiamo la nuova architettura delle istituzioni necessarie a muovere guerra alla mafia. La lancio in un'intervista al "Corriere della Sera", il 9 agosto. Il giornale la titola così: "Contro le cosche un FBI italiano". Si tratta delle due fondamentali strutture che prenderanno il nome di DIA e di DNA. Dal lato delle forze dell'ordine Scotti ha concepito un disegno originale e innovativo. Poiché di unificare le tre polizie italiane nemmeno si può parlare, stante la storica e irriducibile originalità dell'Arma dei Carabinieri, l'evoluzione nella lotta antimafia si avrà agendo sui tre rispettivi servizi di intelligence. ROS dei Carabinieri, DIGOS* della Polizia di Stato, GICO** della Guardia di Finanza daranno vita a un'unica struttura, la Direzione investigativa antimafia.

Con Cossiga sorge invece una *querelle* a suon di epistole a proposito della grazia a Renato Curcio, l'ex capo delle Brigate Rosse detenuto a Rebibbia. Il Presidente prende l'iniziativa della concessione che invece per legge spetta al Ministro che non per caso, all'epoca, si chiamava di Grazia e Giustizia. Cossiga è convinto che sia venuto il momento di chiudere la stagione degli anni di piombo e che a questo contribuisca la grazia a Curcio. Mi reco a Rebibbia, incontro Renato Curcio e lo invito a scrivermi per manifestare

* DIGOS: Divisione Investigazioni Generali e Operazioni Speciali.
** GICO: Gruppi d'Investigazione sulla Criminalità Organizzata.

il suo ravvedimento e chiedere la grazia. Ma la lettera che Curcio mi scriverà, anziché mostrare ravvedimento, rivendica le ragioni della sovversione terrorista ed equipara le vittime tra le fila delle Brigate Rosse alle vittime innocenti e a quelle degli uomini dello Stato.

Scrivo a Cossiga per informarlo che su queste basi non attiverò l'iniziativa per la grazia. Da Pian Consiglio, dove si trova in vacanza, Cossiga annuncia il 12 agosto: "Firmerò la grazia entro Ferragosto" e precisa di voler conoscere l'orientamento del governo (non quello del ministro che già conosce). Aggiunge, parlando con i cronisti, ma rivolto a me: "Comunque se non controfirma, non discuterò: ne prendo atto e ciccia?" Ma il 14 agosto mi manda una lettera di 18 pagine che dice di considerare come un "atto formale per la concessione della grazia a Renato Curcio". Me la recapita a Maiorca dove mi trovo in vacanza, Liliana Ferraro, vice di Giovanni Falcone. Contiene cinque decreti presidenziali di grazia a Curcio già da lui firmati. Ciascun decreto reca una diversa motivazione – politica, umanitaria, simbolica, sanitaria, giuridica – a me la scelta di quella che ritengo più opportuna. Mi vedo costretto a ribadire che manca il presupposto del ravvedimento e che la procedura di legge, al contrario di quella da lui seguita, prevede chiaramente che sia il ministro a proporre e il presidente della Repubblica a decidere, non il contrario.

Liliana Ferraro è molto legata a Falcone e Falcone è grato a Cossiga che lo ha difeso dal CSM e dai suoi colleghi. Per non metterli a disagio non li coinvolgo nella disputa con il presidente della Repubblica.

In un'intervista al GR1 di Mauro Mazza escludo che con l'impropria iniziativa adottata la procedura per la concessione della grazia possa considerarsi aperta e che la lettera sia un atto formale. Da Cortina, allora, Andreotti trasmette al mio ministero, via fax, un appunto manoscritto di una paginetta per informarmi di voler avocare al governo, nella sua collegialità, ogni decisione sulla grazia a Curcio. Ogni mia iniziativa sarebbe di conseguenza "sospesa". Andreotti e Cossiga pranzano insieme a Cortina. Viene poi diffuso un comunicato del Quirinale in cui sostanzialmente si accetta l'avocazione di Andreotti. A quel punto decido di reagire. Comunico alla Corte Costituzionale che è in corso un conflitto di attribuzione tra poteri dello Stato e lo sollevo formalmente nei confronti del presidente della Repubblica e del presidente del Consiglio.

Da quel momento Cossiga cesserà di insistere.

A fine agosto a Palermo viene assassinato Libero Grassi, l'imprenditore che si era rifiutato di pagare il pizzo e aveva sfidato la mafia a viso aperto. Il delitto apre un nuovo vecchio fronte della partita anticrimine. Falcone è determinato a rimediare alla storica inerzia dello Stato.

Incontriamo e motiviamo a reagire la Confesercenti e in breve definiamo la legge antiracket.

Due settimane dopo a Palermo incontriamo Davide, figlio di Libero Grassi, e con Vincenzo Scotti e Gerardo Chiaromonte, presidente della Commissione antimafia, interveniamo ai lavori del consiglio comunale. La medesima Commissione mi ascolterà il 25 dello stesso mese quando illustrerò i tratti fondamentali della nuova legge.

L'assassinio di Libero Grassi ha mostrato ancora una volta l'inadeguatezza della prevenzione e della repressione dello Stato nei confronti del crimine organizzato. Per scuotere gli apparati decidiamo con Scotti, ciascuno per la sua parte, di tenere la Sicilia sotto pressione. Dopo l'inchiesta ministeriale disposta negli uffici giudiziari di Trapani, ora è la volta di Palermo. Affido al vicecapo dell'Ispettorato Generale del ministero, Vincenzo Rovello, il compito di un'inchiesta.

Ma vogliamo agire anche sul lato dell'informazione per rassicurare e mobilitare l'opinione pubblica. Con Falcone e Scotti ci dividiamo le presenze nei programmi televisivi. E pazienza se ci accuseranno di protagonismo: la lotta alla mafia val bene qualche messa televisiva. Giovanni è restio ma non può sottrarsi, la campagna d'informazione è anche compito suo; del resto già collabora con "La Stampa", interviene nelle radio e sui giornali.

Scotti e io diventiamo ospiti fissi di Gianfranco Funari che, all'interno del suo show mattutino "Mezzogiorno di fuoco", con non so più quanti milioni di spettatori, ci dedica una rubrica: "Attenti a quei due". Tanto per gradire, il 27 settembre mi faccio cinque ore in diretta TV per parlare di mafia nel corso della maratona "Per Libero Grassi", pensata e organizzata da Maurizio Costanzo e Michele Santoro. Si apre alle 20.30 su RaiTre in diretta dal Teatro Biondo di Palermo fino alle 23, per passare quindi il testimone al Teatro Parioli, fino all'una su Canale 5. Sono 11 milioni gli spettatori. La mafia se ne ricorderà, e solo per miracolo Maurizio, il 14 maggio 1993, salverà la pelle.

Chi invece continua con il vecchio andazzo fatto di sottovalutazione e di quieto vivere, cioè di convivenza con Cosa Nostra, sono i vertici della magistratura.

Il 14 ottobre Pietro Vernengo se la fila dall'ospedale civico di Palermo dove lo ha trasferito il giudice Pasquale Barreca. Ordino un'ispezione straordinaria agli uffici giudiziari della città per capire cos'è successo e lancio un'allerta generale su chi è soggetto agli arresti domiciliari e ospedalieri. Non basta. Continuo a rimuginare: come può un giudice trasferire dal carcere all'ospedale un pericolosissimo criminale mafioso senza disporre un minimo piantonamento e senza avvertire la polizia? Pietro Vernengo è accusato di essere un assassino seriale su scala industriale e alcune vittime le ha strangolate con le sue mani. Come ha potuto non tenerne conto Barreca? Come è possibile che non abbia pensato ai rischi che fa correre ai propri concittadini lasciandolo libero? Che razza di giustizia è quella che ignora la sicurezza di tutti?

Sono a Milano, ho deciso di agire e non aspetto. I risultati dell'ispezione verranno, io intanto apro la procedura disciplinare contro Barreca, scrivo al CSM e chiedo che sia trasferito ad altra sede.

Il giorno dopo, a Roma, Falcone viene da me per l'incontro mattutino. Gli chiedo: "Secondo te ho esagerato come dicono?" Lui mi sorride e mi fa: "Forse non lo sai, ma hai colpito il santuario."

Come Falcone aveva previsto, i magistrati di Palermo in gran numero testimoniano la loro solidarietà a Barreca "magistrato integerrimo" e il CSM respingerà la mia richiesta di misure disciplinari. Avrò forse esagerato, ma di giudici che mandano liberi come uccelli di bosco mafiosi pluriassassini non ce ne sono più stati.

Lo stesso giorno – che giorno! –, il consiglio dei Ministri vara il decreto congiunto di Scotti e mio che ha per titolo: "Disposizioni urgenti per il coordinamento delle attività informative e investigative nella lotta contro la criminalità organizzata". È il battesimo della DNA e della DIA. Sono i provvedimenti più importanti della stagione Falcone-Martelli-Scotti.

Ai primi di novembre con Livia Pomodoro e Falcone voliamo a Tunisi per un incontro dedicato alla cooperazione tra i due paesi e all'estradizione giudiziaria, da e verso la

Tunisia, resa necessaria dal proliferare di casi legati anche all'immigrazione clandestina.

Intanto prosegue la "vivace dialettica" con il CSM. Nego il *concerto* per la nomina del dottor Pasquale Giardina a presidente della Corte d'Appello di Palermo, spiegando che la nomina è avvenuta "nel disprezzo delle leggi e dei regolamenti vigenti". Ne scrivo a Cossiga, che a dicembre accoglierà la mia proposta di una discussione plenaria in CSM dedicata proprio alla corretta applicazione dei criteri che presiedono al conferimento degli incarichi direttivi. Tra novembre e dicembre varo due decreti-legge. Il primo potenzia "il sistema informatico, le strutture, le attrezzature e i servizi dell'Amministrazione della Giustizia". Era in cantiere da tempo ma con Falcone e Liliana Ferraro abbiamo dato la spinta decisiva. Il secondo istituisce nella nostra legislazione il giudice di pace, figura attesa da decenni per avvicinare i cittadini all'amministrazione della giustizia e liberare i magistrati ordinari dalle incombenze cosiddette "bagatellari".

Tornato da Versailles dove con Falcone abbiamo partecipato alla Conferenza ONU sulla prevenzione del crimine e la giustizia penale, troviamo un regalo: l'ANM si è inventata di difendere "l'ordine costituzionale", perciò sciopera contro l'istituzione della Procura nazionale antimafia. È una delle più tristi pagine di una storia così accecata dal settarismo corporativo della magistratura da ritenere la creazione di una struttura giudiziaria antimafia più pericolosa della mafia stessa. Il presidente dell'ANM, Raffaele Bertoni, arriva a definire la superprocura "un'altra cupola mafiosa di cui non si sente alcun bisogno".

A rincuorarci, poco dopo, il 30 gennaio 1992, arriva una splendida notizia: la Cassazione, correggendo il giudizio di appello, conferma in toto l'impianto accusatorio del primo grado del maxiprocesso alla mafia. Commento che è a partire da quell'esperienza che "sono state varate le recenti iniziative per elevare la professionalità della pubblica accusa e per dare carattere sistematico all'esperienza del pool antimafia". Non è stato un miracolo.

Ai primi di febbraio sono a New York e Washington in visita al Segretario generale dell'ONU, Boutros Ghali, e poi con Pomodoro, Falcone e il neonominato direttore della DIA, Giuseppe Tavormina, in visita all'FBI (al direttore William Barr) e alla DEA (Robert C. Bonner)

In un intervento TV (a "Mixer") dove si parla di mafia, il coraggio di una commerciante che, armata, ha messo in fuga un rapinatore mi fa dire: "Meglio il Far West che la vittoria della mafia." La penso così. "Se lo Stato non sa difenderli dalla mafia, come può criticare che i cittadini si difendano da soli anziché soccombere."

Lo sciopero contro la Superprocura non è servito a bloccare il varo del provvedimento ma l'ANM non demorde e si concentra sul bloccare la nomina di Falcone a

Procuratore nazionale. Incredibile ma vero: ancora una volta l'apposita commissione del CSM ha puntato su un candidato più anziano, Agostino Cordova, convinta di aver trovato in lui il nuovo Meli in grado di sconfiggere Falcone. Hanno sbagliato i conti. Io non do il *concerto* e blocco la nomina di Cordova.

Si avvicinano le elezioni politiche del 5-6 aprile.

Agli inizi di marzo, su consiglio del mio capo di gabinetto e di Liliana Ferraro scrivo al CSM per segnalare che affinché ci sia *concerto* sul nome del Procuratore nazionale antimafia si "impone la massima attenzione sulla legittimità della procedura concorsuale e la completa conoscenza di tutti gli elementi". Chiedo pertanto copia di tutte le domande pervenute e della documentazione di riferimento presentata dai candidati.

Ma il 12 marzo si apre una stagione terribile, la stagione delle stragi. Sulla strada che da Mondello porta a Palermo una moto con due motociclisti a bordo affianca la macchina in cui viaggia l'onorevole Salvo Lima, la supera, e l'uomo seduto dietro si gira e spara. La macchina si ferma, Lima cerca di scappare a piedi, la moto torna indietro il killer insegue Lima e lo finisce con tre colpi di pistola. Da Mantova, dove sono impegnato in un comizio, mi precipito in Sicilia per raggiungere Cossiga in missione nell'isola. All'aeroporto mi aspetta Falcone, lo interrogo con lo sguardo e mi dice: "Adesso può succedere di tutto." Saliamo in macchina e vedo Falcone che si mette alla guida. "Che fai?" gli chiedo, e lui: "Tranquillo, è più sicuro così." Scuoto la testa e salgo dietro.

Inconsapevoli o indifferenti a quel che sta accadendo, il 21 marzo alcuni membri del CSM sferrano un attacco velenoso a Giovanni Falcone mettendo in dubbio la sua autonomia e la sua indipendenza di magistrato perché lavora col governo. E tutte le centinaia di magistrati distaccati presso i ministeri? E quelli che ora sono al CSM e prima lavoravano per il governo? Loro non sono sospettabili di aver macchiato la loro autonomia e la loro indipendenza? È fin troppo chiaro che vogliono impedire a Giovanni di diventare Procuratore nazionale antimafia. Dico al "Corriere" che con quella dichiarazione "hanno compiuto un'infamia". Franco Coccia* mi querelerà per diffamazione e in primo grado il tribunale civile mi condannerà a risarcirlo con 60 milioni di lire (l'appello lo vincerò io e li dovrà restituire). Il paradosso è che ad attaccare Falcone sono magistrati di parte e consiglieri eletti da partiti. A togliere ogni dubbio portabandiera di questa vergognosa campagna di delegittimazione è l'"Unità", organo del PCI/PDS che già aveva fatto da megafono alla campagna contro Falcone scatenata dal sindaco Orlando. Falcone e io rispondiamo colpo su colpo.

* Membro laico del CSM, in quota PDS.

"Il tentativo di delegittimarmi è inaccettabile," dichiara, e poi in riunione al ministero: "È il primo passo. Cosa Nostra fa sempre cosi: prima insozza la vittima e poi la fa fuori. Questa volta mi ammazzano davvero." Parole riportate il giorno dopo la strage di Capaci sul "Corriere della Sera".

Il 27 marzo al congresso regionale lombardo del Sindacato Agenti di Polizia Penitenziaria lancio la proposta di istituti di pena dedicati per i tossicodipendenti. Insisto sulla formazione professionale degli agenti e mi impegno a costituire un nucleo di intelligence degli agenti di custodia.

Siamo ai bordi delle elezioni: domenica 5 e lunedì 6 aprile. La DC va sotto di quasi 5 punti, il PDS di 12 punti e perde 70 seggi che la neonata Rifondazione Comunista recupera a metà. Noi socialisti subiamo una lieve flessione, mezzo punto, 2 seggi in meno e il 13,62%. Si afferma la Lega con l'8,65% e 55 seggi.

La formazione di un nuovo governo incontra le impreviste difficoltà delle dimissioni di Francesco Cossiga, il 25 aprile. Il Presidente che avrebbe dovuto restare in carica fino a luglio lascia un quadro politico confuso e presto in balia dell'inchiesta Mani Pulite.

Continuo in una quiete solo apparente l'attività ministeriale su cui incombe anche la crisi politica del partito attraversato da un'incerta prospettiva di futuro combattuta tra il seguito dell'alleanza con la DC (il CAF*) o la scommessa di un'alternanza politica assieme agli ex comunisti, confusi più che mai purtroppo, alla ricerca del nome della "Cosa" e attratti dalla possibilità di lucrare il vantaggio di una magistratura inquirente che si rivelerà contigua e militante. Il totocalcio che hanno vinto, nel punto più basso della loro tradizione, frenerà per molti anni il percorso di una seconda repubblica che di ben altro coraggio e regole istituzionali avrebbe avuto bisogno. E poi avremmo avuto anche la terza, di repubblica, popolata da una rappresentanza politica ineguagliabile per dilettantismo e ignoranza.

Dall'8 al 10 maggio si tiene a Casal del Marmo, sotto l'egida ONU, un convegno su "Sfruttamento dei minori in attività criminali". Pochi giorni dopo, il 12, al convegno ADN Kronos di via di Ripetta ("Droga, il nuovo impero del male") un bigliettino minaccioso, un pizzino, sembra promettere a Giovanni Falcone, al tavolo dei relatori, un destino annunciato. Ritrovo tra i miei appunti sull'agenda un viaggio a Funchal, per un consiglio dei ministri della Giustizia UE in cui si fa richiesta ufficiale di estradizione dei militari jugoslavi responsabili dell'abbattimento di un elicottero UE.

* CAF: acronimo che indica l'asse politico tra Bettino Craxi (segretario nazionale del PSI), Giulio Andreotti (presidente del Consiglio) e Arnaldo Forlani (segretario della DC), intorno al quale si muove la politica italiana per tutta la X Legislatura, fino alle elezioni del 1992.

Poi entro nel tormentone paludoso e malmostoso dell'elezione del presidente della Repubblica. Con la DC divisa tra Forlani (secondo gli accordi con noi) e Andreotti, che dispone di appoggi tanto trasversali quanto incerti. La candidatura di Forlani è abbattuta dai franchi tiratori della DC e qualcuno dei nostri.

E sono proprio da Andreotti presso il gruppo DC della Camera, nel pomeriggio di quel sabato 23 maggio. Sto per annunciargli il "no" di Craxi e del PSI alla sua richiesta di essere votato presidente della Repubblica. Arriva una telefonata. Andreotti ascolta per pochi attimi, poi solleva la cornetta in alto e mi dice: "C'è stato un attentato a Falcone. A Capaci. Ma non sembra grave." Mi alzo, mi congedo, mi sprona: "Vai, vai", e mi precipito a Palermo. In aereo con me Enzo Scotti e Gerardo Chiaromonte. In auto mi raggiunge la chiamata di un colonnello.

"Onorevole, mi spiace comunicarle che il dottor Falcone è deceduto in ospedale e con lui la moglie."

È un colpo al cuore.

È il giorno più brutto della mia vita.

Poi uno strazio e un dolore senza fine e senza rimedio.

Nella notte rientro a Roma e vedo Livia e Liliana. Sono sconvolte ma sono donne d'acciaio. Cerchiamo di reagire e programmiamo il lavoro. A casa verso l'alba mi accartoccio sul pavimento della camera da letto e mi accade qualcosa che non mi succedeva da trent'anni: piango.

Due giorni dopo sono a Palermo per il funerale. A rappresentare lo Stato c'è Giovanni Spadolini, il presidente del Senato che con grande dignità regge l'urto di una folla sgomenta, tra la quale si mescola inferocita una torbida canaglia. La camera ardente è presso il palazzo di giustizia.

Lunedì 25 i funerali, la seduta straordinaria del CSM a palazzo di giustizia mentre, dentro, un'altra folla turbolenta grida: "La strage è di Stato." A Milano per le celebrazioni di Falcone i magistrati del pool, che hanno delegittimato e offeso Giovanni Falcone in tutti questi mesi, sono venuti a prendersi la scena. Ci penserà Ilda Boccassini, in un'infuocata assemblea, a ricordare ai suoi colleghi: "Voi avete fatto morire Giovanni Falcone. Tu Gherardo Colombo non devi venire ai suoi funerali."

Il 27 scrivo al CSM per riaprire i termini per presentare la domanda al posto di superprocuratore.

Il 2 giugno commemoriamo Giovanni al ministero, in via Arenula. Il 4 giugno la risoluzione n. 308 del Senato degli Stati Uniti afferma che "l'assassinio del giudice Falcone costituisce una grave perdita per l'Italia, per gli Stati Uniti d'America e per il mondo intero."

Falcone a Roma

L'interrogatorio al CSM con cui si è conclusa la seconda parte di questo libro si svolse il 15 ottobre 1991 quando Falcone era a Roma ormai da sette mesi. Come ci era arrivato e perché?

Dopo la bocciatura a capo dell'Ufficio Istruzione passarono più di tre brutti anni prima che si ricreassero le condizioni per poter cambiare verso e direzione alla politica giudiziaria. Intanto la magistratura si era dedicata a distruggere l'opera di Falcone oltre che a isolarlo, a screditarlo, a impedirgli di fare quel che sapeva e voleva fare.

Falcone conosciuto e ammirato ovunque era considerato il più capace, il più coraggioso e il più importante tra tutti i giudici che in tante parti del mondo combattevano la criminalità organizzata, eppure era ormai in balia dei suoi nemici interni e bersaglio di attentati mafiosi quando nell'agosto del 1989 fui nominato vicepresidente del Consiglio dei ministri, dunque al vertice del governo e dello Stato. Sul piano istituzionale sopra di me oltre ad Andreotti, c'erano il presidente della Repubblica,

Francesco Cossiga, e i presidenti delle Camere. Sul piano politico il mio leader era Bettino Craxi. Nel febbraio del '91 assunsi anche l'incarico di ministro di Grazia e Giustizia e in quella funzione, da una nuova prospettiva, con l'autorità e il potere di cui ero investito, ben sapendo ciò che Falcone aveva fatto, quel che stavano facendo a lui e quel che potevo fare io, decisi di chiamarlo.

Di una chiamata di Falcone al ministero erano circolate voci già al tempo del mio predecessore Giuliano Vassalli, ma l'incarico non essendo subito disponibile e forse la volontà politica non risoluta, erano rimaste voci. Ora le circostanze sembravano più propizie. Falcone era sempre più insofferente dell'ostracismo e dell'inattività cui era costretto a Palermo: a Roma si era liberato il ruolo di direttore degli Affari Penali e io ero eccitato all'idea che venisse a lavorare con me. Conoscevo bene per avergli parlato più volte Giuseppe Di Federico, professore di diritto, grande estimatore di Falcone e forse il massimo esperto dei problemi dell'organizzazione giudiziaria e, in particolare, di quelli del ministero della Giustizia. Di Federico venne da me: "Guidi un ministero vetusto, ossidato, burocratico in balia di cordate di magistrati litigiosi. Non illuderti, hai solo un anno davanti; non hai il tempo né la possibilità di fare grandi riforme, ma il tempo di lasciare il segno con iniziative dirompenti quello sì, ce l'hai." E subito perorò la causa. "Chiama Falcone," mi esortò.

"Ci stavo pensando," risposi, "ma lui accetterà? Se si viene a sapere che gli ho fatto la proposta e lui ha rifiutato, il governo fa una figuraccia. Fammi la cortesia, cercalo tu e senti se è d'accordo."

Il volto di Di Federico si distese in un gran sorriso. "Tu chiamalo," ripeté.

Capii che aveva già fatto quel che gli chiedevo, così invitai Falcone al ministero e gli proposi di assumere l'incarico di direttore degli Affari Penali. Quali fossero la ragione e lo scopo della chiamata lo sapevamo entrambi. Per rompere il ghiaccio ripresi il nostro dialogo da dove l'avevamo lasciato l'ultima volta che ci eravamo parlati al telefono, il giorno dopo l'assassinio del giudice Livatino.

Falcone mi raccontò che dopo quell'attentato l'Associazione dei Magistrati l'aveva invitato a far parte di una commissione che doveva presentare al governo le proprie proposte. Si chiedeva come mai l'avessero invitato a far parte di un gruppo di 16 magistrati, 4 rappresentanti per ogni corrente e mi disse che volevano usarlo come specchietto per l'opinione pubblica cui concedere il solito rito di facciata. In più, a tutti l'ANM aveva affidato un solo mandato imperativo che non era quello di trovare con il governo i modi più efficaci per combattere la mafia, ma di difendere sempre e comunque l'autonomia e l'indipendenza dei pubblici ministeri e l'obbligatorietà dell'azione penale. Falcone non accettò e io gli dissi che aveva fatto bene, anzi benissimo.

"L'hai detto tu: non possiamo aspettare il prossimo attentato per poi reagire con qualche pannicello caldo. Dobbiamo prepararci, darci un piano d'azione e ad attaccare dev'essere lo Stato: non per un po', ma per tutto il tempo necessario. Possiamo cominciare da dove eri arrivato, facciamo dell'eccezione la regola, codifichiamo l'esperienza del pool antimafia, facciamola diventare legge e rendiamo la lotta alla mafia una priorità di governo. Ho parlato con il ministro degli Interni, e Scotti è determinatissimo e perfettamente d'accordo ad agire insieme. Noi possiamo cominciare dal coordinamento dell'azione dei pubblici ministeri, lui da quello delle forze di polizia: se agiamo insieme lo Stato può dispiegare tutta la sua forza contro la mafia."

Falcone aveva già accettato. Eravamo nel mio ufficio al ministero, un salone grande come un appartamento. Lungo le pareti era dipinto un gigantesco affresco con un giudice in camicia nera che a cavallo brandisce al posto della spada un codice arrotolato. Una giustizia guerriera che si esalta di una missione etica totalitaria.

"Che effetto ti fa?" gli chiesi, ridendo.

"Be', è un po' impressionante, anzi imbarazzante."

"Pensa che Togliatti stava qui quando fece l'amnistia per i fascisti."

"Deve averlo suggestionato l'ambiente." E rise.

"Realismo fascista, realismo comunista: è sempre esaltazione della forza... Quando cominci?"

Chiese e in breve ottenne il distacco dal ruolo, e con lui e il ministro degli Interni abbiamo cominciato a promuovere e a organizzare quella che resterà la stagione della più organica, determinata ed efficace strategia di contrasto alla mafia mai messa in campo da un governo italiano.

Cosa fosse Cosa Nostra, all'epoca la più pericolosa tra tutte le mafie del mondo, me l'aveva spiegato lo stesso Falcone quattro anni prima, quando l'avevo incontrato a Palermo, nel suo ufficio superblindato. Ora dovevamo decidere i nostri obiettivi e di quali mezzi avevamo bisogno.

La strategia del governo comprenderà nuove leggi come quella antiracket, riforme della procedura penale per preservare le prove raggiunte nella fase delle indagini, sequestri e confisca dei beni dei mafiosi, riforme dell'ordinamento giudiziario a partire dal coordinamento nei 26 principali distretti giudiziari dei magistrati impegnati sul fronte antimafia. Non tutto era scritto, non tutto era chiaro. Procedemmo anche per tentativi ed errori.

Al di là dell'esperienza palermitana, e pur sapendo benissimo che non poteva essere importata meccanicamente, guardavamo all'esperienza americana che già negli anni trenta aveva istituito un corpo di *prosecutors* e di agenti specializzati nelle indagini e nel contrasto antimafia, il Federal Bureau of Investigation (FBI). Il dipartimento di Giustizia americano, quarant'anni dopo, nel 1970 aveva ulteriormente rafforzato la sua azione con uno specifico, organico corpo di provvedimenti legislativi e organizzativi, il *Racketeer Influenced and Corrupt Organizations Act* (detto comunemente RICO). Eravamo convinti che anche in Italia al di sopra e alla guida dovesse esserci un organo centrale, nevralgico, di impulso e coordinamento delle indagini sulla criminalità organizzata su tutto il territorio dello Stato.

A differenza di quel che molti hanno scritto, Falcone non "inventò né ispirò il modello della superprocura antimafia", né fummo io o Vincenzo Scotti.

La verità è che da tempo, all'indomani di ogni agguato di mafia, qualcuno ripescava l'idea di creare un FBI all'italiana, ma erano solo suggestioni, buone per strappare un titolo di giornale. Ultimo in ordine di tempo era stato, dopo l'assassinio del giudice Livatino, l'Alto Commissario antimafia Domenico Sica, che come altri prima di lui l'aveva lanciata in un'intervista. Sica, per quanto ne so, è stato il primo a usare l'espressione "Superprocura", e quel nome da fumetto ebbe subito successo. Ma si trattava appunto solo di un nome e di una suggestione. Il giorno dopo Falcone, in una sua intervista, dichiarò di essere d'accordo con la Superprocura, aggiungendo polemicamente di rallegrarsi che chi come Sica aveva polemizzato con il pool di Palermo si fosse convertito all'idea di un organismo centrale che coordinasse le indagini antimafia.

Anch'io e anche Craxi, in passato, avevamo evocato la necessità di un FBI italiano e anche nel mio caso si trattava di una suggestione. Diventato ministro, con Scotti e Falcone cominciai a pensare a come trasformare la suggestione in una proposta di legge. Durante le ricerche indirizzate a quello scopo trovai, nei verbali della Commissione parlamentare antimafia dov'era rimasta sepolta per anni, accanto alla ricorrente esortazione a creare un FBI italiano, l'idea di istituire una procura nazionale contro la criminalità organizzata. Ne era autore il senatore Leo Valiani, liberal-socialista e azionista, partigiano e padre costituente, amico di Pertini, Calamandrei e La Malfa: insomma, una personalità di grande, indiscusso prestigio. L'avevo conosciuto a Milano al tempo in cui Craxi era presidente del Consiglio e, ascoltandolo e conversando con lui, rimasi impressionato dalla sua cultura e dalla chiarezza della sua visione politica. Quando si congedò, Craxi mi mostrò una lettera nella quale Valiani si dichiarava pronto anche a iscriversi al PSI purché lui si impegnasse con tutte le sue forze a fare dell'Italia una repubblica presidenziale com'era stato nei voti suoi e di Calamandrei al tempo della Costituente.

Così impostammo due riforme parallele. Sul fronte giudiziario per prima cosa generalizzammo come promesso l'esperienza del pool di Palermo, istituendo presso le 26 procure distrettuali altrettanti uffici specializzati, le

Direzioni distrettuali antimafia (DDA) per coordinare, specializzare, programmare stabilmente le indagini sulla criminalità organizzata.

Non bastava: occorreva dotare l'ordinamento di un centro propulsore e di coordinamento, e a questa necessità si corrispose istituendo il Procuratore e la Direzione nazionale antimafia con sede a Roma. La loro funzione è quella di supplire a carenze territoriali e dirimere eventuali conflitti di competenza tra le procure distrettuali. In caso di violazione dell'obbligo di coordinarsi, o nell'inerzia di una procura distrettuale il Procuratore nazionale aveva il potere di avocare a sé le indagini.

Nella prospettazione originaria del governo sia i poteri della DIA sia quelli della DNA e il loro coordinamento erano più ampi e penetranti proprio al fine di assicurare e far prevalere la forza coesa dello Stato sulle organizzazioni criminali con le loro strutture piramidali e paramilitari. Ciò non fu possibile per resistenze sia politiche sia interne alla magistratura, usa a una concezione e a una prassi del potere giudiziario inquirente come potere diffuso affidato all'autonoma iniziativa di ogni singolo pubblico ministero. Le condizioni di partenza – il potere diffuso, individualistico dei singoli PM refrattari persino alla gerarchia interna all'ufficio, alla circolazione delle informazioni acquisite e alla valutazione collegiale degli elementi di indagine – erano le più sfavorevoli che si possano immaginare. Realisticamente dovemmo accettare rinunce non tali tuttavia da minare l'architettura progettata, anche se di sicuro non la rafforzarono.

In perfetta intesa e in sinergia agiva Vincenzo Scotti, disponendo un parallelo coordinamento dei distinti uffici di intelligence della Polizia, dei Carabinieri e della Guardia di Finanza, potenziando i presidi di forze dell'ordine nei territori ad alta densità mafiosa, creandone di nuovi, stabilendo per legge lo scioglimento e il commissariamento dei consigli comunali inquinati dalla criminalità. A ottobre del '91 Scotti nonostante tutte le resistenze incontrate emanò il suo decreto e varò la Direzione investigativa antimafia. A novembre, io varai il mio istituendo le Procure distrettuali antimafia, la Direzione e il Procuratore nazionale. Su questa parte l'opposizione del CSM, dell'Associazione Nazionale, di famosi magistrati ma anche di politici e di giornali si scatenò durissima. Per scansare dubbi e per evitare fraintendimenti l'avevo battezzata Direzione nazionale antimafia. A guidarla come Procuratore nazionale tutti pensavano che sarebbe stato Falcone, non perché avesse partecipato alla sua gestazione pensando a se stesso, né perché io avessi concepito quel ruolo solo per lui: semplicemente perché in quel momento storico e senza ombra di dubbio era di gran lunga il magistrato più esperto e più attrezzato per quell'incarico, per la professionalità e per l'esperienza acquisite sul piano nazionale e nella dimensione internazionale.

Ma l'implicita candidatura di Falcone acuì l'opposizione della magistratura associata – anche di esponenti moderati e conservatori come Marcello Maddalena e del solito Vincenzo Geraci –, ma soprattutto delle correnti di sinistra. Un'opposizione feroce, accanita e velenosa che non risparmiò colpi bassi e bassissimi dettati da una logica corporativa e politica allo stesso tempo e dall'odio inesausto per Falcone.

Gioacchino Natoli che pure aveva fatto parte del pool indicò nel decreto "l'attuazione del piano di rinascita di Licio Gelli". Autorevoli membri del Consiglio Superiore della Magistratura accusarono il ministro di voler sottomettere la magistratura al governo e contemporaneamente aprirono il fuoco di sbarramento contro Falcone: "Non dà più garanzie di indipendenza e di autonomia dal potere politico e dal governo." Vito D'Ambrosio, già amico di Falcone, definì il mio progetto "un grave attacco alla democrazia". Alfonso Amatucci, consigliere del CSM, dichiarò testualmente: "Falcone oggettivamente è un nemico politico."

Ma anche la stampa non scherzava. Lino Jannuzzi attaccò Falcone e De Gennaro, bollandoli come "la Cosa Nostra numero due", e persino uno storico come Ernesto Galli della Loggia denunciò "lo smantellamento di alcuni caposaldi dello stato di diritto" che sarebbe conseguito all'istituzione della Procura Nazionale, "negatrice del giudice naturale e anticipo di Tribunale Speciale".

Così, tanto per alleggerire la tensione con una prova di forza l'ANM proclamò per il 3 dicembre uno sciopero generale contro il progetto del ministro Martelli e contro gli insulti e gli attacchi del presidente Cossiga all'indipendenza della magistratura e al CSM. Mancavano solo le barricate. Lo sciopero non fu un gran successo, ma l'urto polemico era destinato a durare a lungo, a sopravvivere persino alla tragedia di Giovanni, per arrestarsi solo dopo la morte di Borsellino.

Ma arriveranno anche notizie migliori. A dicembre avevo invitato per un colloquio al ministero il presidente della Corte di Cassazione. E col massimo garbo gli parlai. "Caro presidente, sono sicuro che lei condivide la preoccupazione di evitare una sovraesposizione della Corte e dei suoi consiglieri. Stanno per essere giudicati processi di mafia e di terrorismo, processi di grande impatto sull'opinione pubblica. Non devono esserci ombre, tantomeno sospetti, di prevenzioni e pregiudizi che si ritorcerebbero negativamente sull'immagine di imparzialità della Suprema Corte. Forse i rischi si ridurrebbero se si adottasse nell'assegnazione dei processi di più grande impatto un criterio di rotazione, dimodoché non siano sempre gli stessi o lo stesso collegio della Cassazione a giudicare di quel tipo di processi." Il riferimento implicito era al collegio di Corrado Carnevale. Inflessibile con i terroristi, quel collegio era viceversa molto flessibile con i mafiosi condannati, sempre eccependo errori anche trascurabili per mandare assolti gli imputati o per imporre un nuovo appello.

Io non avevo fatto domande né avanzato richieste, ma solo esposto un parere in ordine a criteri che meglio assicurasscro il buon funzionamento della giustizia. E questo non esulava dai poteri del ministro. Brancaccio non mi diede alcuna risposta, ma tenendo o non tenendo conto del nostro incontro agì, introdusse la regola della rotazione nell'assegnazione di quei processi clamorosi. In breve, la Cassazione smentendo la sentenza di appello che aveva parecchio annacquato le condanne inflitte nel primo grado di giudizio, le restaurò e le confermò per intero.

E ciò valse per allora e anche per il dopo a ripristinare i presupposti giuridici che erano alla base del maxiprocesso: la realtà della mafia non era una moltitudine di autonome cosche o bande locali, ma quella di un'organizzazione unitaria disciplinata dall'obbedienza a regole comuni, a un ordine gerarchico e a un comando centrale: la Cosa Nostra di Totò Riina.

Assediata e attaccata simultaneamente dal governo e dalla Suprema Corte la mafia reagì. Che avrebbe reagito c'era da aspettarselo, il modo che scelse, no: bisogna riconoscerlo, non l'avevamo previsto. Ci fu sottovalutazione? Impreparazione? Dobbiamo rimproverarci io, Scotti e gli apparati di sicurezza?

Lo stesso Falcone, di solito attentissimo alla propria sicurezza aveva un po' abbassato la guardia, vuoi perché a Roma si sentiva più sicuro – e lo era effettivamente –, un po' perché assediato, come lo ero io, dalle polemiche e dai tanti attacchi odiosi e velenosi di colleghi magistrati, di politici e di giornalisti. Quanto a me ricordo di essermi lamentato con lui per i frequenti viaggi a Palermo: "Ma devi proprio andare giù tutte le settimane?" gli avevo chiesto, e lui di rimando: "È la mia città, ho preso casa, e da quando lavoro qui, a Palermo ci sto molto meno."

A mia volta ero preso prima dalla campagna elettorale, poi dalle conseguenze politiche del voto del 5-6 aprile. La duplice pesante sconfitta del PDS e della DC terremotarono il sistema politico. L'opposizione comunista aveva preso una batosta, ma anche la maggioranza di governo, sebbene avesse conservato la maggioranza dei seggi, si era indebolita. Poi il fallimento del disgelo a sinistra che avevo tentato, forse temerariamente, con l'ondivago Occhetto, anziché rimarginare, riaprì le antiche ferite tra socialisti e comunisti, e anche questo inasprì il conflitto con la magistratura politicizzata.

Ad aggiungere altra benzina sopraggiunsero improvvise le dimissioni di Cossiga che anticiparono l'appuntamento delle elezioni per il Quirinale.

Il sistema politico era logoro, e ormai superato dal crollo del comunismo, quando in sottofondo cominciarono a rullare i tamburi di Mani Pulite. Quei tamburi annunciavano l'inizio delle indagini sulla corruzione politica e l'avvio di un'arrembante azione della magistratura – dapprima solo quella milanese – che in quella stessa estate del '92 avrebbe travolto la Prima Repubblica sotto un'ondata di scandali veri, falsi o ingigantiti.

In verità un segnale di allarme Enzo Scotti lo trasmise già da febbraio. Ricevute dal capo della polizia Vincenzo Parisi notizie piuttosto confuse circa un'incombente destabilizzazione della democrazia, autorizzò una circolare che ordinava l'allerta a questori e prefetti, e lanciò un allarme pubblico senza informare preventivamente né il presidente della Repubblica Cossiga, né il capo del governo Andreotti né me, né Falcone, né alcun'altra autorità di governo. Di che si trattava? Il capo della polizia aveva raccolto e gli aveva trasmesso un messaggio inquietante. Stavano per entrare in azione forze oscure, centrali eversive interne e internazionali ed erano da preventivare attacchi criminali e terroristici. Sennonché quando si seppe che la fonte era tale Elio Ciolini, un equivoco agente o ex agente dei Servizi Segreti del tutto inaffidabile, la fama del pataccaro sovrastò e oscurò il contenuto e la portata della minaccia.

In verità, allora e ancora oggi, a distanza di tanti anni, dei telegrammi e degli ordini di allerta inviati da Parisi ai questori e ai prefetti di tutta Italia colpisce la grande indeterminatezza circa gli obiettivi e ancor più quella relativa ai presunti criminali e terroristi supposti autori del piano di destabilizzazione o presunto golpe *in fieri*. Si accennava a entità terroristiche nazionali o anche straniere intenzionate a porre in essere attacchi terroristici ma anche sequestri di personalità politiche e istituzionali italiane. Non vi erano riferimenti alla mafia. Solo successivamente parlando in Parlamento per fornire spiegazioni Scotti evocò la possibilità di una matrice mafiosa, e perciò decidemmo di rafforzare le misure di protezione ai leader politici come ai vertici istituzionali.

Falcone faceva parte di questa prima linea da proteggere, e i dispositivi cui era affidata la sua sicurezza erano pari anzi superiori a quelli di un ministro, potendo usare per i suoi spostamenti oltre alle scorte fisse alla sua abitazione e al suo ufficio, tre auto blindate, voli di Stato e aerei dei servizi segreti.

Solo diversi anni dopo apprenderemo dai racconti di alcuni pentiti che in quello stesso inizio d'anno del 1992 Totò Riina aveva dato ordine a Matteo Messina Denaro, Giovanni Brusca e altri boss di uccidere a Roma "Falcone o Martelli" [Giovanni Bianconi, *op. cit.*, pp. 210-213]. I killer delegati si attivarono facendo vari appostamenti anche nei paraggi del ministero assistiti da complici romani, senza tuttavia riuscire concretamente né a individuare né tantomeno a mettere nel mirino nessuno dei due bersagli, sicché vennero richiamati in Sicilia da dove Totò Riina aveva annunciato ai suoi fedelissimi che "abbiamo trovato cose più grosse giù".

La mafia non perde tempo, alla mafia non si deve concedere tempo. Soprattutto dopo che la Suprema Corte a gennaio aveva reso definitive le condanne dei suoi capi e il governo aveva dichiarato guerra alla mafia e schierato le armi per combatterla.

Il primo rombo di tamburi fu l'assassinio di Salvo Lima.

Poi venne Capaci, la strage di Capaci, ordita e attuata con una violenza pianificata più efferata, rabbiosa e distruttiva di tutte quelle usate in precedenza contro magistrati, forze dell'ordine e uomini politici. Una strage attuata con modalità terroristiche e paramilitari simili a quelle con cui in Colombia i narcos controllano vasti territori, attaccano l'esercito regolare, pianificano attentati contro il governo. In Sicilia e in Italia un'arma di distruzione di massa – 500 chilogrammi di tritolo – fu preparata e azionata contro un singolo bersaglio, un uomo con la sua scorta di cinque poliziotti dentro tre auto blindate. Per essere sicuro del risultato Riina ordinò al commando che doveva scatenare il terrore mafioso di minare 50 metri di autostrada perché fosse divelta dall'esplosione. Una dozzina di boss appostati tra l'aeroporto, la strada complanare, la collinetta sovrastante col gruppo d'azione nascosto tra alberi e cespugli intorno a Giovanni Brusca che tiene in mano il telecomando.

Nell'attesa spasmodica fumano tutti, fumano molto e non si curano di raccogliere i mozziconi, ma li gettano in terra con le tracce della loro saliva. Sarà Sergio Restelli, capo della mia segreteria, con me sul luogo dell'attentato a scorgere i mozziconi, ad avere l'intuizione e a raccoglierli. Poi sarà l'esame e il confronto di quelle tracce di DNA a fornire la prova scientifica che i killer sono proprio quelli. Il piano dell'attacco, il dispiegamento di forze, la quantità di esplosivo impiegata, l'indifferenza per eventuali danni collaterali, tutto si spiega, con la determinazione feroce a escludere ogni rischio di fallimento, a farla finita con Falcone, il giudice che aveva sconfitto la mafia, il nemico numero uno, l'uomo che aveva inferto a Cosa Nostra il colpo micidiale del maxiprocesso e che adesso con la maggior forza acquisita da dentro e con il governo italiano continuava ad animare la guerra dello Stato contro la mafia.

Lo sappiamo, anche questo ci ha insegnato Falcone: anche nel passato, ogni volta che altre opzioni non erano disponibili, ogni volta che l'intimidazione e la paura non erano bastate a piegare qualcuno, Cosa Nostra non aveva esitato a ricorrere non solo all'assassinio, ma anche alla strage. Ma con Capaci – e poi con via D'Amelio – Totò Riina sceglie la strategia di un terrorismo apocalittico. Al confronto impallidiscono i tanti casi in cui in precedenza, sentendosi minacciato o anche solo sfidato, Riina aveva dato prova di sé. Killer di Luciano Liggio nel caso del giudice istruttore e poi parlamentare della sinistra indipendente Cesare Terranova; di una serie di omicidi, del capo della squadra mobile di Palermo, Boris Giuliano, dei commissari di polizia Montana e Cassarà, del comandante dei carabinieri Basile, di magistrati come Ciaccio Montalto, dei giudici Saetta e Livatino. E, ancora, l'assassinio di Dalla Chiesa, poi rivendicato personalmente da Riina ormai detenuto. E, ancora e ancora, l'assassinio di un coraggioso imprenditore, Libero Grassi, che non solo non pagava il pizzo, ma aveva sfidato Cosa Nostra, come l'aveva sfidata un magistrato tutto d'un pezzo, ucciso con i carabinieri di scorta e il portiere da un'autobomba sotto casa, Rocco Chinnici.

Ma, adesso, c'era anche un'altra diversità rispetto al passato, adesso lo Stato stava accerchiando Cosa Nostra e tutto faceva immaginare che l'azione di contrasto al crimine sarebbe diventata ancora più vasta, sistematica, risoluta. Erano state varate nuove leggi, i tribunali agivano solerti e le condanne fioccavano – compresa l'ultima ottenuta da Falcone, quella a dieci anni contro Vito Ciancimino –, le forze di polizia si stavano riorganizzando potenziando i loro presidi, coordinandosi tra loro e facendo circolare le informazioni.

Non c'è più tempo da perdere, ingiungeva Riina ai suoi, dobbiamo reagire, spargere il terrore, uccidere Falcone che ci ha fatto condannare tutti e ci vuole prendere uno per uno; dobbiamo terrorizzare quelli che governano e ci hanno dichiarato guerra, annichilire lo Stato che si sta dando gli strumenti e la forza per combatterci. Dobbiamo ricordargli che in Sicilia comandiamo noi.

Intanto niente servì a rassicurare l'Associazione Nazionale Magistrati. Dopo lo sciopero nazionale si concentrò sull'obiettivo di sbarrare la strada a Falcone, il miglior candidato possibile, quello più naturale e più atteso dall'opinione pubblica, ma sempre inviso ai colleghi più potenti.

Capaci, il decreto Falcone, Scotti estromesso

Malgrado l'enormità della sfida e della tragedia, malgrado le resistenze sia della magistratura che di un ceto politico sgomento e tuttavia restio ad affrontare tutte le conseguenze di una guerra vera, frontale e non verbale, con la più potente organizzazione criminale del tempo, io e Scotti decidemmo di reagire a Cosa Nostra subito, con la massima determinazione e con tutta l'energia necessaria.

Le armi giudiziarie e quelle delle forze di polizia le avevamo predisposte con le riforme varate nei mesi precedenti. Il decreto dell'8 giugno servì a completare la strategia con provvedimenti nuovi come il 41 bis e a rendere operativi gli altri. Bisognava finalmente dispiegare tutta la forza legale di cui lo Stato dispone per attaccare la mafia e disgregare il suo esercito criminale arrestando i capi, i sottocapi, i gregari latitanti, processandoli, condannandoli e tenendoli isolati in carcere.

La mafia era sempre stata in guerra, lo Stato doveva cominciare a farla sul serio e per tutto il tempo necessario.

A un atto di guerra di tale violenza come Capaci, lo Stato doveva reagire con una guerra legale così risoluta e efficace da annientare la minaccia. Guai se non avessimo agito subito!

Il paese era sgomento, il presidente della Repubblica appena eletto, il governo Andreotti in proroga, con il nuovo governo presieduto da Amato che entrerà in carica soltanto un mese dopo.

Eppure, in quell'inizio d'estate le divisioni tra e nei partiti, l'eterna autoreferenzialità della magistratura che per un verso aggrediva il sistema politico e per l'altro continuava a sottovalutare la minaccia mafiosa resero incerta l'approvazione del decreto. L'ANM, il CSM e i gruppi parlamentari, segnatamente quelli della DC e del PDS, protestarono contro la non-costituzionalità del 41 bis, ma anche di altri aspetti del decreto. La norma che introduceva un trattamento differenziato per i detenuti mafiosi costringendoli all'isolamento in carcere fu ripetutamente e in più sedi contestata. A ciò si aggiunsero le tensioni nella scelta dei ministri. Sempre ricorrenti tra i partiti e nei partiti durante la formazione dei governi in modi più confusi ed aspri. Il primo a farne le spese fu il ministro degli Interni, il mio amico Enzo Scotti.

Nel suo libro *Pax mafiosa o guerra?* Scotti ricostruisce quella vicenda lungo tutti i suoi intricati e concitati passaggi. Dapprima fu inspiegabilmente esiliato dal ministero degli Interni e trasferito a quello degli Affari Esteri – trasferimento che Scotti dichiara di aver appreso a cose fatte e di aver poi giurato solo per responsabilità istituzionale. Quindi gli venne imposta la scelta se restare ministro e dimettersi da parlamentare o viceversa. Questa nuova regola di incompatibilità tra incarico ministeriale e mandato parlamentare fu improvvisamente introdotta dalla sola DC. Negli affari politici e di Stato, la promozione a un incarico maggiore non richiesto dall'interessato si definisce – dai tempi dei romani – come un *promoveatur ut amoveatur*, un "promuovere per rimuovere". Nel caso di Scotti il fine (*ut*) era toglierlo dagli affari interni, il mezzo usato fu di nominarlo ministro degli Esteri.

Non è mai stato chiarito perché la DC abbia deciso di togliere a Scotti la responsabilità di guidare gli apparati istituzionali di sicurezza e non abbia esitato a procedere in un momento in cui, dopo Capaci, l'emergenza mafiosa destava il massimo allarme. Giudicava non così grave l'allarme e comunque tale da poter essere affrontato anche da altri suoi esponenti, o vi erano altri motivi? E quali?

Scotti era convinto che i suoi gli avessero fatto pagare lo scioglimento per mafia di molti consigli comunali e, più in generale, la durezza esercitata nel contrasto a Cosa Nostra. Indubbiamente, a lungo nel passato, la DC, e non solo la DC, aveva sottovalutato la mafia e al Sud, malgrado l'eliminazione fisica di alcuni dei suoi esponenti intransigenti, aveva scelto la convivenza e, non di rado, la contiguità. All'inizio di questo libro per spiegare questo atteggiamento abbiamo richiamato il peso del partito siciliano in quello nazionale, siamo risaliti alla fine della guerra e all'invasione americana nell'interregno tra fascismo e post fascismo; abbiamo richiamato il peso del partito siciliano in quello nazionale e il suo spregiudicato disegno politico egemonico. Per realizzarlo il partito siciliano si pose l'obiettivo di sottrarre il potere dei latifondisti e quello connesso della mafia all'influenza eversiva del movimento indipendentista. Voleva catturare il loro consenso, annetterselo e diluirlo nel magma della propria *constituency*. La carica indipendentista venne incanalata nella rivendicazione e poi nell'ottenimento di un'autonomia regionale "spinta" che trovò soddisfazione nello Statuto Speciale. Da allora il partito siciliano trae legittimità, forza e consensi dalla sua duplice funzione: garante dell'ampia autonomia definita dallo Statuto, garante anche che il suo contributo elettorale al primato della DC nazionale si traduca in una generosa politica di elargizioni che esso stesso amministrerà. Il partito siciliano con tutta probabilità era convinto di poter addomesticare la mafia, di poterla contenere nei limiti di una delinquenza a bassa intensità. E così grosso modo è stato finché lo stesso sviluppo economico distorto, fondato sul trasferimento di soldi pubblici dallo Stato alla Regione Autonoma, non ha esteso le pretese e l'arroganza tanto dei poteri regionali e locali quanto di una Cosa Nostra sempre più organizzata ed esosa, sempre meno addomesticata e sempre più comprimaria e persino parte in causa nelle lotte di potere tra le correnti della DC.

Il partito siciliano non è solo la DC, esso è il potere siciliano, con i suoi pilastri e i suoi addentellati nelle amministrazioni statali, regionali, locali, nell'economia pubblica e semipubblica, nella magistratura, nei giornali, ovunque.

Ma la svolta cruciale avviene quando Cosa Nostra si inserisce nel circuito del narcotraffico e ne diviene protagonista spartendosi profitti stratosferici. A quel punto lo Stato sia pure solo per iniziativa di alcuni suoi funzionari – magistrati, poliziotti, politici – tenta di contenerla, in qualche caso di reagire, ma la mafia è diventata così potente e così pervasiva la mafiosità da bloccare le rare iniziative di risanamento e di rinnovamento usando i dirigenti collusi, sostenendo quelli contigui ed eliminando i pochi che le si oppongono.

Falcone aveva compreso questo sviluppo e organizzò una iniziativa coraggiosissima con le sue indagini poi sfociate nel maxiprocesso. Il limite intrinseco alla strategia di Falcone era che essa interveniva soltanto sul piano giudiziario. Per di più la magistratura, anziché sostenerlo potenziando la sua azione, agì per ostacolarlo, isolarlo e delegittimarlo offrendolo in pasto alla mafia. Le cose cambiarono quando nel 1991 Falcone fu chiamato al governo per concorrere da protagonista a una strategia di contrasto frontale, cioè a muovere guerra alla mafia.

Vincenzo Scotti era stato un perno fondamentale di questo passaggio dalla coesistenza e dalla *pax mafiosa* alla guerra alla mafia. Ora, è mai possibile che la DC non se ne fosse accorta? E si può credere che non abbia pensato alle conseguenze del sostituire il proprio ministro degli Interni appena dopo la terrificante strage di Capaci? Di farlo nel momento in cui era più che mai necessario che il governo continuasse e rafforzasse la sua azione innanzitutto mantenendo al suo posto chi più si era speso per quello scopo?

Possibile che su questo abbiano prevalso le alchimie e gli equilibri tra le correnti democristiane? Possibile che come è stato raccontato, a prezzo del ridicolo, Scotti sia stato spostato agli Esteri perché bisognava eleggere Gava capogruppo e dunque liberare quella casella da Mancino trovandogli un posto da ministro? E perché proprio degli Interni e non di un altro ministero?

Parlo della DC, ma chi la guidava in quel frangente? Il segretario Forlani dopo la bocciatura della sua candidatura al Quirinale era dimissionario e francamente sembrava stordito. Andreotti, anche lui bocciato nella sua aspirazione quirinalizia, era altrettanto frastornato e privo di ruolo. Di sicuro nessuno dei due spese una parola per difendere Scotti e il suo ruolo nel governo. E De Mita capo della potente corrente di sinistra? De Mita non aveva mai amato Scotti che anni prima aveva osato candidarsi segretario in contrapposizione a lui. De Mita voleva promuovere gli uomini della sua corrente al governo del paese. Ci provò cercando di portare Gargani alla Giustizia; fallito il tentativo andò alla carica con Mancino agli Interni. Forlani abbozzò e Scalfaro manovrò.

L'8 giugno, dopo averlo incontrato a Capaci, rivedo a Roma William Sessions, il direttore dell'FBI in visita all'ufficio di Giovanni rinnova il sostegno e l'incoraggiamento a perseverare sulla strada di Falcone apprezzando le nuove misure che il governo si appresta ad approvare e che gli riassumo. È il decreto dell'8 giugno e si intitola, "Modifiche urgenti al nuovo Codice di Procedura Penale e provvedimenti di contrasto alla criminalità mafiosa", passato alle cronache come "Decreto Falcone".

La novità maggiore è la normativa che introduce il 41 bis, cioè l'isolamento in carcere dei detenuti per mafia e i programmi di protezione per chi si pente e collabora, estesi anche ai famigliari. Ci sono anche nuove misure per la confisca dei beni mafiosi e per i reati di traffico di armi e stupefacenti. Nasce un embrione di legislazione del *doppio binario*, assai controversa dal punto di vista costituzionale perché al mafioso riconosciuto tale vengono sottratte alcune garanzie di legge. Incontro il presidente della Corte Costituzionale, Aldo Corasaniti che in spirito di "leale collaborazione tra le istituzioni" – una benemerita formula di sua invenzione – mi suggerisce di dare carattere di temporaneità al 41 bis. Lo ascolterò e nel decreto fisserò a due anni la durata del 41 bis.

"Come attrezzare la macchina giudiziaria e come affinare la professionalità dei magistrati, per fare in modo che un'organizzazione criminale come Cosa Nostra possa essere efficacemente contrastata dalla giustizia penale?": è stata questa per Falcone la questione fondamentale all'indomani dell'impatto con il nuovo codice. Soprattutto in considerazione del fatto che mettere al centro del processo penale non singoli e circoscritti reati, ma l'organizzazione mafiosa in quanto tale, significa imbattersi in problemi e incamminarsi sui terreni del diritto penale sostanziale, delle tecniche di investigazione e accertamento processuale e della gestione della fase dibattimentale, specie sotto il profilo della valutazione della prova, con riflessi che si proiettano sullo stesso sistema giudiziario. È stato scritto: "Fino a che punto è possibile e lecito trasformare la macchina giudiziaria in una sorta di 'macchina da guerra' idonea a contrastare la potenza militare di una grande struttura unitaria e compatta come quella di Cosa Nostra?" No, non è prevista una torsione dell'intera macchina giudiziaria come quella paventata. Solo una parte degli uffici del PM – Procure distrettuali e Procura nazionale antimafia – sono impegnati su questo fronte e possono ricorrere a quegli strumenti.

Se altri uffici e altri pool hanno utilizzato i mezzi giudiziari forgiati per la lotta alla mafia e al terrorismo, lo hanno fatto illegittimamente e arbitrariamente. Come si evince dalla circostanza che mai tali uffici (per esempio, la procura di Milano) hanno elevato i capi d'accusa che soli giustificavano il ricorso a quegli specifici e straordinari strumenti di contrasto quali sono gli articoli 416 bis e 41 bis che circostanziano i reati di associazione mafiosa.

Nell'estate del '92 questi abusi erano incipienti e rari, non conclamati e diffusi come diventeranno nel 1993, l'anno del terrore giudiziario. E tuttavia, proprio per questo, già nel luglio del '92, avevo sollevato il problema contestando alle procure che ne facevano abuso il ricorso ingiustificato – dunque – illegittimo alla carcerazione preventiva utilizzata al di là dei casi previsti dalla legge e per ragioni strumentali quali ottenere la collaborazione dell'indagato detenuto.

Ma torniamo a quel mese di giugno. In visita al presidente Scalfaro, alle ore 19 del 10 giugno, assieme a Vincenzo Scotti non si parlerà solo di mafia. Scrive Scotti:

Uscendo dal Quirinale qualche dubbio era cresciuto in me, non solo riguardo alla formazione del nuovo governo, ma anche alla nostra partecipazione ad esso. Dubbi che si consolidarono dopo aver visto che la nostra visita al Quirinale fu utilizzata per superare l'osta-

> *colo Craxi e per l'affidamento dell'incarico a Giuliano Amato. Un'abile e spregiudicata operazione politica!* [Vincenzo Scotti, *Pax mafiosa o guerra?*, p. 229]

L'autocandidatura a Palazzo Chigi che il Presidente attribuì a noi due, furbescamente manipolata e fatta da lui filtrare anche nel *milieu* socialista, secondo la testimonianza di Marco Pannella, era riuscita ad avvelenare i nostri pozzi e a creare tra Craxi e me una ferita profonda e per quegli anni insanabile.

Ma in quei giorni la mia mente non si stacca dalla morte di Giovanni e dalla lotta alla mafia. Come molti sono rimasto impressionato dall'analogia con le tecniche terroristiche dei narcos colombiani e mi sovviene un'osservazione confidatami da Falcone che mi aveva colpito. Ne accenno in un'intervista al "New York Times", sulle tracce di una *connection* colombiana per la strage di Capaci, affermo che

> *stiamo cercando di capire se dietro a questo delitto vi siano elementi di una connessione tra la mafia siciliana e il cartello colombiano o tra mafia siciliana e Cosa Nostra negli USA, e rammento che uno degli ultimi casi su cui Falcone aveva appuntato la sua attenzione e di cui mi aveva parlato riguardava il traffico di 600 kg di cocaina, per la prima volta direttamente dalla Colombia alla Sicilia.* ["The New York Times", sec. 1, p. 3, 21

giugno 1992, "*Inquiry Into Sicilian Slaying Looks for Mafia Link to Colombia Drug Cartel*", inchiesta e intervista di Alan Cowell]

Il 27 giugno 100.000 persone marciano a Palermo per Giovanni Falcone. Bambini con le famiglie affiggono disegni, lettere, biglietti commoventi sull'albero davanti a casa di Falcone. Ricordo quello che mi commosse di più:

"Tu non hai voluto figli per non renderli orfani ma io ti avrei voluto come padre."

A Palermo si respira un'aria di primavera che induce speranza e illude.

Scotti viene fatto uscire di scena. Con me Craxi e Amato hanno provato a offrirmi il ministero della Difesa. Rifiuto e loro non insistono. La spiegazione me la darà qualche anno dopo Giuseppe Gargani demitiano. Ambiva a diventare ministro della giustizia e si recò da Craxi proponendosi in quanto democristiano e perciò meno di me coinvolto e più di me in grado di contenere l'assalto di Mani Pulite alla roccaforte socialista di Milano. In parallelo qualche serpente di sala stampa ha architettato il piano velenoso di una mia durissima dichiarazione contro i magistrati di Milano con una fake news riportata dall'ANSA – e prontamente intercettata da Tonino Bettanini, mio capo ufficio-stampa – che mira a far apparire *inopportuna* la mia conferma a ministro della Giustizia. Reagisco, resisto, e il 28 giugno sono confermato ministro della Giustizia. Ho un chiodo in testa: catturare Riina e vendicare Falcone.

Intanto avanza la storia parallela di Mani Pulite e l'affermarsi di una giustizia mediatica che spettacolarizza i propri colpi. Ricompaiono le manette e i mostri sulle prime pagine dei giornali. Mi ribello, e il 4 luglio – per dire basta alla giustizia-spettacolo – scrivo una lettera di contestazione formale degli abusi ai procuratori generali, ai presidenti delle Corti d'Appello, al ministro dell'Interno, al capo della Polizia, ai comandanti generali dell'Arma dei Carabinieri e della Guardia di Finanza. Rocco Buttiglione preoccupato del bon ton di un ministro della Giustizia, polemizza con me e tifa per le "manette- show". Replico senza infierire.

Finalmente la Corte Costituzionale mi dà ragione nel conflitto che mi opponeva al CSM sulla questione del *concerto*: "Spetta al ministro della Giustizia non dar corso alle delibere del CSM di conferimento degli uffici direttivi, quando, da parte della Commissione competente del CSM, sia mancata un'adeguata attività di concertazione, ispirata al principio di leale cooperazione ai fini della formulazione della proposta."

Poi un nuovo decreto-legge il 13 luglio sull'incremento dell'organico della polizia penitenziaria e il trattamento di persone detenute affette da HIV. Il 20 novembre con un decreto interministeriale definiremo "incompatibile con lo stato di detenzione" la condizione delle persone con infezione da HIV.

C'è anche qualche schiarita nei rapporti con la magistratura di territorio: Salvatore Celesti, procuratore della repubblica di Caltanissetta esprime "il più vivo apprezzamento per l'azione di contrasto tenace e determinata intrapresa da Martelli" e, il 16 luglio, i procuratori delle 26 Procure distrettuali antimafia mi invitano a non cedere e "a sostenere con la massima forza e il massimo rigore" il decreto-legge dell'8 giugno. Apprezzamento e sostegni graditi mentre in Parlamento continuano i tentativi di paralizzare il cammino di conversione in legge del decreto Falcone e nel CSM sono quotidiane le prese di posizione che vorrebbero forzarmi a dare il mio *concerto* alla nomina a Procuratore nazionale antimafia di Agostino Cordova che da quando è candidato, si è convertito alla bontà della nuova istituzione che fino al giorno prima contestava. Non credo al pentimento interessato e continuo a bloccare la nomina. A quel posto doveva andare Falcone, l'hanno massacrato, voglio che ci sia Borsellino ma non ne faccio parola per non esporlo. Lo farà invece Scotti e me ne lamenterò con lui.

La polemica sulle manette-show ha una coda nella lettera indirizzata da 22 consiglieri del CSM al presidente Scalfaro per censurare le mie prese di posizione contro la giustizia-spettacolo. Rincaro la dose intervenendo al dibattito organizzato dalla Lega dei Giornalisti su “L’informazione tra manette e sequestri”, il 17 luglio. Il giorno dopo il presidente Scalfaro dichiara la lettera del CSM irricevibile e il vicepresidente del CSM Giovanni Galloni chiosa una paludata ritirata dichiarando che essa, la lettera, non contrasta con il richiamo del ministro.

Dall'agenda del ministro: via D'Amelio

Il 19 luglio è via D'Amelio, è Borsellino. Un altro magistrato massacrato, il migliore in campo dopo la morte di Falcone, e la giustizia ancora una volta squarciata da Cosa Nostra. Volo a Palermo con il neoministro degli Interni Nicola Mancino. Presiedo a tarda sera una riunione in prefettura, a Villa Whitaker. Alzo la voce e inveisco come mai mi è successo in una riunione istituzionale. Sono furioso, sono come si dice "fuori dalla grazia di Dio". Che hanno fatto tutte quelle autorità civili con la loro superbia? Tutti quei pennacchi, tutte quelle divise coperte di medaglie a cosa sono serviti?

"Il dottor Borsellino, esimio magistrato del tribunale di Palermo, è stato ucciso con i 5 uomini della sua scorta proprio nel posto dove era solito andare a trovare sua mamma e dove da un paio di giorni stazionava una macchina imbottita di tritolo. Questa sarebbe la vigilanza più stretta che vi era stata raccomandata? Non ci sono scuse, non ci sono giustificazioni. Se non è qualcosa di peggio, di molto peggio, questa è la prova di un'incuria irresponsabile, delittuosa. Mi aspetto le vostre dimissioni." Vola e rimbalza sul lungo tavolo della riunione quel che avevo in mano, il mio pacchetto di sigarette. Le dimissioni arriveranno. Per prime quelle del prefetto e del procuratore della Repubblica. Ma non è detto che fossero i più responsabili.

Durante la notte, sul cofano della macchina che mi ha portato fin sotto la scaletta dell'aereo su cui sto per imbarcarmi a Punta Raisi, firmo i primi 400 decreti che impongono il 41 bis ad altrettanti mafiosi da trasferire all'Asinara e a Pianosa. Con Salvo Andò, neoministro della Difesa, decidiamo che l'esercito presidierà tutti i luoghi sensibili di Palermo affinché carabinieri e polizia possano concentrare le loro energie nella caccia ai latitanti. È l'operazione "Vespri Siciliani".

Chiedo a Giuliano Amato che il governo inoltri a Giorgio Napolitano e a Giovanni Spadolini presidenti delle due Camere la richiesta di convocare il Parlamento in seduta straordinaria per approvare il decreto antimafia. La richiesta sarà accolta.

Scrivo al presidente dell'Unione delle Camere Penali e al presidente del Consiglio Nazionale Forense l'annunciato sciopero degli avvocati. Accettano.

Poi il 22 luglio è polemica col comandante dei carabinieri e con Bruno Vespa che mostra in TV le riprese aeree del carcere di Pianosa girate da una troupe del TG1 da un elicottero dell'Arma dei Carabinieri. A Pianosa abbiamo appena instaurato il 41 bis, c'è totale divieto di accesso, e la TV di Stato con i carabinieri lo mostra *urbi et orbi*!

Il 23 luglio sono al Senato. Il "Corriere" il giorno dopo riprende nel titolo il mio grido: "La mafia deve inginocchiarsi". Il 27 luglio l'ANM dopo un anno e mezzo di violente polemiche e due stragi apocalittiche mi offre piena collaborazione.

Riprendo il filo di una cooperazione giudiziaria internazionale contro il crimine incontrando Michel Vauzelle, neoministro della Giustizia francese. Lo rivedrò il 10 novembre, a Parigi, nell'ambito dei colloqui del 13mo vertice italo-francese. Decidiamo che dal 1° gennaio 1993 un magistrato francese sarà distaccato a Roma con funzioni di collegamento per la lotta antimafia e le rogatorie internazionali.

Il 4 agosto la Camera vota il Decreto Falcone; il 6, il Senato.

Il 13 agosto nomino Liliana Ferraro a succedere a Falcone alla Direzione degli Affari Penali. Giovanni memore delle grandi capacità mostrate quando era riuscita a far costruire a Palermo in pochi mesi l'aula bunker del maxi processo da subito aveva voluto Liliana accanto a sé come vice.

Il 29 agosto a Washington incontro il ministro della Giustizia William Barr e William Sessions, direttore dell'FBI. Rinnovano le condoglianze e il tributo a Falcone e sono prodighi di congratulazioni per il decreto dell'8 giugno diventato legge parlando di *enhanced cooperation* tra Italia e USA contro le mafie.

Il 1° settembre ancora un decreto-legge per definire "Interventi urgenti per la ristrutturazione di istituti penitenziari di particolare sicurezza e per il relativo personale". Mai come ora la sicurezza nelle carceri è diventata una questione strategica.

Contro la mafia? No, contro i politici

Sì, come titolano i giornali, "Mani pulite avanza". I parlamentari inquisiti sono più di 100 (diventeranno più di 400) e con loro più numerosi sono i funzionari e gli imprenditori. A luglio Gabriele Cagliari, presidente dell'ENI, detenuto a San Vittore da Di Pietro per quattro mesi sta per essere scarcerato. I termini della custodia cautelare sono scaduti. All'ultima ora le porte della prigione si richiudono: un collega di Di Pietro gli ha inoltrato un nuovo mandato d'arresto. Cagliari non accetta il prolungamento della tortura, non accetta l'ultimo sopruso, non accetta di essere trattato come un cane. Scrive ai suoi cari una lettera che trasuda verità, sofferenza estrema e dignità, poi nel gabinetto del carcere si avvolge un sacchetto di plastica sulla testa e si dà la morte. Pochi giorni dopo Raul Gardini braccato da Di Pietro viene a Milano per farsi interrogare. "Troppo tardi," replica Di Pietro ai suoi avvocati che vorrebbero evitare l'arresto. Gardini si chiude nella sua stanza di Palazzo Belgioioso e forse pensa al gesto di Cagliari. Su un biglietto scrive "Grazie" e si spara un colpo in testa.

Un mese dopo, il 3 settembre, a Brescia rendo omaggio alla salma di Sergio Moroni, amico e compagno di tante battaglie politiche che non ha retto al linciaggio dei giornali e delle TV che con le indiscrezioni fatte filtrare dal pool disegnano di lui un ritratto spregevole. "Ho dedicato la mia vita alla politica del socialismo. Da segretario regionale della Lombardia ho provveduto anche al finanziamento del partito: posso aver commesso degli errori, ma non ho mai intascato una lira. Questo modo di amministrare la giustizia non lo accetto." Giorgio Napolitano legge in aula la sua lettera di commiato, lucida e straziante. Per un momento la rovina della Repubblica lungo la china violenta in cui sta precipitando sembra arrestarsi. Ma è solo un momento. Il giorno dopo dal pool di Mani Pulite esce questo commento: "Si suicidano per la vergogna, non per colpa nostra."

Con che cuore, con che testa, con che faccia!

Le uniche notizie positive sono quelle sul *settembre nero* della criminalità organizzata: gli arresti di Domenico Libri e Saro Mammoliti ('ndrangheta), Francesco Madonia (Cosa Nostra), Carmine Alfieri (camorra), Lorenzo Greco (Sacra Corona Unita) e i fratelli Cuntrera (Cosa Nostra), espulsi dal Venezuela. È l'inizio di un'azione travolgente che in pochi mesi porterà a catturare la gran parte dei latitanti di Cosa Nostra.

Il 7 ottobre sono di nuovo a Palermo per incontrare i magistrati degli uffici giudiziari di Palermo e Caltanissetta. Con me c'è anche Giuseppe Di Gennaro, nominato Superprocuratore Reggente in attesa del nuovo concorso per la nomina del Procuratore nazionale antimafia che sono finalmente riuscito a far indire dal CSM.

Intanto sono già 55 i pentiti di mafia che hanno deciso di collaborare con lo Stato dall'entrata in vigore del decreto anticrimine del giugno scorso. Diventeranno quasi 1000. In meno di un anno.

"La tenaglia sta funzionando," commento con i magistrati che lavorano con me. Sanno che con quella parola alludo ai perni della strategia antimafia: la cattura dei latitanti, le garanzie di protezione per chi passa dalla parte dello Stato, il 41 bis per chi anche arrestato continua a "mafiare".

Intervistato da "Le Monde" osservo:

Fino a poco tempo fa la lotta al crimine organizzato era condotta da uno Stato totalmente anarchico: ogni pubblico ministero faceva quello che voleva, o non faceva niente. C'erano certo persone isolate e coraggiose fino a rischiare la vita, ma in generale regnava una sorta di coabitazione passiva con la mafia... Ma quel che ora è nuovo è che di fronte all'evidenza di un forte impegno di lotta da parte del governo e del Parlamento, 70

> *magistrati, tra i più preparati e determinati del paese, si sono proposti spontaneamente per lavorare al Sud.* ["Le Monde", 20 ottobre 1992, "*Un entretien avec M. Claudio Martelli*"]

L'impegno antimafia ha i suoi appuntamenti istituzionali come l'audizione in Bicamerale, il 13 ottobre, perché sia prorogata di un anno la delega al governo per la modifica del Codice di Procedura Penale; il 21 ottobre l'incontro con il Sindacato della Polizia Penitenziaria SAPPE, con Nicolò Amato per una prossima emanazione dei decreti delegati attuativi della riforma. Do il *concerto* al CSM per la nomina a Procuratore nazionale antimafia di Bruno Siclari; infine il 4 novembre il decreto di nomina.

Gli ultimi giorni di ottobre sono nuovamente in USA. A Los Angeles su invito della comunità ebraica che celebra la doverosa ricostruzione dei nomi di tutte le vittime italiane della Shoah. Poi a New York per promuovere in sede ONU l'iniziativa di un tribunale penale internazionale competente per i delitti contro la pace e l'umanità.

Il 17 novembre visito all'ospedale San Giovanni di Roma Zuhir, un ragazzo palestinese, un giovanissimo eroe di pace, picchiato da qualche teppistello italiano perché difendeva gli ebrei.

Il 20 novembre si svolge su mia proposta un vertice al Viminale con il ministro Mancino. Oggetto dell'incontro: monitoraggio e valutazione delle attività svolte in tema di criminalità organizzata. Propongo una nuova normativa antiracket più coraggiosa e innovativa di quella vigente, e Mancino concorda pienamente.

Il 24 l'Università La Sapienza intitola a Falcone e Borsellino l'aula 1 della facoltà di Giurisprudenza. Mi accompagna Liliana Ferraro, presente il figlio di Paolo Borsellino, Manfredi.

Il 15 gennaio 1993 è il giorno della cattura di Totò Riina dopo 25 anni di latitanza.

Il pentito Balduccio Di Maggio ha deciso di collaborare coi carabinieri della territoriale del Piemonte, dov'è in custodia, e poi di rivelare al ROS il covo della latitanza di Riina: una villetta con palme nel centro di Palermo. Una squadra speciale dei carabinieri del ROS, al comando del leggendario Capitano Ultimo, dopo gli appostamenti arresta il capo dei capi mentre, in una macchina con autista, sta percorrendo una strada vicina al suo nascondiglio.

In pochi mesi, il governo italiano non solo resse all'urto terroristico ma, vincendo le resistenze dei dubbiosi, dei garantisti di giornata e di quelli seri in encomiabile servizio permanente, riuscì a spezzare l'assedio mafioso, a sgominare la cosca corleonese, a imprigionare centinaia di boss e di gregari latitanti da decenni compreso, e non per ultimo, il capo dei capi Totò Riina, rendendo Palermo e la Sicilia più vivibili.

Il 19 gennaio, sempre d'intesa con Andò, ministro della Difesa, chiedo e ottengo che l'esercito presidi anche la Calabria.

Il 10 febbraio, avvertito dal procuratore-capo Borrelli che mi verrà consegnato un avviso di garanzia, chiedo di deporre subito ma Borrelli mi risponde: "Ormai la procedura è avviata."

Il mattino dopo mi dimetto da ministro di Grazia e Giustizia.

Quarta parte

Interpretazioni divergenti

Trent'anni di celebrazioni

Sono passati trent'anni e da trent'anni la ricorrenza dell'eccidio del giudice Falcone, della moglie Francesca Morvillo e della scorta è oggetto in tutta Italia di solenni celebrazioni. A Palermo, ogni 23 maggio, Maria Falcone sorella del giudice che da me ha ereditato la presidenza della Fondazione omonima, organizza un megaevento per un vasto pubblico raccolto nell'aula bunker del tribunale dove il fratello Giovanni celebrò il maxiprocesso a Cosa Nostra. Ai palermitani e ai tanti ospiti si aggiungono centinaia di studenti di scuole ogni volta diverse, trasportati dalla "Nave della Legalità" che li sbarca a Palermo dove assistono agli eventi in programma. Indubbiamente un'iniziativa buona e giusta. Sarebbe ancora migliore, per i giovani e per tutti, se la cosiddetta "cultura della legalità" fosse accompagnata da qualche riflessione sulla giustizia, sulla differenza, che Falcone conosceva bene, tra legalità e giustizia, smarrendo la quale si genera una terribile confusione che eleva a ideali perenni le leggi vigenti che invece sono contingenti e sempre perfettibili alla luce dell'esperienza e, appunto, degli ideali di giustizia.

Viceversa, sotto le insegne dell'indeterminata "cultura della legalità" e in un contesto reso festoso dalla presenza di centinaia di ragazzi, di artisti che suonano e cantano, di varie personalità che dicono la loro, può succedere – ed è successo – che la verità terrena, laica, aspra e dura di Giovanni Falcone, "venuto a portare non la pace ma la spada", tramuti e trascenda in qualcosa di diverso, a volte nel mito di un santo, vittima sacrificale di empi infedeli o in quella di uno sceriffo con la stella lucente sul petto, ucciso dai cattivi mafiosi con la maschera sul volto. Fare di una storia epica e tragica una narrazione edificante con al centro un'immagine aureolata di virtù, esporla alla venerazione collettiva in comunione morale anche con quei colleghi che gli resero la vita ancora più amara di quanto dovesse aspettarsi chi aveva scelto come professione quella di combattere la mafia, non serve la verità, non rende giustizia a Falcone, non educa i giovani a capire una storia drammatica.

Quella che io conosco probabilmente non è tutta la storia, ma comunque è più complicata, più aspra e urticante della rappresentazione che se ne fa nei format televisivi.

Per intenderla suggerirei di cominciare dalla lettura di *Cose di Cosa Nostra* e di riflettere sulle parole di Paolo Borsellino come ho cercato di fare.

Il libro che Marcelle Padovani diede alle stampe nel 1991 non è un libro *su* Falcone – come i tanti, di diseguale valore, pubblicati all'indomani del suo eccidio – ma, insieme alla raccolta dei suoi scritti, è l'unico libro *di* Falcone. Sintesi di settimane di colloqui, è il solo libro dettato e rivisto dallo stesso Falcone che corresse e integrò di suo pugno il manoscritto redatto in francese dall'autrice. L'autrice è stata così gentile da prestarmelo per qualche settimana e per me è stato un'emozionante fonte di ispirazione. Già in occasione del ventennale della morte, nella prefazione del 2012 alla nuova edizione di *Cose di Cosa Nostra*, la bravissima giornalista e scrittrice coglieva con grazia acuminata la radicale diversità del contesto – diciamo così culturale – del 2011 rispetto al 1991:

> *Oggi la situazione si è totalmente rovesciata. I magistrati in lotta contro il crimine organizzato non sono isolati come ai tempi di Falcone: anzi, sono sovente supermediatizzati, essi stessi materia (e autori) di decine e decine di pubblicazioni. Si può intuire che abbiano voluto, con la loro scelta di sovraesposizione nei media, "vendicarsi" dei vari tentativi di delegittimazione inflitti loro dalla politica. Ma si potrebbe avvertire dell'altro: una specie di voglia irreprimibile di raccontare quanto sia difficile, costoso e, probabilmente, disumano, per esempio, vivere sotto scorta. E un desiderio incontrollabile di narrare subito, entro l'anno che segue un loro processo di mafia, quanto sia successo "dietro le quinte". O quanto fu affascinante l'incontro con qual-*

che celebre "pentito"... Si ha l'impressione malinconica che sia nata una categoria inedita, trasversale e diffusa, di "protagonisti dell'Antimafia", fatta di combattenti ed ex combattenti di varie estrazioni e credibilità, che con la loro autorappresentazione sacrificale, a volte anche redditizia economicamente, finiscono per lanciare sul mercato una caricatura impoverita di quello che fu l'impegno disumano, totale e totalmente disinteressato, di Giovanni Falcone. Falcone che le Antimafia confinate nei mass-media non le avrebbe gradite. Neanche vent'anni fa.

Da allora sono passati altri dieci anni, ma le parole di Marcelle Padovani restano attuali e mordono ancora. Le nuove stelle del firmamento giudiziario, i "supermediatizzati magistrati antimafia" dei tempi recenti sembrano sempre di più – complice la perdita di credibilità della magistratura – "caricature impoverite di quello che fu l'impegno disumano, totale e totalmente disinteressato, di Giovanni Falcone". Si potrebbe riferirle anche a coloro che in quei tempi lontani furono colleghi di Falcone e che, rimosse o sbianchettate le accuse, le denigrazioni, le calunnie che gli rovesciarono addosso quand'era vivo, senza un'ammenda, senza pentimenti né autocritiche si esibiscono in prima fila a celebrare Falcone morto insieme a ignari ragazzi, ai parenti, ai pochi amici che non lo abbandonarono. Rivederli, in pensione o in attività, sempre pretenziosi, corazzati nella loro arroganza, osservarli mentre ciarlieri e disinvolti si felicitano tra di loro, dispensano battute, si professano allievi ed eredi di Falcone morto dopo aver screditato Falcone vivo fa un brutto effetto, fa male. Ma, ecco, come in una commedia tutt'altro che divina, apparire gli ignavi, "gli eroi dell'antimafia parlata", li chiamava Falcone, "quelli che anziché lavorare affollano i corridoi e stazionano nelle anticamere dei palazzi di giustizia". Spensierati si pavoneggiano di battaglie che non hanno combattuto, di scelte che non hanno capito, di decisioni che non hanno preso e che all'occorrenza eviterebbero per convenienza, per quieto vivere, perché sono fatti così. Elogiano il metodo Falcone e siccome loro quel metodo manco lo conoscono nemmeno si dovrebbe dire che lo tradiscono: semplicemente ignorano di quanta fatica fosse impastato, di quali rigorose procedure, di quanto rispetto del diritto e cautele e scrupoli si componesse l'architettura delle sue indagini e delle sue istruttorie. Non parlino a vanvera, sappiano però di contraddire quel metodo tutte le volte che scansano la fatica di un interrogatorio, la ricerca di un riscontro, l'esame di un bilancio, il rischio di un confronto. Tutte le volte che non rispettano i diritti degli imputati tenendo nascosti i capi d'accusa, tutte le volte che informandone prima i media inviano un avviso di garanzia non necessario per farsi amico un giornalista che restituirà il favore con un elogio o anche solo una citazione; sappiano che lo stanno tradendo tutte le volte che richiedono misure cautelari non necessarie o imbastiscono un processo su basi così fragili da non passare il primo vaglio di un giudice, tutte le volte che entrano in intimità con un mafioso e negoziano i contenuti delle sue confessioni facendo balenare benefici e sconti di pena; tutte le volte che rivelano segreti d'ufficio cercando l'applauso di un'informazione parassitaria e tendenziosa, avvelenata e intossicante. Tutto ciò accade di continuo, e ogni volta che fanno al contrario di come faceva Falcone i presunti allievi tradiscono i maestri e i presunti eredi tradiscono i padri. "Il sospetto è l'anticamera della verità", predicava padre Pintacuda, piccolo volubile Torquemada mentore di Orlando Cascio fin quando deluso transitò a Forza Italia. "Il sospetto", sbatté in faccia Falcone agli inquisitori del CSM, "è l'anticamera del khomeinismo." (Solo per chi non lo sapesse: il khomeinismo è il fanatico costume della teocrazia iraniana che con la violenza impone al malcapitato di dire solo ciò che essa vuole sentire e osa definire verità questa offesa a Dio, questa indecenza, questo sconcio.)

Mentre andavano confondendosi i contrastanti profili e le diverse intenzioni e responsabilità degli amici, dei nemici e degli ignavi, anno dopo anno, pezzo dopo pezzo, sulla storia reale si è venuta depositando e poi sostituendo un'altra storia intessuta di sospetti, di insinuazioni, di allusioni, di mezze verità e di menzogne intere. Epitomi di questa storia virtuale sono stati i depistati e depistanti processi per la strage di Borsellino e già prima le indagini fasulle, i veri insabbiamenti e le inconcludenti istruttorie con cui furono occultati o scagionati i responsabili, non si sa più se veri o presunti, dell'attentato dell'Addaura e dell'assassinio del procuratore Antonino Scopelliti che stava scrivendo l'atto d'accusa per il giudizio della Cassazione sul maxiprocesso.

Le indagini e i processi sul massacro di Borsellino e della sua scorta sono un caso macroscopico di malagiustizia che non lascia scampo a sottovalutazioni e indulgenze.

A partire dal settembre del 1992 e per i successivi sedici anni Vincenzo Scarantino, un marginale, un balordo, un invisibile è stato ingiustamente detenuto in varie carceri, compresa la deportazione a Pianosa, sottoposto a maltrattamenti e violenze. All'inizio, per costringerlo ad autoaccusarsi dell'attentato, poi, quando in una clamorosa intervista televisiva trovò la forza di ritrattare e di accusare poliziotti e magistrati che l'avevano indotto a mentire, gli stessi colpevoli poliziotti e magistrati e/o i loro complici per chiudergli la bocca e seppellirlo in galera lo accusarono di calunnia per delegittimarlo e aggravare la pena. Qui non si tratta più di un'abissale incuria e incompetenza – che certo non sono mancate –, qui ci sono tutti gli elementi per sostenere ben altri accertamenti e ben altre accuse. L'avvocato della famiglia Borsellino, Fabio Trizzino, marito di Lucia, figlia del magistrato, commentando la sentenza della Cassazione all'ultimo processo – detto "Borsellino quater" – ha osato dire ciò che fino a ieri era inosabile e indicibile: "In questi trenta anni le indagini e i processi hanno guardato ovunque: nella politica, nelle forze dell'ordine. Ma non si è guardato all'interno della magistratura, unico ambito istituzionale tralasciato." ["Huffington Post", 6 ottobre 2021]

La mafia ha vinto o non ha vinto?

La mafia non ha vinto di Giovanni Fiandaca e Salvatore Lupo (2014, sottotitolo "Il labirinto della trattativa") è stato scritto in replica al libro di Saverio Lodato intitolato *La mafia ha vinto* (2007), lunga, prolissa intervista con Tommaso Buscetta. I titoli che gli autori hanno scelto per le loro contrapposte versioni della stessa storia appartengono alla categoria delle supersemplificazioni che per loro natura risultano quasi sempre fuorvianti. Nel caso in esame proprio perché si contrappone in modo frontale alla tesi giornalistica di Lodato, il libro di Fiandaca e di Lupo ne accoglie la premessa e ne condivide i limiti. La premessa e i limiti consistono nella pretesa di derivare un giudizio di portata storica generale – se la mafia abbia vinto o non vinto – dall'esame di una particolare, circoscritta e controversa vicenda storica, quella della cosiddetta trattativa tra Stato e mafia. E questo è il motivo per cui ritengo l'intera discussione fuorviante. A scanso di equivoci dichiaro subito che sono arciconvinto che Fiandaca abbia ragione a smontare pezzo dopo pezzo l'impianto giuridico dell'accusa e il suo traballante fondamento probatorio. Viceversa penso che la ricostruzione storica argomentata da Salvatore Lupo sia lacunosa e, a tratti, tendenziosa o apologetica.

Ma cominciamo dal libro contestato, quello di Saverio Lodato pubblicato nel 2007. Cominciamo e finiamo subito. Quello di Lodato si presenta come un'intervista storica sulla vita di Tommaso Buscetta, sennonché più ci si inoltra nella lettura più l'intervistatore scompare e l'intervistato si abbandona al piacere narcisistico di raccontare la sua vita spericolata consegnandosi a un flusso di coscienza che fa di Buscetta una Molly Bloom che si redime nella giustizia pur non rinnegando il suo passato, tutto il suo passato. Perplessità. Tra le molte vicende, riflessioni, aneddoti, asserzioni che Lodato registra con adorante gratitudine ricorre anche quella secondo cui la mafia ha vinto. Attenzione, però, quella che qui viene evocata ma non descritta non è la mafia come comunemente la si intende e come centinaia di processi e milioni di pagine l'hanno raccontata. È piuttosto un indeterminato grossissimo inguacchio di poteri dal quale Buscetta e Lodato estraggono per enfatizzarlo il ruolo e il peso di un *compound* fatto di politica e istituzioni, economia e finanza massonica. Più che la mafia/SPECTRE ridicolizzata da Falcone l'idea di mafia che ne vien fuori è quella dell'*establishment* o della sua faccia nascosta e malefica. Messa in questi termini e in assenza di qualche connotazione meno vaga risulta impossibile sia accettare che negare la tesi annunciata nel titolo, e cioè che un simile inafferrabile organismo abbia vinto. In fondo potrebbe anche darsi – chi lo può dire –, ma anche no, e francamente si stenta a capire che differenza faccia.

Quali sono invece i motivi di dissenso dalla ricostruzione di Salvatore Lupo? Comincio dalle omissioni di circostanze significative – suppongo per difetto di documentazione e non certo per malafede – e da alcuni errori di datazione – un po' sorprendenti da parte di uno storico di tanta esperienza e che ha avuto meriti indubbi nell'aver illuminato tanta parte della storia della mafia siciliana.

Pochi giorni dopo le mie dimissioni si riunì il Comitato per l'Ordine e la Sicurezza che era stato convocato per un aggiornamento tra le rispettive amministrazioni sull'andamento delle azioni di contrasto alla criminalità organizzata. Alla riunione partecipano, come al solito, il neonominato ministro della Giustizia Giovanni Conso e Nicolò Amato, direttore del dipartimento dell'Amministrazione Penitenziaria (DAP); Nicola Mancino e il capo della polizia Vincenzo Parisi per il ministero degli Interni e, con loro, i vertici dell'Arma, quelli dei Servizi, della DNA, della DIA e altri dirigenti delle due amministrazioni. In seguito si apprenderà che il vero tema dibattuto nella riunione è stato il 41 bis. Nel corso della discussione Nicolò Amato ricorda di aver già proposto di tornare alla vecchia formulazione del 41 bis, estesa però a tutti i 5.000 detenuti per mafia ma applicandola solo ad alcune carceri (o loro sezioni) anziché, come prevede la legge in vigore dall'8 giugno dell'anno precedente, ai detenuti più pericolosi. Gli viene obiettato che per una simile riforma della riforma si sarebbe dovuti passare da un voto del Parlamento. Il ministro degli Interni si fa interprete, presumo a titolo di esempio, delle doglianze del territorio campano e delle famiglie di detenuti – camorristi non pericolosi – che sarebbero stati ascritti ingiustamente al 41 bis e anche trasferiti nelle carceri di Pianosa. Il capo della polizia Parisi suggerisce di attenuare le rigide restrizioni previste dal 41 bis per allentare la pressione nelle carceri. Dagli interrogatori della magistratura e dai resoconti delle audizioni volute dalla Commissione parlamentare antimafia non risulta che qualcuno abbia preso la parola per dire: "Il 41 bis sta dimostrando di servire agli scopi per cui è stato pensato e adottato: recide i contatti tra i boss detenuti e i rischi che comunichino con l'organizzazione. La legge prevede che sia temporaneo, deve durare due anni e sono passati appena sette mesi. Non è il momento di discuterlo: piantiamola di parlare di cambiamenti che possono suscitare effetti indesiderati imprevedibili."

Viceversa, si fece strada la convinzione che, in un modo o nell'altro, il 41 bis andasse revocato in tutto o in parte e si diffusero le voci su imminenti cambiamenti, a cominciare da quello del direttore del DAP, Nicolò Amato, perché la lunga permanenza al vertice ne aveva fatto "il dittatore delle carceri". Che Amato fosse un capo autorevole è vero, che fosse troppo rigido è falso. Al contrario, la sua fama rimane legata all'introduzione nelle carceri della legge Gozzini, un regime più umano e mite caratterizzato dalle concessioni di libertà vigilate e dall'opportunità di ricorrere a pene alternative.

Qui si inserisce la vicenda dei capi-cappellani delle carceri, don Murioni – amico di lunga data di Scalfaro – e don Fabbri, che di Murioni è il vice. È stato don Fabbri a raccontare in due interviste (a "Panorama" e al "Foglio" maggio e agosto 2012) il colloquio che ebbero con Scalfaro nella primavera del 1993 e che qui riassumo:

"Appena ci fummo accomodati nel suo studio privato Scalfaro pose subito il problema: 'Il tempo di Amato è finito,' disse, 'aiutate voi Conso a trovare il sostituto. Io ho tre nomi qui nel cassetto ma non vanno bene.'"

L'intervistatore chiede se Scalfaro parlò del 41 bis e don Fabbri risponde: "No, però si mise a urlare: 'Amato è troppo esuberante, troppo protagonista, una primadonna!'"

Don Fabbri sente il bisogno di precisare: "Noi con Amato avevamo lavorato benissimo, ma visto che Scalfaro non lo voleva e anche Conso voleva sostituirlo, ci venne in mente il nome di Capriotti, un magistrato di Trento che aveva avuto qualche esperienza di carceri, non era del tutto convinto del 41 bis ed era cattolico, il che non guasta.

Insomma ci sembrava proprio la persona giusta in quel momento."

La stagione dei cambiamenti comincia il 15 maggio, quando il 41 bis viene revocato a 140 detenuti che vi erano stati ascritti senza valide, cioè giustificate, ragioni. La revoca è firmata dal vice di Amato, Edoardo Fazioli, probabilmente su delega del primo ormai in procinto di lasciare, e ha lo scopo di rimediare a degli errori materiali commessi nella redazione dei primi elenchi.

Poi, ai primi di giugno, arriva il nuovo capo del DAP, Adalberto Capriotti e subito, con una circolare "eccezionalmente secretata", propone al ministro le stesse tre diverse soluzioni prospettate in quella riunione del Comitato per l'Ordine Democratico che ho ricordato all'inizio di questo capitolo. Le tre ipotesi sono queste: 1. Non rinnovare i 41 bis in scadenza a tutti o a parte dei detenuti; 2. Mantenerlo ma in una forma attenuata; 3. Applicarlo non ai singoli detenuti, ma a specifiche carceri o sezioni di esse.

La circolare secretata di Capriotti fu resa nota parecchi anni dopo nel corso della testimonianza resa in aula, a Palermo, dal magistrato Sebastiano Ardita che da direttore del DAP in anni successivi ebbe accesso alle carte. In un suo successivo libro (*Ricatto allo Stato*, 2011) Ardita chiarisce che la decisione ottobrina di non prorogare il 41 bis a 350 detenuti non fu una decisione solitaria di Giovanni Conso. Già sei mesi prima della loro scadenza (prevista a ottobre)

– dunque nel mese di aprile – si stabilì che non sarebbero stati rinnovati. Attenzione alle date: se già ad aprile si era deciso di non rinnovare tutti i decreti in scadenza a ottobre (quelli che io avevo firmato sul cofano della macchina) significa che la discussione su come e su cosa cambiare del 41 bis era cominciata ben prima – a occhio e croce proprio nella riunione del Comitato convocata subito dopo le mie dimissioni che apre le danze sul 41 bis.

È il caso di sottolineare che abrogare o attenuare il 41 bis era la speranza e la richiesta di tutti i mafiosi che vi erano sottoposti, senza distinzioni tra gli irriducibili e quelli orientati a collaborare. Dall'applicazione o non applicazione di quel regime dipendeva la qualità della loro esistenza in carcere e, nel caso dei boss, il loro residuo potere, cioè la loro possibilità di restare, anche da detenuti, capi rispettati e influenti e, quindi, di poter continuare a impartire ordini nel carcere e dal carcere.

Questo interesse era condiviso anche da un detenuto speciale, Totò Riina, al 41 bis dal giorno della cattura.

Ebbene, come avrà vissuto Riina questa fase di aperture del governo e il trambusto di voci, di annunci, di modifiche e le prime timide revoche del 41 bis? Sarà rimasto in placida attesa o, come un capo prigioniero, avrà cercato di influenzare il corso degli eventi, di piegarlo come poteva ai suoi scopi? E quali ordini avrà cercato di trasmettere ai suoi luogotenenti ancora in libertà? Il suo interesse personale a ipotesi di revoca del 41 bis era pari a zero perché a lui, condannato a 26 ergastoli, il carcere duro non sarebbe stato revocato mai. Viceversa, non poteva non essere interessato, lui come gli altri boss detenuti, a attenuazioni del duro regime di isolamento. Del resto la richiesta di attenuare il regime di isolamento che aveva ridotto non solo le possibilità di rapporti tra detenuti ma anche i colloqui con i famigliari e con gli avvocati diverrà la costante, esplicita, pressante richiesta dei suoi fedelissimi – Leoluca Bagarella e i fratelli Graviano – da quando anch'essi cominceranno a scontare l'ergastolo da carcerati in isolamento. Interessante anche la circostanza che costoro abbiano ripetutamente protestato per le "promesse non mantenute" di attenuazioni del duro regime cui erano sottoposti, e non mi sembra affatto da escludere che qualche assicurazione, in momenti diversi, l'abbiano ricevuta.

Magari da un cappellano.

Siccome la grande giustificazione dei protagonisti della svolta sul 41 bis e anche di tutti coloro, Salvatore Lupo incluso, che l'hanno accolta difendendo le scelte di Conso e di Scalfaro (ma anche di altri) era che le mancate revoche avessero lo scopo di evitare nuove stragi è bene – anzi, è necessario – chiarire anche questo aspetto.

La trattativa e le stragi in Continente

Dal giorno in cui (26 luglio '92) fu introdotto a quello in cui il 41 bis comincia a essere revocato (15 aprile '93) passano nove mesi. Nove mesi senza ombra di stragi. L'ultima strage è rimasta quella di Paolo Borsellino che ebbe l'effetto di provocare la definitiva conversione in legge del decreto che conteneva il 41 bis. Quei nove mesi sono quelli della caccia grossa ai latitanti mafiosi praticata all'unisono da tutte le forze di polizia che possono dedicarsi a tempo pieno alla missione perché gli abituali, assorbenti compiti di sorveglianza statica li sta assolvendo l'esercito a questo scopo schierato dal governo in Sicilia e in Calabria. Sarà al culmine di quell'azione corale che gli uomini del ROS arresteranno il capo dei capi, Riina. Gli stessi nove mesi sono quelli del pieno dispiegamento del 41 bis nelle carceri che ha come effetto collaterale quello di spingere un gran numero di arrestati a lasciare l'organizzazione mafiosa e a collaborare con lo Stato nelle indagini e nella repressione di delitti passati come nella prevenzione di nuove minacce.

In quei nove mesi la mafia è alle corde e non fa stragi.

Viceversa, vediamo cosa succede da quando i vertici dello Stato presi dalla smania di revocare o riformare il 41 bis, non fanno mistero dei loro propositi: ne parlano, li spendono, li annunciano in riunioni da cui filtrano gocciolando fino alle carceri brandelli di notizie.

Il primo attentato successivo alle prime blande revoche avviene il 14 maggio ed è diretto contro Maurizio Costanzo a Roma, in via Fauro, dietro il Teatro Parioli. Il popolare conduttore ne uscì salvo per miracolo o per caso perché all'ultimo momento l'autista decise di cambiare percorso.

Nemmeno due settimane dopo, nella notte tra il 26 e il 27 maggio, un'autobomba esplode a Firenze in via dei Georgofili, nei pressi della Galleria degli Uffizi, e questa volta nessun miracolo evita la strage di 5 innocenti e 48 feriti, il crollo della Torre dei Pulci e gravi danni al patrimonio artistico.

Il 21 di luglio un black-out colpisce Palazzo Chigi. Le linee telefoniche, dunque le possibilità di comunicazione del governo, sono paralizzate per alcune ore. Il presidente del consiglio, Carlo Azeglio Ciampi, conserverà un ricordo indelebile di quelle ore di angoscia e dell'assoluta incertezza su cosa fosse accaduto e stesse per accadere.

Il 27 luglio, a Milano, si compie un'altra strage che fa 5 vittime e 10 feriti. Anche questa volta, come a Firenze, due mesi prima, il bersaglio colpito dall'esplosione di un'autobomba è un luogo d'arte, il Padiglione di Arte Contemporanea di via Palestro. Anche qui oltre alle vittime umane si registrano notevoli danni al patrimonio artistico.

Il giorno dopo, il 28 luglio, due esplosioni innescate da autobombe colpiscono due chiese romane, San Giovanni in Laterano e San Giorgio in Velabro, provocando decine di feriti e danni alle facciate.

Si diffonde il panico. Si moltiplicano allarmi e interpretazioni. Chi cerca spiegazioni pensa di trovarle speculando sui bersagli: Palazzo Chigi, cioè il governo, le basiliche romane dunque la Chiesa, e i nomi? Chi sono Giovanni e Giorgio? I presidenti delle Camere Spadolini e Napolitano? Ma il patrimonio artistico perché? Qualcuno suppone che il segnale sia destinato a chi ha la responsabilità di proteggere quel patrimonio, dunque i carabinieri, dunque il generale Antonio Subranni, capo del ROS.

Una nota degli analisti della DIA ipotizza che il blackout a Palazzo Chigi miri a dissuadere il governo "dal mantenere per i boss un regime di perdurante durezza... I capi di Cosa Nostra hanno l'esigenza di riaffermare il proprio ruolo attraverso la progettazione e l'esecuzione di attentati in grado di indurre le istituzioni a una tacita trattativa".

È la prima volta che compare la parola "trattativa" per interpretare lo scopo di un attentato di Cosa Nostra. E "tacita" che vuol dire? Silenziosa? Coperta? Implicita? La definizione l'ha data un'istituzione dello Stato – la struttura di intelligence delle tre polizie creata da appena un anno. Da poco alla sua guida è stato nominato Gianni De Gennaro, storico alter ego di Falcone nella polizia. Stento a credere che il suo intento fosse quello di suggerire allo Stato di accettare la "tacita trattativa" con cui i capi di Cosa Nostra volevano "riaffermare il proprio ruolo". Ma allora perché evocare l'ipotesi che scopo degli attentati sia quello di "dissuadere il governo dal mantenere la perdurante durezza" del regime carcerario? Si direbbe una sollecitazione critica neanche tanto larvata. O, forse è una diagnosi fredda, oggettiva. Chissà se De Gennaro è stato interpellato, se ha spiegato la sua analisi, se ha suggerito di fare qualcosa. "La perdurante durezza": è questo quel che vogliono far finire? Ma esattamente cosa? Che non duri così tanto o che non sia così dura?

Perché questa recrudescenza mafiosa? Riina è in carcere, condannato a diversi ergastoli; sa che non uscirà più di galera e che a lui come agli altri capi ergastolani il 41 bis lo Stato non lo revocherà mai. In linea logica l'unica cosa che può interessarli è che il 41 bis sia abrogato per tutti o sia attenuato in maniera tale da renderlo più sopportabile.

Questa speranza non era campata per aria. L'estate precedente, quella del '92, prima e all'indomani delle stragi di Capaci e di via D'Amelio, i mafiosi hanno ben visto quanto sia stato arduo per il governo introdurre il regime carcerario speciale. Forze politiche, costituzionalisti, giuristi e avvocati a lungo avevano fatto opposizione e richiesto attenuazioni. Come osservai già allora, nonostante l'assassinio di Falcone e senza l'assassinio anche di Borsellino, non so se la conversione in legge del decreto sarebbe mai passata.

Veniamo adesso agli uomini dello Stato, alle loro scelte e al loro comportamento in quella stagione. Perché hanno cominciato a parlare di abrogazioni, revoche, attenuazioni ben prima che cominciasse la nuova stagione stragista? Dalle carceri e dai loro complici esterni i capi mafiosi sono sempre aggiornati sulle intenzioni e sulle mosse dello Stato. Sapevano perfettamente che tolti di mezzo Falcone e Borsellino il fronte giudiziario era più debole, come sapevano che tolti di mezzo Martelli e Scotti lo era anche quello di governo. Si può congetturare che vedendo il governo già disposto a cedere, abbiano pensato di esercitare la massima pressione ricorrendo alla loro arma preferita: fare paura, usare il terrore. Forse, fraintendendo, i capi hanno anche interpretato le prime 140 revoche come lo scricchiolio che precede il cedimento, o forse quella decisione ha avuto l'effetto di frustrarli e di esasperarli – "Perché quelli sì e noi no?", o anche: "Perché revocare il 41 bis ad alcuni anziché attenuarlo per tutti?" O forse ha ragione la DIA a immaginare che l'intento dei capi di Cosa Nostra fosse quello di indurre gli uomini dello Stato ad attenuare "la perdurante durezza" del 41 bis con una "tacita trattativa" che avrebbe ristabilito il loro ruolo di capi?

Questa ipotesi darebbe un senso alla nuova stagione stragista. È come se i capi avessero detto: "Non avete capito bene, adesso vi facciamo capire meglio: avanti con le bombe!" Per l'esattezza l'espressione usata da Riina – e intercettata – sarebbe stata: "Diamogli un altro colpetto."

Una cosa è certa, ricatto o rappresaglia le stragi del '93 hanno tutte lo stesso denominatore e lo stesso bersaglio: il 41 bis.

Adesso torniamo di nuovo sul fronte opposto, quello delle istituzioni di governo, e vedremo che ancora una volta l'azione dello Stato – di alcuni suoi uomini – si è mossa in parallelo cercando affannosamente di interpretare, intercettare, incontrare le richieste mafiose, fino al punto di immaginarsele e agire come fossero quelle reali, quelle giuste. Invece la rotta era sbagliata e, procedendo al buio, non capirono chi erano gli autori delle stragi, quelli veri, e che non volevano instaurare nessuna "tacita trattativa". Evidentemente in questo caso non c'è stata "saldatura, "convergenza" o, forse, le menti non erano raffinatissime come quelle dell'Addaura

O, altra ipotesi, c'è stato qualche mafioso (Ciancimino?) che ha suggerito questa strada agli uomini dello Stato, ma non era tra quelli che facevano le stragi e che erano i soli che potessero fermarle.

Forse è questa la sola spiegazione che dà un senso all'accaduto: per Riina e gli irriducibili le stragi avevano la funzione sia di ottenere un'attenuazione del carcere duro sia di riaffermare il loro comando proprio mettendo fuori gioco l'ala trattativista pronta a tutto pur di sopravvivere. Invece lo Stato disposto a cedere sul 41 bis pur di far finire le stragi pensava che gli interlocutori giusti fossero i mafiosi pronti a tradire e a rivelare delitti, ma costoro non erano assolutamente in grado di esaudire la speranza del governo.

Ora vediamo se e quale delle diverse ipotesi enumerate trovi conferme negli sviluppi successivi.

Dai tragici e allarmanti eventi di fine luglio scorrono tre mesi apparentemente tranquilli in cui forse ci sono pur state "tacite trattative". Intanto arrivano a scadenza tutti i decreti di 41 bis varati da me e forse alcuni di quelli che delegai per la firma a Nicolò Amato nel settembre del 1992. Anziché decidere la revoca per tutti o attenuazioni del duro regime di isolamento, Conso, usando il suo potere discrezionale, concede una massa di revoche del 41 bis. A beneficiarne è la manovalanza mafiosa detenuta e, suppongo, la parte più disponibile a passare con lo Stato, cioè a pentirsi. (A tal proposito si possono consultare le analisi contenute negli articoli pubblicati da Luigi Manconi su "Repubblica", secondo cui i mafiosi liberati dal 41 bis avrebbero, salvo pochi boss, scarsa caratura criminale.)

Ma anche questa decisione non serve a dissuadere Cosa Nostra da nuovi attentati. Tutto al contrario, l'effetto di quelle revoche è la pianificazione da parte degli irriducibili seguaci di Riina – Bagarella, Graviano, Brusca – di quello che sarebbe stato il più terrificante attentato di mafia della storia, quello allo stadio Olimpico di Roma. Un'autobomba piazzata dove sostava il bus dei carabinieri collegata al timer di un detonatore che doveva farla esplodere in concomitanza con l'esodo degli spettatori al termine della partita.

Altro che "vedere le stragi fermate"! La risposta alle massicce revoche del 41 bis nelle intenzioni di Riina e Bagarella era provocare una mattanza e il caos. Se le cose andarono altrimenti fu solo per un guasto che costrinse i mafiosi a rinviare l'esecuzione. Per fortuna il tempo del rinvio dovuto al guasto è anche quello in cui gli ultimi capimafia in grado di pianificare una strage vengono catturati.

La mafia la guerra la fa senza se e senza ma. Invece la guerra che fa lo Stato procede a corrente alternata: un po' la fa, un po' no. La verità è che attentati e stragi finirono solo quando vennero arrestati anche gli ultimi stragisti fedeli al capo dei capi. Spento il cerchio magico di Totò Riina si spensero anche i fuochi delle stragi. E qualche tempo dopo anche il 41 bis fu attenuato come chiedeva Bagarella senza conseguenze.

Qui si innesta il mio robusto motivo di dissenso da Lupo: è vero che la mafia non ha vinto, ma il merito non può essere assegnato indistintamente ai vari protagonisti dell'intera fase, tantomeno a quelli che la mafia non l'hanno combattuta ma, al contrario, hanno cercato di placarla. Tra le diverse omissioni la più stupefacente è proprio questa: di omettere la non banale circostanza che se la mafia non ha vinto il merito è del governo di cui faceva parte Falcone che la cinse d'assedio con i suoi provvedimenti e del governo successivo, quello formatosi dopo la strage di Capaci. Fu questo governo a introdurre il 41 bis, i premi ai pentiti e i programmi di protezione, a spronare le forze dell'ordine alla cattura di Totò Riina e dei mille latitanti, gran parte dei quali scelse di collaborare con la giustizia.

Ora possiamo tornare a Scalfaro e a Conso. Un conto è dire che la loro scelta di revocare il 41 bis fu una scelta politica legittima, e come tale non giustifica un processo penale. Concordo con questo giudizio. Tutt'altra pretesa è quella di definirla una scelta politica giusta, cioè opportuna ed efficace. A motivo dell'encomio Lupo adduce la sua personale considerazione e stima di Scalfaro come di "una persona onesta". Ebbene, e in premessa, la storia è piena di casi di politici onesti che hanno compiuto errori madornali. La lista è molto lunga e sicuramente Lupo ne converrà. Dunque, ai fini di un giudizio storico-politico che importanza ha la considerazione che Lupo nutre nei confronti di Scalfaro? E su cosa si fonda?

"Scalfaro fu il presidente della Repubblica che oppose un fermo 'no' alle pretese di Craxi e Andreotti di conservare il monopolio del potere nonostante Tangentopoli": queste presunte pretese dovevano essere velleità impotenti perché nessun effetto pratico né derivò – e poi, di quale "monopolio del potere" vagheggia Lupo? La verità è che Andreotti e Craxi non detenevano un monopolio del potere neppure quand'erano ancora in auge. E per il periodo di cui parliamo ci sono semmai prove contrarie. Basti considerare che il primo non ebbe i consensi nemmeno della maggioranza di governo di cui era a capo per candidarsi presidente della Repubblica e il secondo non li ebbe per tornare presidente del Consiglio.

Nella primavera del 1992, prima delle inchieste giudiziarie che li travolsero, Andreotti e Craxi erano già due leader tramontati e, dall'autunno, due leader sconfitti sull'orlo di una rovinosa caduta.

Quanto alla "fermezza di Scalfaro", la principale fermezza di cui diede prova è la famosa dichiarazione televisiva "Io non ci sto", asserzione ribadita in TV per difendere se stesso dall'accusa di aver ricevuto 100 milioni al mese dai servizi segreti nel periodo in cui era ministro degli Interni.

Ma l'apologia di Lupo non finisce qui: Scalfaro era una persona onesta, giura lo storico, e a riprova sottolinea che fu il presidente che "impedì a Berlusconi di portare Previti nel ruolo di ministro della Giustizia". Non so se il merito sia stato di Scalfaro o della sollevazione dei magistrati di Mani Pulite, cui il presidente della Repubblica era così sensibile da assecondarli sempre, persino quando si resero autori di un minaccioso e sedizioso "pronunciamento" pubblico contro un decreto del governo che, con ogni probabilità, lo stesso Scalfaro aveva ispirato, Conso redatto, e che con un vergognoso voltafaccia l'uno decise di non controfirmare e l'altro di ritirare. Fu quella una prova di fermezza o di un cedimento senza precedenti nella storia delle nostre istituzioni democratiche?

Quanto all'altra prova della fermezza di Scalfaro evocata da Lupo, il "no" alla nomina di Previti ministro della Giustizia, anch'essa suscita qualche dubbio. Innanzitutto quell'iniziativa fu presa solo in conseguenza di un altro fuoco di sbarramento del pool di Mani Pulite e della stampa. In secondo luogo la nomina di Previti a ministro Scalfaro la firmò, sebbene non della Giustizia ma della Difesa: dunque se quella è stata una prova di fermezza si è trattato di una mezza fermezza, di una fermezza dimezzata.

Ciò detto, cosa diavolo c'entri questa mezza fermezza con la trattativa e la vittoria o non vittoria della mafia Lupo si è dimenticato di dircelo.

In conclusione: se Lupo ha ragione quando contesta l'errore e la faziosità di Saverio Lodato, che confonde responsabilità politiche e morali e tratta entrambe come colpe penali, non può aver ragione anche quando lui stesso si fa autore della medesima confusione propinandola in ordine inverso: siccome Scalfaro e Conso sono onesti non hanno responsabilità morali, siccome agirono legittimamente non hanno responsabilità penali, ergo non hanno neanche colpe politiche. In verità Lupo fa anche di peggio quando elogia il comportamento politico di Scalfaro nell'emergenza delle stragi in base ad altre sue successive decisioni politiche che tanto più piacciono all'autore, quanto meno c'entrano con ciò di cui si sta discutendo.

Dico questo avendo reagito subito appena seppi da Liliana Ferraro che gli ufficiali del ROS volevano incontrare Vito Ciancimino in vista di una collaborazione che secondo loro avrebbe potuto evitare nuove stragi. Discutendone coi dirigenti del ministero ci parve un'iniziativa anomala, presa senza consultare l'autorità giudiziaria né la DIA né la DNA. Anche la circostanza che chiedessero una "copertura politica" prima a me e poi, si è saputo, anche a Luciano Violante, presidente della Commissione parlamentare antimafia, non poteva non suscitare il dubbio di una qualche anomalia. Per porvi rimedio invitai Liliana Ferraro a informarne subito Paolo Borsellino e lei mi rassicurò dicendomi: "Già fatto!" A breve distanza personalmente avvertii di questa anomalia il ministro degli Interni Mancino e il generale Tavormina, direttore della DIA. Quando poi il capitano De Donno, a ottobre, tornò da Liliana Ferraro per ottenere l'autorizzazione a svolgere colloqui investigativi nelle carceri, la richiesta fu seccamente respinta. All'altra richiesta del ROS – quella di rilasciare il passaporto a Ciancimino – reagii chiamando personalmente Bruno Siclari, al tempo procuratore generale di Palermo. Al telefono lo informai della richiesta dell'ufficiale del ROS avendo cura di aggiungere il giudizio di cui Falcone mi aveva reso parte in passato: essere Ciancimino "il più mafioso dei politici e il più politico dei mafiosi". L'immediata conseguenza della mia telefonata fu che Ciancimino anziché il rinnovo del passaporto ebbe il rinnovo dell'arresto.

Torniamo al tema della trattativa. Che una trattativa tra i vertici del ROS e Vito Ciancimino ci sia stata non c'era più dubbio alcuno da quando lo stesso generale Mario Mori lo dichiarò in pubblico dibattimento nel processo di Firenze raccontando ai giudici di aver trattato con Ciancimino:

"Trattativa? Sì, io ho trattato con Ciancimino. L'ho incontrato e gli ho detto: 'Dobbiamo continuare con questo muro contro muro, continuare con le stragi e gli ergastoli...'"

Dunque il fatto sussiste, il dubbio era se costituisse o no un reato. Secondo me no e lo dissi a chiare lettere con ripetute pubbliche dichiarazioni: "Non posso credere che quelli del ROS siano ufficiali felloni che hanno tradito la fiducia dello Stato. Si sono mossi in quella zona grigia in cui i poliziotti incontrano dei sospetti e anche dei criminali, e per ottenere informazioni utili alle indagini promettono qualche beneficio." Secondo me meritavano un richiamo formale e l'invito dei loro superiori e del ministro competente a mettersi in riga e rientrare nei ranghi, non accuse infamanti e un processo penale. Sono argomenti sui quali ho più volte, pubblicamente, polemizzato con Ingroia e con Di Matteo, pur avendo fornito in quanto persona informata dei fatti il dettagliato resoconto trasmessomi da Liliana Ferraro dei due incontri che aveva avuto con il capitano del ROS Giuseppe De Donno per conto del generale Mori.

Un'inchiesta penale che configurava reati tanto gravi quanto vaghi non l'ho mai considerata né giusta né fondata. Per dirla sempre con Falcone: "Non si mandano avvisi di garanzia come pugnalate alla schiena, quando il loro scopo legale è quello di tutelare gli indagati; non si istruiscono processi senza la ragionevole convinzione di ottenere una condanna."

Ma il capitolo della trattativa tra Stato e mafia non è fatto solo della trattativa tra il ROS e i Ciancimino, padre e figlio. Questo aspetto è assurto al clamore delle cronache ed è diventato il focus di anni di indagini per difetto di altri materiali e per l'eccesso di accanimento della procura di Palermo contro il raggruppamento operativo dei carabinieri.

Tutto comincia quando gli uomini del ROS arrestano Riina senza informare la procura e sorvegliano, ma non h24, l'unico ingresso al condominio di villette ma non ispezionano l'abitazione. Scelte investigative discutibili ma non illecita. Non erano obbligati a farlo: Riina era latitante da più di vent'anni, da vent'anni su di lui, come su tanti altri boss, pendeva un mandato d'arresto, dunque non c'era bisogno di autorizzazioni per procedere alla cattura. Possiamo anche immaginare che i carabinieri abbiano preferito condurre l'operazione in gran segreto per evitare ogni rischio di fuga di notizie e che volessero, comprensibilmente, attribuirsene il merito che senza dubbio era loro. Così non perquisirono per non spaventare eventuali visitatori. Ciononostante, alla successiva conferenza-stampa, era presente, anche il nuovo procuratore della Repubblica di Palermo. Giancarlo Caselli, con il mio assenso, era appena stato nominato dal CSM procuratore capo di Palermo e avrebbe dovuto assumere le funzioni proprio il 15 gennaio. Dico "avrebbe dovuto" perché dopo esser stato nominato mi chiese udienza per conoscermi, ringraziarmi della nomina e per chiedermi di "poter posticipare di uno, massimo due mesi", la presa di possesso del nuovo incarico a Palermo: 'Devo concludere a Torino un importante processo cui tengo molto.'" Naturalmente acconsentii raccomandandomi di non protrarre il rinvio. Il 15 gennaio entra nel mio ufficio Livia Pomodoro, accende la TV e mi dice: "Guarda, guarda!" Sullo schermo scorrono le immagini della cattura di Riina e poi della conferenza-stampa del comandante dei carabinieri che racconta i fatti. All'improvviso Caselli si materializza al suo fianco e, in diretta TV, prende la parola, esalta lo storico evento, si dilunga nel distribuire meriti generando l'impressione di essere stati lui e la procura i registi della magnifica impresa. Livia e io ascoltiamo le sue parole con ammirato stupore, ci guardiamo, scuotiamo la testa e sorridiamo: "Ma non era a Torino? Non aveva posticipato il possesso?"

"E be'? Adesso l'ha anticipato," le rispondo.

In verità la cattura di Riina non fu merito esclusivo del ROS. L'impulso ad agire venne dalla Territoriale, la Legione dei carabinieri del Piemonte, dov'era confinato Balduccio Di Maggio, il mafioso già autista del capo dei capi. I carabinieri che lo sorvegliavano lo indussero ad 'aprirsi' con loro e poi con i ROS, che lo convinsero a collaborare rivelando dove abitava Riina. Certamente merito del ROS e del suo leggendario Capitano Ultimo furono gli appostamenti, i pedinamenti e poi la cattura vera e propria.

Che i carabinieri fossero sulle tracce di Riina l'avevo saputo dal comandante della Territoriale piemontese a fine luglio, dopo la strage di via D'Amelio. Il generale Francesco Delfino aveva detto ad Aldo Aniasi, ex sindaco di Milano, mio e suo amico, che voleva conoscermi e parlarmi di una cosa importante. Fissai un appuntamento, e il generale venne a trovarmi; scambiati i convenevoli, parlammo di quanto stavamo facendo, e devo avergli trasmesso la rabbia per la strage di via D'Amelio e l'ansia per non essere ancora riusciti a convertire in legge il decreto dell'8 giugno. Fu in quel momento che quell'omone si alzò dalla poltrona mi venne vicino e a bassa voce mi sussurrò: "Onorevole, stia sereno, glielo facciamo noi un bel regalo... A Natale le consegniamo Riina!" E con un'aria di intesa si congedò.

Quinta parte

Postille, macigni e sassolini

Ancora sul caso Andreotti

Riavvolgiamo il nastro. Dopo le stragi di Falcone e di Borsellino il soggetto originale – la clamorosa accusa di Orlando a Lima e ad Andreotti di essere i mandanti dell'assassinio di Piersanti Mattarella, del generale Dalla Chiesa e del segretario della DC Reina – viene ripreso ed elaborato dai vertici della procura di Palermo che lo rilanciano con un clamore assordante. Si sentono sicuri, arcisicuri: hanno in mano la carta vincente: Tommaso Buscetta. Il pentito più famoso al mondo ha deciso di dire anche quello che non disse a Falcone dieci anni prima, al tempo del maxiprocesso. Sostiene che allora, negli anni ottanta, i tempi non erano maturi, adesso – dieci anni dopo –, invece, sì. In effetti Andreotti non è più intoccabile, non è più al vertice del potere, è sconfitto, isolato, persino il suo partito, la DC, lo ha abbandonato votando nella Commissione parlamentare antimafia presieduta da Luciano Violante una risoluzione politica che per Andreotti suona come una campana a morto. È il preludio all'accusa e al processo per associazione a delinquere semplice e di stampo mafioso nei confronti del sette volte presidente del Consiglio. "Il processo del secolo" titoleranno i nostri giornali e anche la stampa estera.

Assolto in primo grado, condannato in Corte d'Appello, in Cassazione Andreotti sarà assolto da tutte le accuse. Eppure rimase macchiato da quella parte della sentenza che lo ritrae fino al 1980 "in amichevoli e dirette relazioni con esponenti di spicco della cosiddetta 'ala moderata' di Cosa Nostra, relazioni propiziate da Salvo Lima e dai cugini Salvo organicamente inseriti in Cosa Nostra".

Che la vecchia mafia fosse moderata è una leggenda che Falcone ha più volte sfatato.

Quanto alla specifica, originaria accusa di Orlando che Andreotti tramite Lima fosse stato il mandante dell'assassinio di Piersanti Mattarella, la sentenza non solo non l'accoglie, ma la rovescia come un guanto. La sentenza sembra scritta non con un PC ma con un martello e una sega meccanica, e per essere capita richiederebbe una traduzione in volgare eloquio, comunque queste sono le parole:

> *Nel drammatico fallimento dell'imputato [Andreotti] di mettere sotto controllo l'azione dei suoi interlocutori [i capimafia] ovvero, dopo la scelta sanguinaria di costoro, di tentare di recuperarlo [il controllo] promuovendo un definitivo, duro chiarimento rimasto infruttuoso per l'atteggiamento arrogante assunto da Bontate, il*

quale, di fronte ai toni perentori di Andreotti, rispose con brutalità: "In Sicilia comandiamo noi, non tu."

Ed ecco con l'assoluzione dell'imputato afflosciarsi a terra quali palloni bucati, arditi teoremi e suggestive ipotesi sul terzo livello alla Orlando Cascio, ovvero sulla SPECTRE andreottiana che dal Prenestino avrebbe comandato sulla mafia commissionandole ammazzamenti a gogò.

L'esito del processo del secolo fu comprensibilmente salutato con giubilo da tutti i numerosi amici di Andreotti sollevati per l'assoluzione da tutte le accuse e con più composto gaudio anche dalle più alte autorità, da papa Giovanni Paolo II al presidente della Repubblica Carlo Azeglio Ciampi. Quella canaglia dell'opinione pubblica un po' si compiacque che il gran marpione l'avesse sfangata ancora una volta augurandosi altrettanta fortuna per i propri eventuali controversi accidenti, un po' si abbandonò al pessimismo delle anime belle che tanto belle non sono quando sperano in condanne esemplari. Quanto alla maggioranza dei qualunquisti in questo caso, come in altri casi relativi a politici, scelse di non ridere, di non piangere e soprattutto di non capire. La macchia reputazionale derivata dalle relazioni con Cosa Nostra coltivate dall'ex presidente del Consiglio fino al 1980 fu generalmente rimossa e presto obliata. A poco valsero i richiami e le sottolineature dell'onta infamante inflitta al Divo Giulio da parte degli accusatori recidivi. Del resto che fosse una mammoletta nessuno l'aveva mai creduto, e le tante dicerie sul suo conto avevano mitridatizzato lui e assuefatto il pubblico. Quanto agli osservatori neutrali e agli spiriti meno usi e addomesticati a "servi encomi e a codardi oltraggi" c'era materia per riflettere.

Dal punto di vista giuridico la sentenza era ineccepibile: Andreotti non poteva essere condannato per il reato di associazione mafiosa semplicemente perché nel periodo in cui erano provate le sue "relazioni amichevoli con i mafiosi e il buon apprezzamento della mafia" (fino al 1980) quel reato non esisteva essendo stato introdotto nello smisurato corpo delle nostre leggi due anni dopo, con la legge Rognoni-La Torre. Né poteva essere condannato per associazione a delinquere semplice perché quel reato dopo tanti anni era estinto.

Dal punto di vista politico il discorso prendeva un'altra piega: insomma cambiava, ma proprio tanto. Ancorché la sentenza spiegasse con benevola indulgenza i poco giudiziosi abboccamenti e accoppiamenti dell'ex presidente del Consiglio con la premiata ditta Cosa Nostra evocando oltre al "sincero apprezzamento" per gli uomini d'onore anche una "sottovalutazione dipendente da un'inadeguata comprensione della pericolosità di esso (il sodalizio Cosa Nostra) per le stesse istituzioni pubbliche e per i loro rappresentanti" tutto l'almanacco di mezze colpe e di mezze ingenuità era stato infine redento dalla maturata consapevolezza intervenuta in tarda età che la sunnominata ditta più che a una associazione caritatevole assomigliava come una goccia d'acqua alla mafia vera e propria. E costituiva un reale pericolo per le istituzioni e i suoi rappresentanti.

In verità non ci fu solo tardiva consapevolezza. Sono testimone che Andreotti sostenne tutte le iniziative che Scotti e io assumemmo contro Cosa Nostra. Mai defezioni, mai rilievi critici, mai un rinvio.

Nessun altro governo della Repubblica né prima né dopo ha mai fatto contro la mafia niente di paragonabile a ciò che fu fatto dall'ultimo governo presieduto da Andreotti.

Quando seppi della sentenza della Cassazione mi ricordai di quel che aveva profetizzato Falcone: "Ha peccato, sì, ma più per omissione che per commissione."

Poi mi attraversarono la mente istantanee, ricordi e voci, un tumulto di notizie, di immagini, di battute glaciali, di scandali veri e presunti, di pettegolezzi di massa e delle sulfuree metamorfosi con cui il Divo si era divincolato da tutte le accuse per mezzo delle quali avevano cercato di stringerlo, di inchiodarlo e di liquidarlo. "Come le volpi prima o poi finirà in pellicceria," aveva predetto Craxi e se lo ritrovò leale e solidale ministro degli Esteri del suo governo. "Belzebù" l'aveva bollato un'altra volta, e poi insieme con quel diavolo riformò in meglio il Concordato tra Santa Madre Chiesa e lo Stato italiano.

Tra tante reminiscenze mi riaffiorò anche un curioso raccontino con cui un giorno Andreotti ci aveva intrattenuto in una pausa prima di un consiglio dei Ministri: "Sapete, vado a messa ogni mattina, ma ogni tanto cambio chiesa per distribuire la carità tra più parrocchie. Tempo fa all'uscita mi avvicinano delle mamme: sono angosciate, agitate. 'Presidente, presidente,' mi dicono, 'ci aiuti, faccia qualcosa. Non se ne può più: davanti alla scuola dei nostri ragazzi è pieno di spacciatori. I nostri ragazzi...' 'Chiamate la polizia,' dico io. 'L'abbiamo fatto,' ribattono loro, e... più volte. 'Ma niente, non è successo niente. Per favore, presidente...' Io conoscevo uno di questi che a Roma chiamano 'impuniti', uno che l'aveva sfangata, un pentito di quella banda romana, e gli parlo di questa storia: 'Vedi cosa puoi fare,' gli dico. Be', un po' di tempo dopo son poi tornato in quella chiesa, e le madri mi hanno circondato felici e non finivano di ringraziarmi. 'Se ne sono andati, presidente. Non si vedono più, non spacciano più. Grazie grazie,' cinguettavano."

Era divertito, compiaciuto della destrezza con cui aveva risolto il caso. Era fatto – o era diventato – così: non esitava a frequentare il male per fare il bene, o anche l'utile.

Un impunito della Magliana o un boss di Cosa Nostra? Be', se serve ...

La reputazione lo lasciava indifferente, soprattutto quella di essere cinico. Quando De Mita accusò il suo governo di non agire ma di tirare a campare non si affannò a contraddirlo enumerando fatti, provvedimenti, iniziative, invece trasse dalla faretra un salace motto popolano dei suoi e, alludendo alla precedente caduta dello stesso De Mita, gli rifilò una replica glaciale: "Meglio tirare a campare che tirare le cuoia."

Pensai anche a quel grande opportunista di Buscetta, che si era risparmiato di parlare di Andreotti quando era al vertice del potere spiegando – novello Sun Tzu – che i tempi non erano maturi. Invece non aveva esitato a coinvolgerlo per i rapporti con i vecchi capi mafiosi quando il clima politico era cambiato e Andreotti aveva perso il potere.

O il potere aveva perso lui.

Ma questo era accaduto già da molto tempo, se non prima di sicuro da quando aveva lasciato morire Aldo Moro.

Disinformacia

In questi trent'anni ci sono state indagini e processi accompagnati da un tale frastuono mediatico da richiamare alla mente le tecniche di disinformazione e di manipolazione dell'opinione pubblica che hanno fatto epoca come i processi staliniani e quelli maccartisti. Non sono mancate le anticipazioni delle più recenti inondazioni di fake news, balle spaziali che si espandono sulla rete con tali "effetti virali" da confondere agli occhi dei più il vero e il falso. Disinvolti maestri discettano della nostra come di un'epoca di "post verità" e non si capisce se se ne rallegrino o ne prendano atto come dell'ineluttabile.

Allora era diverso, si cominciava in modo artigianale con allusioni, sussurri, frecciate e, quando la curiosità era accesa e il terreno della maldicenza arato a sufficienza, la calunnia approdava ai giornali e si dibatteva nei talk-show delle TV.

Una trasmissione allora molto seguita come "Samarcanda", avanguardia del giornalismo investigativo d'assalto, schieratissima con la sinistra comunista, condotta da un maestro del genere come Michele Santoro e costruita un po' come un processo un po' come uno spettacolo, era il palcoscenico perfetto per assicurare la massima audience all'assassinio in pubblico di una grande personalità, figuriamoci di un mito, il mito dell'antimafia. In casi come questo – casi rari – la bomba mediatica deflagra e nemmeno c'è più bisogno di fare il nome tanto è ormai scontato, tutti l'hanno capito, è quello di Giovanni Falcone, il quale "si tiene nascosti nei cassetti della Procura i nomi dei mandanti degli assassini politici della mafia, gli assassini di Piersanti Mattarella e di Carlo Alberto Dalla Chiesa".

Come nelle serie poliziesche appena il delitto è compiuto cala il sipario e termina l'episodio, il seguito alla prossima puntata. Intanto già si sa – ma senza che chi ha scagliato la pietra si esponga più di tanto – che i nomi dei mandanti sono quelli di Salvo Lima, capo della corrente andreottiana in Sicilia, e dello stesso Andreotti. A fondamento di un'accusa di tale gravità c'era la testimonianza di due mafiosi divenuti collaboratori di giustizia, tali Pellegriti e Izzo. Falcone conduce l'interrogatorio, registra e controlla tutte le contraddizioni in cui è caduto il Pellegriti, quindi, anziché piegarsi alle intimazioni di Orlando e procedere contro Lima, fa quel che deve e accusa Pellegriti di calunnia.

Ecco, in filigrana, cos'era il metodo Falcone e cos'era invece il metodo Orlando.

Resta da chiedersi perché in Sicilia – ma anche in Italia – così numerosi siano coloro che preferiscono le sceneggiate del secondo al metodo del primo. Perché è andata proprio così: Orlando, re dell'antimafia delle parole e delle tavole rotonde, è stato eletto sette volte sindaco di Palermo ed è ancora in carica nonostante che il giudice più famoso al mondo avesse osservato che "con Orlando sindaco Ciancimino continuava a imperare sui grandi appalti di Palermo". Viceversa, Giovanni Falcone che la mafia l'aveva sconfitta facendo condannare i suoi capi a 19 ergastoli e gli altri boss a 2665 anni di galera è stato massacrato dal tritolo di Cosa Nostra.

Sul processo alla trattativa

Il pubblico ministero Antonio Ingroia quando agiva illuminato dai riflettori e incensato da giornalisti alla Marco Travaglio e da politici come i grillini si definì allievo di Borsellino scansando con modestia il tributo del giornalista che l'aveva definito erede dello stesso. In verità il suo stile assomigliava assai più a quello dell'antimafia declamatoria delle tavole rotonde, dei salotti televisivi e del circo mediatico giudiziario di cui fu maestro e indiscusso campione il sindaco Orlando. Mentre Falcone con la sua probità si faceva scrupolo di non lanciare accuse a casaccio, di non spedire avvisi di garanzia come "pugnalate alla schiena", di non imbastire processi senza la ragionevole probabilità di ottenere la condanna degli imputati, i presunti eredi o allievi hanno fatto della indimostrabilità delle accuse la loro cifra e il loro marchio, inevitabilmente procurando coi loro fallimenti giudiziari un grave danno non solo alle vittime dei loro errori ma alla reputazione propria, della giustizia e dello Stato.

"Io so, ma non posso provarlo" è la sintesi di anni di indagine firmati da Antonio Ingroia, e da sola vale più di qualunque arringa difensiva. A chi si chiedesse "Ma perché diavolo ha voluto celebrare il processo dopo aver ammesso di non poter dimostrare le sue accuse?", Ingroia potrebbe rispondere che lui il processo lo abbandonò fuggendo in Guatemala e lasciando nelle peste il collega Nino Di Matteo, il cui torto è di non aver capito l'antifona insistendo nell'andare avanti. A leggere le carte entrambi potrebbero giustificarsi osservando che il processo alla trattativa era conseguenza logica dei processi contro gli uomini del ROS voluti da Giancarlo Caselli, da Roberto Scarpinato e da Guido Lo Forte. Ma in tal caso sarebbe stato logico anche sospettare che quei magistrati erano avvelenati col ROS che aveva arrestato Riina senza informarli e, sempre senza informarli, non aveva perquisito l'abitazione – a loro dire – per non dissuadere eventuali complici dal visitarla e farsi acciuffare. Anche il coinvolgimento dell'ex ministro Calogero Mannino sembra frutto di una coazione a ripetere o, meglio, di una coazione a perseguitare. E ormai si sa, perché si è visto, che è diventata prassi abitudinaria di stabilire prima chi è il colpevole e solo dopo di cercare la colpa cioè il delitto o i delitti eventuali. Tutto ciò, evidentemente, è contro la Costituzione e contro le leggi, ma che volete che contino la Costituzione e le leggi per chi vive nell'autoreferenzialità di un potere sovrano da condividere con la ristretta cerchia dei colleghi più prossimi e affini?

Sembra impossibile eppure alcuni giornali e giornalisti hanno superato Ingroia che almeno al suo "Io so" aveva aggiunto, "ma non posso provarlo". Loro possono e ci hanno provato per anni, non domi nemmeno dalle condanne per diffamazione. Emuli dei colleghi d'antan che su l'"Unità" misero alla gogna Falcone, sono giunti al parossismo di rappresentare l'intera, tumultuosa vicenda delle guerre di mafia, delle sconfitte e poi dell'offensiva vittoriosa dello Stato come una brutta serie televisiva, fasulla e ripetitiva. "Vent'anni di trattativa, due anni di stragi": così s'intitola il *package* di articoli, giornali, libri, rappresentazioni teatrali, dvd che si conclude col travagliesco gioco di parole summa di tanto ingegno: "È Stato la mafia."

Per rispetto di Falcone, dei ragazzi che non li hanno vissuti, degli adulti che non li hanno capiti o li hanno dimenticati, ho sentito il dovere e il bisogno di raccontare quegli anni, di tornare a illuminare le verità già allora evidenti e riflettere su quelle emerse più di recente e sul diverso ruolo di chi, nel bene o nel male, ne fu protagonista dentro le istituzioni dello Stato, nella società e nel mondo dell'informazione.

Falcone vive: vive il modo di servire la giustizia e lo Stato che fu suo da giudice e da uomo di governo, e in questo consiste la sua eredità: solo lo Stato nell'unità e nella compattezza delle sue istituzioni a partire dal governo, dalla magistratura e dalle forze dell'ordine può aver ragione della mafia, per sconfiggerla bisognava cominciare, come si è fatto, col distruggere la sua struttura militare, il suo esercito, col sequestrare e confiscare i beni provenienti dal traffico di stupefacenti, dagli appalti comandati dai corrotti, dalle estorsioni e dall'usura che tramutano in comproprietà con quegli imprenditori e commercianti che nascono vittime e diventano collusi per essere infine sopraffatti ed espropriati.

Sull'esercito mafioso

La mafia siciliana si esporta in America dove diventa più moderna e potente approfittando di tutte le occasioni di arricchimento che una società industriale avanzata può offrire a delle minoranze etniche ancora discriminate e perciò più spregiudicate e determinate a farsi valere con qualunque mezzo purché spiccio. Opportunità di mercato clandestine, illegali, *border line*, contrabbando di alcolici, tabacco, prostituzione, gioco d'azzardo. Ma anche le vecchie tecniche di taglieggio e di estorsione applicate su scala più vasta e, fino agli anni sessanta, anche i sequestri, poi scartati perché a fronte di guadagni sempre incerti c'erano troppi rischi. Rischi anche maggiori si correvano con le droghe, ma trafficare e raffinare su larga scala genera profitti giganteschi.

La ricongiunzione avviene all'insegna di Cosa Nostra. Cosa Nostra è il nome di battesimo della mafia americana di origine sicula e torna ad essere usato anche dalla nuova mafia siciliana americanizzata, così come saranno i mafiosi americani a consigliare a quelli siciliani di creare "la

Commissione". Lo scopo di questa struttura rappresentativa e di governo è quello di prevenire i conflitti tra le famiglie a livello provinciale. Sopra le commissioni provinciali l'organo centrale e superiore della piramide organizzativa è la Commissione o cupola che ha il potere di spartire i territori tra i clan, di far rispettare da tutti le regole e di prendere le decisioni che interessano tutta l'organizzazione. Comminando sanzioni, e anche l'estrema unzione a chi sgarra.

Perché Falcone insisteva tanto sulla priorità di disarmare l'esercito mafioso? Anche nei colloqui con me e nelle parole dettate a Marcelle Padovani questo concetto era ribadito sempre ed energicamente a scanso di ogni sottovalutazione. Ascoltavo il suo linguaggio e lo traducevo nella mia testa. Come ragionava? Se la forza della mafia è l'esercito mafioso bisogna capire come è strutturato, come funziona, quali sono le sue tattiche. È un esercito di popolo anche se opprime il popolo, è in servizio permanente ed effettivo, dunque non è un esercito di mercenari assoldati alla bisogna; tuttavia, quanto a professionalità, i suoi killer assomigliano a quelli di un'anonima assassini. La mafia uccide sia occasionalmente che sistematicamente, lo fa per prevenire e per punire, per imporre la sua legge e perché distribuire morte è di esempio, ha una funzione, diciamo così, profilattica all'esterno e all'interno dell'organizzazione.

Il giudice istruttore Falcone si fa criminologo, scrupolosamente, puntigliosamente cataloga le armi, le tipologie dei delitti e le modalità di esecuzione: kalashnikov, Magnum 356, bazooka, fucili lanciagranate, auto imbottite di esplosivi telecomandati; ci sono delitti di primo livello, routine dell'organizzazione, connessi al contrabbando, estorsioni, traffici di stupefacenti; quelli di secondo livello come l'omicidio di un uomo d'onore che ha sgarrato contro l'organizzazione; infine quelli di terzo livello "perpetrati in un dato momento per garantire la sopravvivenza dell'organizzazione come l'omicidio di un prefetto, di un commissario di polizia, di un magistrato particolarmente impegnato". Per le sue esecuzioni capitali la mafia sceglie sempre, pragmaticamente, la via meno rischiosa e quella che lascia meno tracce. I boss sanno che dalle pallottole si risale all'arma che le ha sparate e a quante volte è stata usata; dall'arma si può risalire al venditore e al compratore, ecco perché il modo più prudente di uccidere è di farlo con le mani: lo strangolamento non lascia tracce, è un omicidio "pulito" e serve a testare la forza, il coraggio, la destrezza e la spietatezza di chi lo compie. Il delitto perfetto è quello che non lascia tracce come sciogliere nell'acido il cadavere. Senza corpo del reato non c'è reato.

L'ultima lezione di Falcone. "Mafia universale", arcaica e cyber

La mafia, le mafie, non smettono mai di fare la guerra: la guerra è il loro mestiere, la loro arma, il loro carburante. Quello che cambia è il modo di fare la guerra, e oggi vediamo modi nuovi che approfittano della globalizzazione e delle nuove tecnologie. Un tempo, senza uccidere, senza incendiare, senza distruggere la mafia avrebbe cessato di fare paura e senza fare paura avrebbe cessato di esistere. Nemmeno in passato la guerra era l'unica risorsa delle mafie, eppure muovevano guerra in ogni momento e in ogni luogo.

Oggi con le opportunità offerte dalle nuove tecnologie, in particolare quelle cibernetiche, ci sono nuove possibilità di fare la guerra. Falcone aveva intuito la portata del problema e lanciato un primo allarme.

> *Il problema è serio anche se per il momento sembra astratto e puramente teorico. Per sopravvivere e svilupparsi la criminalità organizzata ha bisogno di appoggiarsi a particolarismi locali e culture arcaiche che*

le garantiscano una sufficiente impermeabilità nei riguardi del mondo esterno, e di creare nello stesso tempo modelli universalmente validi su cui basare futuri accordi internazionali. Nella pericolosissima prospettiva di un'omologazione di modelli di organizzazione criminale in cui si arrivasse al punto di non distinguere tra i metodi della yakuza, delle triadi cinesi e di Cosa Nostra, si attuerebbe un modello di mafia universale, e io mi chiedo come ci si potrebbe opporre. Per intanto comincia a prendere forma questo modello unitario, fondato sulla forte tradizione di gruppi etnici e su una straordinaria capacità di controllare il territorio e di attuare le decisioni prese; sullo sviluppo di forme di commercio primitivo, tipo il baratto di un tempo. Un mafioso siciliano potrebbe cedere (del resto già lo fa) un chilogrammo di eroina pura all'80 per cento, a un membro dei vari cartelli colombiani in cambio di tre chili di cocaina: e ci guadagnerebbero entrambi, in quanto la merce verrebbe distribuita su mercati diversi. Il profitto deriverebbe dal fatto che i prezzi mutano nei diversi paesi. [Marcelle Padovani, *op. cit.*, pp. 125-126]

Falcone non era uno sciamano né un profeta, aveva una mente lucidissima e ha continuato a farla funzionare, libera e indipendente e, fino all'ultimo, a pieno regime. Ciò che più impressiona in queste previsioni di Falcone che risalgono a più di trent'anni fa è che sono state scritte molto prima del Big Bang provocato da Internet e dal web. Oggi, grazie al web i mafiosi possono eseguire transazioni finanziarie in modo veloce e sicuro. La criminalità organizzata moderna si è addentrata nei meandri del commercio elettronico realizzando enormi profitti con il furto di dati, il ricatto e l'estorsione di capitali. Non basta: la polizia postale italiana e l'Interpol ritengono che le cyber mafie saranno la nuova frontiera criminale del terzo millennio.

Vincenzo Musacchio, lo studioso italiano che più si è dedicato a queste ricerche assumendo ruoli e fama internazionali, era un giovanissimo ammiratore di Falcone ed ebbe con lui scambi epistolari. Di recente ha scritto che le mafie "hanno già assoldato i migliori hacker per impegnarli a pieno regime in tutte le loro attività illegali su Internet. Stiamo vivendo la digitalizzazione del crimine organizzato ma non ce ne rendiamo conto e soprattutto non stiamo reagendo in termini di strategie moderne di lotta a un simile fenomeno criminoso. Il costo sociale dei crimini informatici è maggiore di quello legato al traffico di droga".

Le barriere linguistiche che Falcone sperava avrebbero rallentato l'integrazione tra le diverse mafie del mondo sono già cadute grazie a Internet e al web. "Oggi, in pochi secondi, la 'ndrangheta calabrese si può mettere in contatto con i narcos messicani e colombiani, e tracciare le rotte del narcotraffico in Europa. Le mafie cinesi, russe e giapponesi si collegano tra loro nel traffico di scorie nucleari o di organi ed esseri umani." Anche gli acquisti di stupefacenti – sempre meno droghe "naturali" e sempre più droghe sintetiche – i consumatori non li fanno più in strada ma nel *deep* e nel *dark* web.

Parlando alla Commissione parlamentare antimafia il direttore della polizia postale, Ivano Gabrielli, ha comunicato dati impressionanti: gli attacchi alle strutture strategiche italiane sono aumentati del 246% rispetto all'anno precedente. Il web è il nuovo Eldorado e il nuovo Far West delle mafie! E non si tratta più di hacker isolati, ma di forme organizzate di attacco a strutture pubbliche e private che puntano a tutti i nostri punti di accesso digitale: telefonia mobile, social network, messaggistica istantanea. Vincenzo Musacchio giustamente richiama la massima attenzione sul rischio che si realizzi la piena "saldatura" tra la criminalità informatica e quella mafiosa.

Come dicevo all'inizio le mafie sono sempre in guerra e lo Stato deve uscire dall'incertezza, dall'alternanza dell'"un po' sì un po' no".

La guerra alla mafia impone la più intensa, costante e coordinata collaborazione tra tutte le istituzioni e gli organi dello Stato a cominciare dal governo, dalle forze di polizia, dalla magistratura. Se non c'è più nessuno che pensa che ciascuno possa condurla separatamente e, per così dire, secondo la propria logica, cioè di testa sua, questo significa che la lezione di Falcone è servita ed è diventata patrimonio comune.

Una parte importante della senescente organizzazione dello Stato e della magistratura che risaliva all'Italia agraria di cento anni fa è stata riformata dalle leggi volute dal governo in carica negli anni '91 e '92. Si tratta proprio di quel governo di cui faceva parte Falcone, di cui Andreotti era presidente, io vicepresidente e ministro della Giustizia e Vincenzo Scotti ministro degli Interni. Se Falcone poté dare un contributo decisivo nel suo ruolo di direttore degli Affari Penali del ministero è perché io ce l'ho chiamato, e l'ho chiamato perché ne avevo bisogno, e con lui e come lui volevo muovere guerra a Cosa Nostra. In questa lotta trovai la piena e leale collaborazione di Vincenzo Scotti, ministro degli Interni. Spiacerà a qualcuno – molti di più sono quelli che non sanno o fingono di non sapere – ma le cose sono andate esattamente così. Noi non abbiamo sradicato la mafia, non abbiamo bonificato l'intera palude di contiguità e di collusioni in cui prosperava. Però abbiamo distrutto l'esercito mafioso e la Cosa Nostra di quei tempi, a cominciare dalla sua cosca più potente e sanguinaria, quella dei corleonesi.

Si deve a quel governo se, nel contrasto e nella repressione delle mafie, la magistratura e le forze di polizia non sono più disorganizzate e impotenti, e le inchieste non sono disperse tra tanti uffici e tanti singoli protagonisti come lo erano prima delle riforme del '91-92.

Nondimeno vizi antichi permangono e altri nuovi se ne sono aggiunti. Se i condizionamenti ideologici – ma non quelli politici – sembrano attenuarsi all'unisono con quel che succede nella società, non così accade per i condizionamenti che derivano dalle correnti degenerate in cordate di potere, in clientele arrembanti mai sazie di carrierismo, di promozioni immeritate, di privilegiate collocazioni fuori ruolo e di relative prebende da tutelare prima di tutto e a ogni costo. I conflitti permanenti tra le toghe, i nuovi scandali sommandosi a mali e vizi antichi hanno precipitato la credibilità della magistratura a livelli infimi.

Solo la delinquenza, quella comune e occasionale e più ancora quella cronica, può rallegrarsene perché può profittare dell'incuria che ne deriva e garantisce insieme impunità dei delitti e ingiustizie verso i non colpevoli. Il 90% dei delitti resta impunito, la durata dei processi eccede di tre volte la media europea, le condanne all'Italia per denegata giustizia e per errori giudiziari restano le maggiori in Europa.

Anche lo Stato deve liberarsi dei suoi arcaismi, del primitivismo dei suoi comportamenti e compiere un nuovo balzo nella modernità delle strategie, dei mezzi e della sua organizzazione colmando il gap che si è creato con le mafie moderne. Era quel che Falcone temeva quando scrisse:

> ... *la mia grande preoccupazione è che la mafia riesca sempre a mantenere un vantaggio su di noi.* [*cit.*, p. 136]

Non penso affatto che tutta la colpa sia dei magistrati, penso anzi che tra di loro ci sono anche molti tra i migliori servitori dello Stato e che la maggioranza sia più vittima che artefice dello stato in cui è ridotta l'amministrazione della giustizia e di conseguenza la giustizia stessa. Penso che le responsabilità maggiori siano dell'ANM, del CSM e di governi pavidi o buoni a nulla come troppi ne abbiamo avuti e di parlamenti che non li hanno indirizzati quando dovevano e li hanno ostacolati quando non dovevano.

Nella DNA e nei corpi di polizia si sono accumulati patrimoni di esperienze e di competenze, occorre che i governi li mettano in grado di agire contro la criminalità informatica e le cyber mafie nella consapevolezza che questo è ormai terreno di scontri anche tra gli stati, un nuovo modo di esercitare la politica di potenza e di fare la guerra. In ritardo, ma finalmente si comincia a capirlo.

Non è questo il luogo per suggerire rimedi e riforme, e ancor meno velleitarie rivoluzioni. Ma una visione critica più chiara dei disastri provocati nel passato e fino a ieri da una mentalità chiusa, retriva, superba del proprio potere e cieca sulle proprie mancanze può aiutare a migliorare le cose, a cambiare mentalità e orientamenti culturali e professionali.

Consideriamo due aspetti, quello dell'autonomia e quello dei rapporti con il potere politico. La magistratura è un ordine autonomo e indipendente. Così stabilisce la Costituzione che, all'articolo 101, mentre assegna al giudice autonomia e indipendenza rendendolo soggetto solo alla legge, impone al legislatore, cioè al Parlamento, di definire con legge ordinaria il tipo di autonomia che spetta al pubblico ministero. Dunque, con ogni evidenza, nella volontà dei Costituenti quella del pubblico ministero è un'autonomia diversa da quella del giudice. È appena il caso di dire che se questa legge non è mai stata non dico fatta ma nemmeno proposta né concepita la colpa è dei parlamenti e dei governi che si sono succeduti dal 1948 a oggi. A loro discolpa si evocano il timore e il tremore che da tempo immemorabile imprigionano il Parlamento dissuadendolo preventivamente dall'aprire questo capitolo. Timore del conflitto, timore delle reazioni, timore di subire e scontare sulla propria pelle le conseguenze sgradite del coraggio di osare e di attuare un dettato costituzionale. Una simile paura non attenua la colpa, la aggrava.

Per Falcone l'autonomia del singolo pubblico ministero deve avere un limite nella gerarchia e nel coordinamento interni all'Ufficio. Autonomia non può significare autarchia, separazione assoluta della magistratura dallo Stato e dalla società democratica. La magistratura non è un'isola remota, lontana dal continente in cui abitano tutti gli altri organi dello Stato e dove i cittadini vivono la propria vita alle prese con chi li amministra che sia il fisco con le sue norme esose e astruse, la giustizia senza certezze di diritti e di tempi ragionevoli, le code e l'assenza di presidi sanitari nei territori.

Quand'ero molto giovane, negli anni sessanta, partecipai anch'io alla contestazione verso dei "corpi separati dello Stato". Pensavamo che militari, forze dell'ordine, magistrati dovessero anch'essi rispondere a regole comuni, che la democrazia con i suoi principi e i suoi valori scolpiti nella Costituzione dovesse entrare nelle caserme, nelle stazioni di polizia e anche nei tribunali. All'inizio, la nostra protesta s'indirizzava contro la mentalità di una magistratura non di rado in ritardo di decenni rispetto all'evoluzione culturale e sociale. Certamente ne facevano parte i magistrati che trascinarono in tribunale sottoponendoli a interrogatori pruriginosi gli studenti del liceo Parini, rei di aver condotto tra i coetanei un sondaggio sui loro comportamenti sessuali. Chi erano i colpevoli? I ragazzi o quei PM e quei giudici che li perseguitarono additandoli come violatori della pubblica moralità?

A un grande giurista come Federico Mancini quella congerie apparve per quello che era, "un'orda retriva e refrattaria, trascinata urlante e scalciante nella modernità". Una casta autoreferenziale, insindacabile e irresponsabile di toghe ed ermellini che rispondeva solo – e non sempre

– alle proprie regole e si pretendeva titolare di un rango sovraordinato a tutti gli altri, custode non del diritto ma della morale, era chiaramente fuori dalla costituzione democratica.

Poi, finalmente, la democrazia entrò negli uffici e nelle aule di giustizia. Purtroppo però si trattava della democrazia all'italiana, cioè della partitocrazia. Spartire il potere e lottizzarlo tra più soggetti tutti concordi nell'evadere principi e regole è un pessimo modo di applicare la democrazia. Allo stesso modo il corporativismo, il prevalere degli interessi di categoria su quelli generali e collettivi è un pessimo modo di applicare il principio della divisione dei poteri pubblici che è fondamento di uno stato di diritto. A regolare nei fatti i rapporti tra le istituzioni deve valere sempre il principio della leale collaborazione che appartiene al buon senso e all'esperienza di civiltà delle vere democrazie liberali.

È tempo che una nuova generazione di politici, di magistrati e di servitori dello Stato si dedichi a questa impresa. Per nostra fortuna non partiamo da zero e non mancano i buoni esempi. A cominciare da quello di Falcone.

Appendici

1.
Falcone, uomo di spada e di diritto

Falcone non era un teorico del diritto, tantomeno uno di quei giuristi accademici gonfi di boria usi a brandire la loro dottrina per impressionare gli astanti e zittire i dubbiosi. Il suo approccio era quello pragmatico di un magistrato inquirente fattosi esperto investigatore e divenuto grande sul campo. Tuttavia aveva solide basi giuridiche formate dagli studi, dalla lunga esperienza quotidiana di raffronto e di attriti tra l'astratta norma e la complessità del reale, nutrita dal confronto quotidiano con gli altri attori della giurisdizione cioè con la vasta e varia umanità di colleghi e di giudici, di poliziotti e carabinieri, di testimoni e collaboratori, di inquisiti, imputati, condannati, detenuti.

L'esperienza dell'indagine sul campo lo aveva convinto dell'importanza della preparazione e della specializzazione del pubblico ministero, dunque della radicale diversità della sua professionalità rispetto a quella dei giudici. Questi ultimi sono arbitri imparziali, soggetti solo alla legge, gli altri, i pubblici ministeri, in quanto guidano la polizia giudiziaria nelle indagini e sostengono l'accusa in tribunale, imparziali non possono essere e di fatto non lo sono. Naturalmente queste considerazioni non intaccano minimamente il dovere del PM di esercitare la sua funzione nel rispetto assoluto dei diritti dell'indagato e delle prerogative della difesa, così come li definiscono i codici sostanziali e i codici che regolano la procedura. A questo scrupolo Falcone si attenne sempre e coerentemente senza mai impancarsi a moralista o giustizialista criticando chi definiva la mafia un mostro e mostri i mafiosi e riconoscendo alla mafia una morale sebbene distorta e le molte radici nella cultura siciliana.

Ciò detto il passaggio storico del 1988 dal processo inquisitorio al processo accusatorio – dal codice Rocco al codice Vassalli – e la fase di transizione tra le due diverse discipline e gli stessi tentativi di armonizzazione generarono conseguenze non previste e suscitarono interrogativi cui il legislatore e la giurisprudenza delle Corti Territoriali e della Corte di Cassazione non hanno risposto, se non in misura parziale, inadeguata e contraddittoria. L'unico serio tentativo di adeguare le leggi e l'esercizio della giurisdizione alla nuova disciplina arriverà anni dopo la scomparsa di Falcone e approderà alla revisione costituzionale del 1999 intitolata alla ragionevole durata del processo. E anche questa sarà tutt'altro che definitiva, come provano le perduranti diatribe, le controriforme e le ulteriori recenti riforme dei tempi e delle modalità di prescrizione dei reati.

Falcone visse il culmine della sua esperienza in un'epoca precedente, quella accennata del convulso passaggio dal processo inquisitorio a quello accusatorio. I succinti stralci estratti dal volume *Interventi e proposte* pubblicato dalla Fondazione che porta il suo nome e che di seguito riproduco, pur esprimendo sensibilità e visioni di carattere generale, sono pensate e scritte in quel contesto, e dal punto di vista prima di un giudice istruttore poi di un pubblico ministero impegnato con tutte le sue energie morali, intellettuali e professionali nella repressione e nel contrasto alla criminalità organizzata.

Se i PM non hanno il dovere di essere imparziali come i giudici perché dovrebbero essere totalmente autonomi come devono essere i giudici? Il dilemma attrae Falcone che cita altre legislazioni, quella francese in particolare, in cui la dipendenza gerarchica dei capi degli uffici inquirenti dal ministro della giustizia è legge e non fa scandalo. Riferendosi alla situazione italiana giudica necessaria l'autonomia del pubblico ministero, tuttavia la connota e indirettamente la condiziona alla specializzazione e alla dimensione collegiale dell'ufficio e non più a quella soggettiva del singolo sostituto procuratore.

L'esperienza delle indagini e dei processi di mafia e la loro dispersione in capo all'iniziativa di ogni singolo pubblico ministero è fonte sia di impotenza dell'azione penale dello Stato sia di eccessiva e pericolosa esposizione del singolo magistrato alle minacce persecutorie e alle reazioni omicide delle organizzazioni criminali. Ecco dunque la soluzione innovativa pensata da Falcone: è l'ufficio del pubblico ministero a restare autonomo, ma la sua azione deve essere unitaria e rispondere a una disciplina gerarchica requisito indispensabile di efficienza interna e di efficacia esterna.

Questa impostazione trascina con sé la messa in discussione dell'obbligatorietà dell'azione penale pur sancita dalla Costituzione. Nell'impossibilità reale di perseguire tutti i reati l'obbligatorietà è divenuta la maschera della totale discrezionalità del singolo pubblico ministero che sceglie quali reati perseguire e quali trascurare. Il che non può che nuocere a una giustizia al servizio dei cittadini e alla priorità che la funzione pubblica deve pur riconoscere al perseguimento dei reati più gravi e di maggiore allarme sociale.

A sua volta la profonda convinzione che il pubblico ministero deve essere uno "specialista" dell'indagine e delle sue tecniche, capace di guidare effettivamente la polizia giudiziaria, non può non prendere atto del fatto che essendo diverse le funzioni, anche le carriere del PM e del giudice devono essere diverse o meglio separate.

Falcone arrivò a queste conclusioni gradualmente, prudentemente, razionalmente attraverso approssimazioni successive e ragionando per tentativi ed errori. Le sue non furono illuminazioni improvvise, ma osservazioni tratte dall'esperienza di giudice istruttore impegnato a contrastare la criminalità mafiosa. Per quanto abbia sempre rispettato con grande scrupolo i diritti di tutti anche degli imputati mafiosi, per quanto abbia sempre rispettato l'umanità anche di criminali recidivi, per quanto abbia evitato di stabilire rapporti intimi – come darsi del "tu" con prigionieri, testimoni e collaboratori di giustizia –, Falcone non ha mai perso nemmeno per un attimo la coscienza del proprio ruolo di giudice istruttore di processi in cui la sua funzione era quella di prosciogliere o di mandare a giudizio gli imputati. In precedenza era stato pubblico ministero e tale tornò a essere da procuratore aggiunto di Palermo, uno dei tre vice del procuratore capo, Pietro Giammanco, e in quella veste nel 1990 inquisì e processò Vito Ciancimino che fu poi condannato nel 1992.

Le esperienze accumulate lo avevano reso cosciente degli obblighi, delle possibilità e dei limiti del proprio ruolo. Sentiva stridere come un'ambiguità, suonare come una moneta falsa, la pretesa che nell'indagine e nel dibattimento il pubblico ministero fosse a un tempo garante dell'accusa e tutore dei diritti dell'imputato. A questo fine di giustizia è preposto il giudice, ai mezzi della tutela deve provvedere il difensore. Questa pretesa, è vero, era scritta nelle nostre leggi al tempo del codice Rocco e sopravviveva ancora, illusoria e fuorviante, nel codice Vassalli. Se presa alla lettera imporrebbe al PM un esercizio acrobatico tra l'interesse e il dovere dello Stato di accertare il reato e perseguire il reo e il diritto dell'inquisito e poi dell'imputato a difendersi con tutti i mezzi legali. Sempre a rischio di cortocircuiti questo doppio ruolo era giustificato quando il giudice istruttore svolgeva le sue indagini nella riservatezza totale, sorvegliava l'azione del pubblico ministero e, nel caso, interveniva esercitando il dovere e il potere di frenarne l'esuberanza – per esempio, di fronte a richieste di misure cautelari restrittive della libertà. Con il nuovo codice e la soppressione della figura del giudice "istruttore" sostituito da un pallido giudice "dell'indagine", il pubblico ministero era diventato il *dominus* dell'indagine e disponeva della polizia giudiziaria. Immaginarlo anche garante dei diritti del cittadino inquisito e imputato, volerlo nello stesso tempo accusatore e giudice è un'ipocrisia destinata solo ad accrescerne l'autorità e la discrezionalità.

Consapevole di quanto fosse impervia la strada di una riforma delle norme del nuovo codice appena varato, concretamente Falcone puntava sulla necessità della specializzazione del pubblico ministero. Parlava di specializzazione investigativa, e intendeva la specializzazione dei singoli PM all'interno degli uffici di procura a seconda delle tipologie di reato, ma anche e di più la specializzazione dell'ufficio del pubblico ministero rispetto al giudice prodromica della separazione delle carriere e della fine dell'obbligatorietà dell'azione penale.

Un approccio riformatore pragmatico, l'urgenza di promuovere l'efficienza e l'unitarietà dell'amministrazione della giustizia, un'ansia illuminista di liberare l'azione penale da totem e tabù, da arcaismi, ignoranza, illusioni e pregiudizi questo è il contenuto e lo spirito degli scritti che ci ha lasciato. Oltre che per tutto ciò che ha fatto è anche per le idee che ci ha trasmesso che Falcone vive.

da Giovanni Falcone
Interventi e proposte (1982-1992)

Il coordinamento delle indagini nei procedimenti per delitti di criminalità organizzata

Sul tema della Superprocura di polemica ne è stata fatta troppa, più del superfluo. È stata presentata come un'elusione ai principi costituzionali, si è parlato di dipendenza del pubblico ministero dall'esecutivo, del venir meno della obbligatorietà dell'azione penale sancita dalla Costituzione e ancora di un escamotage del Ministro per favorire gli "amici degli amici". Il presidente dell'Associazione Nazionale Magistrati Cicala (riportava "La Nazione" pochi giorni fa) ha detto che la Direzione nazionale antimafia va eliminata perché mina l'indipendenza della magistratura. Non è questo un approccio corretto. In Italia ci sono spesso smagliature nelle inchieste giudiziarie. Il nuovo modo di procedere nelle indagini vediamo, invece, che dà risultati; un esempio è l'indagine che stanno conducendo a Palermo

e che ha portato alla recente cattura di 40 presunti membri della cosca mafiosa di Castelvetrano.
Le innovazioni sono contenute nella relazione preliminare al decreto-legge che ha istituito la Direzione nazionale antimafia: "Lo scopo di questa struttura è quello di fronteggiare le organizzazioni criminali attraverso l'organizzazione delle indagini." Bisogna partire dall'esperienza del passato codice di procedura penale, il famigerato codice Rocco da tutti vituperato ed esperienza ormai dimenticata. Proprio in materia di criminalità organizzata uno dei maggiori addebiti che si facevano al codice Rocco era quello di aver consentito, reso possibile, tramite i giudici "Rambo", la creazione dei processi-mostro, poi maxiprocessi, ritenuti la tomba dei diritti a difesa dei cittadini. Lo scopo dichiarato era impedire a tutti i costi la creazione e la perpetuazione dei maxiprocessi, che non erano – va detto – un'invenzione di giudici malati di protagonismo, ma rispecchiavano una realtà della criminalità di mafia. La criminalità organizzata opera ormai da tempo con efficacia dirompente ed effetti spaventosi anche in sede transnazionale, quindi l'impostazione del nuovo processo penale certamente deve andare nella direzione delle grandi indagini: non più maxiprocessi, ma grandi-indagini. Per eliminare il maxiprocesso si è operato in quei meccanismi giuridici che ne avevano consentito l'introduzio-

ne, cioè soprattutto sulla connessione dei reati. Uno dei punti fondamentali della legge-delega del nuovo codice era appunto quello di restringere ai casi di connessione ogni discrezionalità, in particolare nei casi di connessione probatoria. Ora, aver eliminato la norma che impedisce la creazione dei maxiprocessi, cioè dei maxidibattimenti, non impedisce, anzi non deve impedire, i maxiprocedimenti.

Se così è per la dispersione anche in senso orizzontale delle indagini a diversi magistrati del pubblico ministero ne viene fuori un'esigenza di coordinamento investigativo che acquista del nuovo processo una valenza enormemente maggiore rispetto al vecchio codice, perché nel nuovo processo siamo di fronte a un tendenziale principio: un processo per un imputato. Il coordinamento investigativo diventa a questo punto fondamentale. Facciamo un esempio pratico, così comprendiamo meglio. Se c'è un'organizzazione composta da siciliani, calabresi e napoletani che compiono sequestri di persona in territorio italiano, che trafficano in stupefacenti, che commerciano autovetture rubate all'estero, credo che siano interessati almeno una decina di uffici del pubblico ministero. Come si coordineranno? A suo tempo si pensò di lasciare un coordinamento spontaneo tra i magistrati del pubblico ministero, una sorta di collegamento orizzontale

basato sullo spontaneismo, in modo da consentire al pubblico ministero di operare tranquillamente su tutto il territorio nazionale, ove le esigenze investigative lo richiedessero. Purtroppo questa soluzione – o non soluzione – dei problemi non poteva che dare effetti negativi. Quello che è importante è la conoscenza dell'esistenza di collegamenti investigativi tra indagini in varie parti del territorio nazionale. Troppe volte abbiamo sentito frasi come: "Sarebbe necessario chiedere informazioni a quel magistrato, ma è tempo perso perché è troppo riservato." E parliamo solo di questo, perché potremmo parlare delle ulteriori invidie e gelosie tra i diversi corpi di polizia, tra i vari magistrati del pubblico ministero. Insomma una situazione difficile.
Il problema delle indagini e della rapidità investigativa, in termini e dimensioni del tutto nuovi rispetto al passato ordinamento, è stata la frantumazione della competenza. Ma a creare il problema ha concorso in parte anche il fenomeno, indotto dalle parcellizzazioni dei procedimenti, delle sovrapposizioni investigative su medesime realtà criminali, che il codice ha ritenuto di esorcizzare (purtroppo è così) con il principio della irrilevanza processuale dei contrasti positivi tra i diversi uffici del pubblico ministero.
L'indipendenza e l'autonomia della magistratura non sono privilegi di casta, devono essere coniugati con l'ef-

ficienza. Con l'istituzione della Direzione nazionale antimafia non si è inteso affatto riportare il problema all'emergenza. Non si è inteso adottare una soluzione sul tipo di quella dell'Alto Commissario con un'attività di indagine che si sovrapponeva a quella della magistratura. L'esigenza di scambio e comunicazione tra magistrati è assolutamente reale, e due sono le possibilità: o il coordinamento lo fanno gli uffici del pubblico ministero o gli uffici di polizia giudiziaria. Tertium non datur. *Questi problemi sono problemi veri, problemi che dovrebbero stare a cuore a tutti i cittadini. E l'articolo 109 della Costituzione è più rispettoso del coordinamento tra pubblici ministeri.*
Diversi saggi oppositori della Direzione nazionale antimafia hanno detto che non saremmo in presenza di norme che mirano a un impianto normativo diretto soltanto al coordinamento. Accanto al coordinamento si sarebbe introdotto di soppiatto un progressivo assoggettamento del pubblico ministero all'esecutivo, e l'impulso investigativo sarebbe più forte del coordinamento. Vorrei dire che, proprio perché la lotta alla criminalità organizzata non doveva essere appannaggio del pubblico ministero, si è tentato di creare – se ci siamo riusciti o no è un altro problema – un collegamento, una rete molto complessa, che presuppone il coinvolgimento di tutti i magistrati del pubblico ministero.

Di fronte a organizzazioni criminose ben coordinate tra di loro è stato ritenuto opportuno accentrare certi reati alle procure dei capoluoghi. La competenza, meglio la legittimazione, che è stata attribuita è molto ristretta: riguarda i reati di associazione mafiosa (prevista dall'articolo 416 bis del Codice Penale), il sequestro di persona, l'associazione per delinquere finalizzata al traffico di sostanze stupefacenti. Infine una quarta imputazione, una quarta fascia di delitti commessi avvalendosi delle condizioni previste dall'articolo 416 bis, oppure al fine di agevolare l'attività delle associazioni previste dallo stesso articolo. Si è preferito non mutare la competenza lasciando il dibattimento presso gli organismi ordinari; tutto questo anche per fare in modo da un lato di non venire accusati di voler creare dei tribunali speciali, dall'altro per fare in modo che le esperienze acquisite sulla criminalità organizzata fossero un patrimonio più possibile comune.
Sarà il procuratore generale presso la Corte d'Appello a dirimere gli eventuali conflitti di attribuzione, e solo alla fine informerà la Procura Nazionale. La necessità di coordinamento fra procure distrettuali e quella nazionale nasce proprio dal fatto che quest'ultima non può svolgere direttamente le indagini. La Procura Nazionale è una struttura servente, collaterale, tra le varie procure distrettuali, e deve svolgere un'attività

che le procure distrettuali, distolte dalla quotidianità, non possono svolgere. La raccolta dei dati non può farla il distretto, sarà un compito della Direzione nazionale antimafia. Nell'attribuire le funzioni delle procure distrettuali si è stati rispettosi dell'autonomia dei singoli uffici. Ma ciò non può significare arbitrio. Alla base del coordinamento o c'è un fatto unico rivendicato da diversi uffici del pubblico ministero – questo caso è deciso autoritativamente (poiché uno dei due ha torto) –, oppure si tratta di dirimere questioni relative a investigazioni su fatti diversi: in questo caso sarà necessario coordinare le diverse indagini.

Brevi considerazioni in vista della riforma del processo penale italiano

Il confronto tra il processo penale di tipo anglosassone e quello proprio dell'esperienza giudiziaria latina ha posto in evidenza ancora una volta che si tratta di modelli procedimentali affatto diversi e difficilmente compatibili. E ciò dovrebbe mettere in guardia dal trarre affrettate conclusioni, che non tengono conto delle peculiarità di questi processi e soprattutto del quadro normativo ed ordinamentale in cui gli stessi si inseriscono. Chiunque abbia un minimo di dimestichezza con il me-

todo di indagine seguito dagli USA *in tema di criminalità organizzata, potrà confermare, ad esempio, quanto tempo, personale e mezzi richiedono in quel paese l'attività di intelligence ed informativa, indispensabile per un'efficace impostazione dell'accusa e per la scelta delle prove da offrire al dibattimento. Il fatto, dunque, che tutto quanto avviene prima del processo vero e proprio, e cioè del dibattimento, non abbia, al contrario di quanto avviene nel processo di tipo inquisitorio, una autonoma efficacia e rilevanza giuridica non deve fare dimenticare che anche negli Stati Uniti – e non poteva essere diversamente – esiste una fase di individuazione e di raccolta delle prove, non meno importante di quella italiana.*

Se si trascura questa elementare verità, si corre il rischio di falsare i dati sulla durata dei processi negli USA *rispetto a quelli italiani. Quanto, poi, alla durata dei dibattimenti, impropriamente si ritiene che sia inferiore a quella italiana; infatti, la mancanza di una fase istruttoria autonomamente rilevante e la necessità, quindi, di riservare al dibattimento ogni attività di acquisizione della prova, in contraddittorio con la difesa, non possono che dilatare la durata del dibattimento stesso. Negli Stati Uniti non esiste, ad esempio, il rapporto giudiziario, né la possibilità di una generica conferma dello stesso in dibattimento, come solita-*

mente avviene nelle aule giudiziarie italiane, ma ogni ufficiale di polizia giudiziaria deve essere analiticamente e con precisione interrogato dal pubblico ministero sul contenuto della sua attività e sui risultati delle sue indagini; la testimonianza è poi passata al vaglio brutale (...) della cross examination *da parte del difensore dell'imputato. Non è chi non veda, dunque, come i principi dell'oralità e dell'immediatezza – che tutelano in modo indubbiamente più efficace il diritto di difesa dell'imputato – non possano che determinare, di per sé, una notevole dilatazione della durata del dibattimento. Del resto, è tutta l'impostazione del processo ad essere ispirata a principi che differiscono profondamente dal processo italiano. Basti pensare al ruolo del difensore nei due paesi; diversità, questa, che è il frutto diretto e immediato, oltre che di una diversa mentalità, della differente disciplina processuale. In Italia, il difensore acquista un suo ruolo specifico ed importante soprattutto nella fase della discussione finale, in cui si trasforma in critico, spesso impietoso e polemico, della valutazione delle prove da parte dell'accusa, e non è raro che diriga i suoi strali contro il giudice istruttore, ritenendo che questa sia una buona strategia difensiva, e cioè che possa valere a sminuire l'attendibilità della tesi accusatoria e delle prove raccolte. Negli Stati Uniti non vi è, ovviamente, un giudice istruttore da attaccare, e la prova è acquisita con la continua presenza di accusa e difesa, poste su un piano di assoluta parità: di talché la funzione del difensore si esplica, in tutta la sua pienezza, durante tutto il dibattimento, e la discussione finale, che si riduce ad una breve sintesi delle rispettive tesi dell'accusa e della difesa, non ha affatto importanza essenziale, ed è del tutto diversa dalle chilometriche arringhe cui ci ha abituato l'esperienza italiana. E, a dimostrazione di quanto si afferma circa la durata dei processi negli USA, basterebbe richiamare quello della Pizza Connection, protrattosi per circa 18 mesi, in cui gli imputati erano appena una ventina e le imputazioni riguardavano un traffico internazionale di stupefacenti gestito dalla mafia siciliana.*

Per il suo espletamento è stata necessaria un'istruttoria dibattimentale molto complessa e costosa, che ha richiesto un impegno di uomini e di mezzi notevolissimo, perché era stata preceduta da indagini durate molti anni, in collaborazione anche con la magistratura e la polizia di diversi paesi, principalmente italiani. Processo, questo, che costituisce, fra l'altro, piena smentita di quanti affermano che l'adozione del sistema dispositivo non consentirebbe efficaci indagini sulla criminalità organizzata. In quel processo, l'Ufficio Federale del District Attorney è riuscito a dimostrare alla giuria, e non soltanto attraverso prove testimo-

niali, un traffico internazionale di stupefacenti, gestito dalla mafia siciliana, di dimensioni incredibili, ed ha perfino ricostruito documentalmente i flussi ed i canali del riciclaggio del denaro ammontante a centinaia di milioni di dollari, dandone evidenza documentale ed immediata alla giuria popolare. Ma se queste vicende sono certamente non usuali per l'esperienza giudiziaria statunitense, basta assistere a qualsiasi processo penale in quel paese, per rendersi conto che la gestione dello stesso è inevitabilmente più lunga, complessa e costosa di quella attuale italiana. Ed allora, se la giustizia penale negli USA – oltre che più efficiente ed attiva ed attenta ai diritti della difesa – è anche più rapida di quella italiana, le cause non dipendono puramente e semplicemente dall'autoadozione del principio dispositivo – che, di per sé, è anzi un ulteriore fattore di allungamento della durata dei processi –, ma sono il frutto, a mio avviso, di una concezione della giustizia penale molto più duttile ed elastica di quella italiana. In primo luogo, il "lusso" del dibattimento vero e proprio è riservato ad un numero veramente esiguo di affari penali, essendoci tutta una serie di modelli procedimentali differenziati, diretti a snellire l'iter procedurale e, in particolare, ad ottenere il riconoscimento della colpevolezza da parte dell'imputato e l'accordo col pubblico ministero persino sulla qualificazione giuridica del fatto. L'istituto del patteggiamento è forse quello più noto in Italia, ma tutto il processo penale è ispirato alla finalità di favorire il riconoscimento della propria colpevolezza da parte dell'imputato, il che impedisce, in conformità al principio dispositivo, la celebrazione del processo per accertare se l'imputato stesso, nonostante la sua ammissione di colpevolezza, sia comunque colpevole. Tutto ciò finora è rimasto estraneo alla nostra cultura giuridica, poiché non si ritiene che il principio dispositivo sia compatibile col processo penale... Il sistema delle impugnazioni, poi, è strutturato negli Stati Uniti in termini molto più restrittivi di quello italiano. È chiaro, infatti, che l'imputato, se potesse, attraverso le impugnazioni, differire a lungo la definitività della sentenza di condanna, non troverebbe comunque conveniente qualsiasi forma di patteggiamento con l'accusa o, ancor meno, il riconoscimento della propria responsabilità... Ma lo strumento fondamentale, che – a mio avviso – consente agli inquirenti di concentrare gli sforzi negli affari penali più importanti, è quello della non-obbligatorietà dell'azione penale. Il professor Nepi ha richiamato, ieri, come esempio emblematico, il processo penale – recentemente concluso a New York con pesanti condanne – contro i capi della Commissione di Cosa Nostra americana, ed ha giustamente osservato che, in tanto è stato possibile processare soltanto i capi in quanto la non-obbligatorietà dell'azione penale ha consentito di tenere estranei dal processo gli altri membri di Cosa Nostra. Non è il caso, in questo momento, di richiamare le polemiche sui maxiprocessi e sulle ricorrenti e singolari affermazioni che gli stessi sarebbero frutto di un uso arbitrario delle rivelazioni dei cosiddetti "pentiti" e della megalomania di alcuni giudici istruttori; ma bisogna dire chiaramente che, fino a quando in Italia vi saranno rigide normative sulla obbligatorietà dell'azione penale e, soprattutto, la previsione di tutta una serie di reati associativi, il problema della repressione giudiziaria della criminalità organizzata, nonostante il nuovo codice di procedura penale, non avrà fatto un passo avanti, ma, anzi, si sarà aggravato.

Estorti & riciclati

La commozione e lo sdegno per l'efferata uccisione di Libero Grassi si rinnovano e si esaltano leggendo questo "libro bianco" alla cui realizzazione egli aveva portato il suo contributo appassionato. Era stato giustamente definito, il Grassi, come un imprenditore che non ha avuto paura, ma è sconfortante dover constatare che solo il suo sacrificio ha imposto all'attenzione di tutti, oltre alla grandezza del suo impegno civile, la gra-

vità di una situazione da cui alla fine egli è stato travolto. Non si tratta di fare il solito richiamo letterario alla beatitudine dei paesi che non hanno bisogno di eroi, ma, piuttosto, di dover prendere tristemente atto che ancora né le istituzioni né la società civile si sono rese conto fino in fondo della gravità crescente del fenomeno della criminalità organizzata e della sua potenzialità destabilizzante. Se occorreva la morte di Libero Grassi perché si rinnovasse, nella società e nello Stato, una parvenza di reazione alla mafia, peraltro non del tutto scevra da contingenti calcoli di lotta politica, non è retorico né provocatorio chiedersi quanti altri coraggiosi imprenditori e uomini delle istituzioni dovranno essere uccisi perché i problemi della criminalità organizzata siano finalmente affrontati in un modo degno di un paese civile. [...]

Si è compreso che la causa principale della attuale pericolosità delle organizzazioni criminali risiede nell'enorme disponibilità di denaro di provenienza illecita, e si sono affrontati due degli aspetti più importanti di tale tema, che coinvolgono direttamente la libera esplicazione delle attività imprenditoriali: il racket delle estorsioni e il riciclaggio del denaro sporco. Le due questioni sono più interconnesse di quanto potrebbe sembrare a prima vista, poiché l'attuale e intensificata pressione delle organizzazioni criminali sulle categorie degli imprenditori trova attendibile spiegazione non soltanto nella maggiore ferocia delle prime, ma anche nella necessità di reinvestimento di ingenti quantità di denaro di provenienza illecita. In altri termini, l'immissione di dirty money *nei circuiti del mercato lecito passa anche attraverso l'utilizzo di imprese appartenenti ad onesti imprenditori; e ciò si realizza costringendo questi ultimi non tanto a pagare il tradizionale "pizzo", ma a soggiacere a richieste ben più penetranti, che non di rado si risolvono in una conduzione associata delle imprese con la drammatica prospettiva di una futura totale estromissione dell'imprenditore onesto. Si comprende allora il perché di tante uccisioni di imprenditori; un'ingerenza mafiosa nelle attività imprenditoriali ben più grave delle solite richieste di "pizzo". Queste, infatti, normalmente provocano attentati e danneggiamenti di cose, ma ben di rado l'uccisione della vittima per non far venire meno una fonte di reddito. A scanso di equivoci, va ribadito che il tradizionale "pizzo" non solo è praticato su larga scala in molte regioni del nostro paese, ma si va progressivamente estendendo a zone fino a pochi anni addietro ritenute indenni da fenomeni del genere; tuttavia, l'intensificata pressione sulle categorie imprenditoriali e il preoccupante aumento delle uccisioni di imprenditori trovano spiegazione, almeno in parte, in richieste estorsive di natura parzialmente diversa e più grave rispetto a quelle tradizionali, finora ritenute equiparabili, in alcune parti del paese, ai costi di produzione. Si dovrebbe evitare, poi, di cadere nell'errore di valutare allo stesso modo tutte le richieste di "pizzo", accomunandole in un giudizio di non straordinaria pericolosità criminale. [...] Così stando le cose, si può comprendere appieno il gravissimo disvalore, per un'organizzazione come Cosa Nostra, di un atteggiamento come quello di Libero Grassi, che non solo non aveva chinato la testa alle richieste estorsive, ma addirittura aveva collaborato all'individuazione degli "esattori" e si era pubblicamente vantato di ciò, incitando gli altri imprenditori a seguire il suo esempio. In breve, ciò significava un incitamento alla rivolta contro l'organizzazione mafiosa e doveva essere esemplarmente punito. [...] Grassi era ben consapevole dei rischi che correva e, per ovviarli, era favorevole ad una risposta collettiva della società, come ad esempio assicurazioni collettive ("Così, anche se la mafia minaccia di dar fuoco al magazzino, si può rispondere picche. E subito dopo l'incendio ricominciare da capo").*

Credo che sia proprio questa la strada da seguire, e di ciò vanno convincendosi le forze politiche ed imprenditoriali, tanto che si tenta adesso una manovra legislativa che preveda, piuttosto che il ricorso a forme assicurative, la creazione di un fondo di solidarietà che incentivi la resistenza alle pretese estorsive. Sarebbe necessario, inoltre, affidare, mediante una opportuna estensione del segreto professionale, alle associazioni di categoria la gestione delle notizie riguardanti le estorsioni ai singoli imprenditori, così evitando che gli stessi possano essere costretti a correre i rischi derivanti dalle denunce e consentendo, però, agli organismi di polizia di poter venire a conoscenza di quei dati sulle estorsioni indispensabili per una efficiente opera di prevenzione e repressione.

Se questi sono soltanto accenni a tematiche che richiedono un ben diverso approfondimento, si deve però osservare che al centro di qualsiasi manovra antiracket deve esserci un intervento coordinato ed efficace delle associazioni di categoria e degli organismi di polizia, e non un mero ed inutile appello alla "resistenza civile" degli imprenditori senza un contemporaneo ed effettivo impegno delle istituzioni.

Se poi si passa ai problemi del riciclaggio ci si rende conto che la situazione è non meno grave di quella del racket delle estorsioni. I media hanno riferito che secondo il presidente della Unioncamere, l'economia criminale ha raggiunto in Italia il livello del 12% del prodotto interno lordo; in pratica, una lira su otto proverrebbe in Italia da fonte illecita e il provento delle at-

*tività illecite sarebbe superiore a quello dell'*IRI *e della* FIAT *messe insieme. [...] Finora si è assistito ad una singolare schizofrenia legislativa. Da un lato, si sono continuate a introdurre norme che sembrano favorire o che addirittura impongono le indagini patrimoniali; dall'altro, non si è tenuto conto della necessità di migliorare la professionalità delle strutture organizzative chiamate ad applicare dette norme e soprattutto di un sistema processuale penale che nel suo complesso non sembra consentire indagini di tal fatta. Si ricordi, in particolare, che i termini per il compimento delle indagini preliminari (sei mesi) sono scarsamente compatibili con la complessità e la lunghezza degli accertamenti di tipo patrimoniale e bancario. Non vi è dubbio che il termine suddetto è prorogabile da parte del giudice per le indagini preliminari; ma la proroga comporta la necessità di informare il soggetto indagato delle indagini che si stanno compiendo nei suoi confronti. Non può non essere rilevata la singolarità dello scollamento esistente tra una normativa di natura sostanziale, apparentemente sempre più rigorosa contro il riciclaggio del denaro di provenienza illecita, ed un sistema processuale che praticamente impedisce indagini di tal fatta, mentre le strutture organizzative, sia sotto il profilo della professionalità sia sotto quello dei mezzi materiali necessari, sono certamente inadeguate [...]. Si è discus-*

so a lungo e si continua a discutere sull'opportunità di una banca dati per tutto il sistema bancario che possa consentire l'individuazione delle operazioni sospette; ma si dovrebbe pure cominciare a discutere delle strutture necessarie per l'elaborazione di questa enorme massa di dati e per il compimento delle necessarie, conseguenti indagini; altrimenti, mentre continueremo a discutere sul modo migliore di combattere il riciclaggio, correremo il rischio di apparire come coloro che vogliono gattopardianamente modificare tutto perché tutto resti come prima.

Né toccasana né sfacelo

Per quanto riguarda il nuovo processo penale... è sempre stato il mio convincimento che ancora una volta si guarda al nuovo in maniera troppo emozionale, caricandolo di eccessive aspettative. Il nuovo codice è un buono strumento giuridico che sarà in grado di funzionare se funzionerà tutto il meccanismo, a cominciare dalla mentalità dei magistrati. In particolare intendo riferirmi alla netta differenziazione fra pubblico ministero e giudice: il pubblico ministero deve prendere coscienza di essere parte e deve improntare la sua attività a questo suo nuovo ruolo, assai diverso da quello dell'attuale giudice istruttore. Se cambierà la mentalità e se saranno approntate le necessarie strutture materiali, la riforma decollerà. Non dobbiamo però illuderci che dall'oggi al domani i problemi saranno risolti, anzi, una riforma di tale portata determinerà altri problemi; l'importante è affrontarli senza aspettarsi il toccasana o lo sfacelo della giustizia penale, ma con atteggiamento sereno e costruttivo.

L'ideologia di Cosa Nostra

Circa la differenza tra mafia e terrorismo, nel senso che il terrorismo avrebbe una sua ideologia, seppure distorta, le sue finalità politiche, mentre la mafia sarebbe priva di ideologia e protesa soltanto a fini di lucro, dalla mia attività giudiziaria ho riscontrato il contrario. La mafia ha delle sue ideologie ben radicate, perfettamente in coerenza ed armonia con quelle di larghi strati delle popolazioni meridionali. Ciò significa che la mafia è inserita e ben insediata nel tessuto sociale, e ciò spiega perché, a differenza di altri fenomeni criminali, ha potuto sopravvivere così a lungo. Ricordo sempre che nel corso del maxiprocesso a Cosa Nostra due soli personaggi hanno ottenuto il massimo silenzio degli imputati in gabbia quando sono stati interroga-

ti nell'aula bunker: uno è stato Michele Greco, il capo di Cosa Nostra, il secondo è stato Tommaso Buscetta, il quale in realtà parlava non alla Corte, ma alle gabbie. Buscetta ha ottenuto quel rispetto malgrado il suo pentimento, come riconoscimento della giustizia del suo atteggiamento, perché gli erano stati uccisi due figli non appartenenti a Cosa Nostra. Aveva subito un torto con gravissima violazione delle regole di Cosa Nostra e i suoi avversari non potevano considerarsi "uomini d'onore" corretti. C'è una tale massa di regole, di esperienza, di principi, di sedimenti culturali negli atteggiamenti dei mafiosi che ignorarla significa non fare mai un passo avanti nella comprensione del fenomeno. Quando Contorno chiama Michele Greco "Signor Greco", gli rivolge un insulto sanguinoso, perché il "signore" è colui che non ha nessun titolo e come tale non è degno di nessun rispetto.

La mafia non è invincibile

È entrato in vigore, adesso – senza purtroppo il sostegno adeguato, anche finanziario, dello Stato – il nuovo processo penale, che ha rivoluzionato il quadro di riferimento degli strumenti della repressione penale. Ha finalmente affrancato da ogni equivoco la figura del pub-

blico ministero, restituendola senza ibridismi alla sua qualità di parte e attribuendole, coerentemente, ogni potere di iniziativa nella repressione delle manifestazioni di criminalità. Ma ha lasciato tanti problemi irrisolti e ne ha creato tanti altri, di cui finora nessuno ha saputo (o voluto) cogliere l'importanza per la sopravvivenza stessa del servizio-giustizia, come quelli della grave carenza di strutture materiali e umane per il funzionamento del nuovo codice e di una magistratura e di una classe forense comprensibilmente impreparate a cogliere nell'immediato le novità del nuovo impianto processuale. Ci troviamo, quindi, in un momento istituzionale per tanti versi particolarmente delicato e difficile, e ciò non potrà non rifluire, per quanto qui interessa, sull'efficienza complessiva dell'azione dello Stato contro la criminalità organizzata. Ma se ciò è vero, è altrettanto vero che non siamo all'anno zero. Dopo un indubbio periodo di stasi, la macchina investigativa ha ripreso faticosamente a funzionare. Nuove professionalità si stanno formando fra magistrati e ufficiali di polizia giudiziaria; il pianeta mafia non è più un mondo inesplorato, ma, con buona approssimazione è piuttosto noto nella struttura e nel modus operandi*; sempre più frequenti si registrano le catture di importanti latitanti mafiosi nel territorio di loro dominio, dove ormai quindi essi non possono ritenersi del tutto sicuri; le relazioni fra gli organismi in-*

vestigativi, a livello internazionale, vanno migliorando nettamente. Sia nel "palazzo" che nella società comincia a farsi strada la consapevolezza che la mafia non è un fenomeno criminale emergenziale, ma una piaga profondamente radicata con cui occorrerà confrontarsi ancora per un lungo periodo. Si comincia a comprendere, senza lasciarsi guidare dalla moda del momento e dai mutevoli e contingenti equilibri politici, che solo un tenace, duro impegno collettivo potrà costituire la base per un'ulteriore avanzata. E, seppure con lentezza, cominciano a registrarsi mutamenti di mentalità e maggiore comprensione di questi problemi perfino negli ambienti finora più restii a comprenderli. Non si è allora lavorato invano in questi anni difficili. L'iniziale impegno di pochi ha costretto le istituzioni e la società a guardare in faccia la realtà di un fenomeno criminale destabilizzante troppo a lungo minimizzato, e ciò è valso a creare un varco, ad aprire una testa di ponte che ha resistito, con gravi perdite e tra enormi difficoltà, ad una pesante controffensiva. Adesso, fortificati dalle esperienze nel bene e nel male acquisite, è tempo di andare avanti, non con sterili declamazioni e non più confidando sull'impegno straordinario di pochi, ma con il doveroso impegno ordinario di tutti in una battaglia che è anzitutto di civiltà e che può e deve essere vinta. Ottimismo e retorica a buon mercato? Forse. Ma come sarebbe stato possibile spendere tanti anni in un duro lavoro di trincea se non vi fossero stati anche un po' di sana retorica e un pizzico di ottimismo? I fatti, però, mi sembra che mi diano ragione e, comunque, una cosa è certa: "Indietro ormai non si può più tornare."

Che cosa è la mafia

Prima di poter affrontare la questione se il modello mafioso di criminalità organizzata sia esportabile dall'Italia in altri paesi è necessario considerare il fenomeno mafioso più da vicino, delimitandolo e mettendo da parte l'idea confusa e folkloristica che di esso circola in Italia. Le organizzazioni criminali di rilievo internazionale sono la camorra, localizzata soprattutto in Campania, la 'ndrangheta, che opera in Calabria, e la mafia, o meglio Cosa Nostra – che è la denominazione più esatta –, diffusa in Sicilia. Tutte e tre le organizzazioni possono essere definite in generale come mafiose o di tipo mafioso, in quanto operano secondo metodi che sono tipici della mafia: violenza e intimidazione, attraverso cui producono tra la popolazione una condizione generale di sottomissione e di omertà. Al di là di questi elementi comuni ogni organizzazione ha strutture e caratteristiche proprie.

La camorra oggi consiste solo di alcune organizzazioni locali spesso in concorrenza tra loro, che esercitano essenzialmente il commercio internazionale della droga (soprattutto cocaina). I tentativi compiuti per raggrupparle in un'organizzazione unitaria e centralizzata sono finora falliti. Il tentativo più importante è stato quello del famoso Raffaele Cutolo, e finì in un bagno di sangue all'inizio degli anni ottanta. Successivamente – quanto meno fino ad oggi – si è affermata una struttura organizzativa prevalentemente orizzontale, che rivendica il monopolio delle attività illecite nel territorio campano e che si allarga sempre più anche nei territori confinanti. Dopo la sconfitta definitiva di Cutolo, che era un nemico acerrimo della mafia siciliana, e dopo il catastrofico terremoto che nel novembre del 1980 ha distrutto larghe zone della Campania, la situazione della sicurezza e dell'ordine pubblico si è ulteriormente aggravata. Sul sostrato precedente di un generale dissesto della compagine sociale, dovuto al tacito accordo tra criminalità organizzata e politici locali, sono insorte nuove tensioni. Esse sono provocate sia dai tentativi di assumere il controllo del flusso massiccio dei finanziamenti pubblici, stanziati dallo Stato per la ricostruzione dei territori colpiti dal terremoto, che dalla crescente disoccupazione, soprattutto tra i giovani. Se si considerano su questo sfondo le possibilità di rapidi arricchi-

menti offerte dal traffico di droga, diventato una delle principali fonti di reddito per questa come per le altre più importanti organizzazioni criminali, non fa meraviglia che i gruppi camorristici, viste le sempre crescenti quantità di denaro in gioco, siano ricorsi con sempre maggior frequenza e spietatezza a mezzi violenti.

Analoghe considerazioni valgono per la 'ndrangheta, l'organizzazione che domina un'altra regione dell'Italia meridionale, la Calabria, che è segnata da un sottosviluppo sociale ed economico ancora più pesante di quello campano. Come la camorra, anche la 'ndrangheta è una struttura organizzativa orizzontale, composta da più gruppi (detti "cosche" o "'ndrine"), i cui membri, a differenza della camorra, vengono reclutati in base a legami famigliari. Ne consegue che spesso si sviluppano faide sanguinose in base a rivalità ed inimicizie tra generazioni e tra diverse famiglie, e non per motivi legati alle attività illecite. La 'ndrangheta si è specializzata nei rapimenti a scopo di estorsione. Questi vengono attuati soprattutto al di fuori del suo territorio di insediamento (cioè al di fuori della Calabria), in particolare nell'Italia settentrionale e centrale. Qui evidentemente i rapitori sanno ormai come muoversi, e sono in grado di procacciarsi mezzi materiali e logistici necessari a tenere prigioniere le loro vittime anche per lunghi periodi. Qui essi possono servirsi anche di canali più sicuri per il

riciclaggio del denaro sporco proveniente dai sequestri. La 'ndrangheta, tuttavia, è caratterizzata da modelli di comportamento relativamente arcaici, senza per questo essere meno pericolosa delle altre forme di criminalità organizzata, con cui condivide le caratteristiche essenziali, come il controllo del territorio, l'influenza sugli organi amministrativi locali, l'estorsione di denaro a danno delle imprese e l'organizzazione del traffico di droga.
La mafia in senso proprio ha la propria origine in Sicilia, dove esistono sia un'organizzazione unitaria strutturata verticalmente, denominata Cosa Nostra, sia una serie di organizzazioni mafiose, operanti esclusivamente a livello locale, che non appartengono a Cosa Nostra e anzi spesso agiscono in concorrenza con essa. Nella provincia di Palermo, che è il più antico territorio di insediamento della mafia, il predominio di Cosa Nostra è assoluto, nel senso che non vi è spazio per l'azione di altre organizzazioni mafiose autonome. La mafia ha sicuramente delle caratteristiche che la rendono più pericolosa di altre forme di criminalità organizzata. Non tanto per l'elevato numero dei suoi membri – qualche migliaio –, quanto per la sua struttura e la sua capacità di attuare strategie unitarie, nonostante la complessa articolazione della sua organizzazione. Proprio per queste sue qualità essa è l'unica organizzazione criminale italiana che può diventare un modello su scala inter-

nazionale. Già da qualche decennio le famiglie mafiose appartenenti a Cosa Nostra si sono impiantate in grande segretezza in tutta la Sicilia e anche in altre parti d'Italia, come a Napoli, Roma, Milano e Torino.
"Succursali" di Cosa Nostra sono state aperte anche in alcuni paesi europei che erano diventati meta delle massicce correnti migratorie dalla Sicilia. Anche negli Stati Uniti e in Canada ha preso piede un'organizzazione mafiosa, originariamente una sorta di filiale della siciliana Cosa Nostra, che però nel frattempo si è resa indipendente e si è separata da essa.
Cosa Nostra è certamente l'organizzazione più pericolosa nello spettro della criminalità organizzata italiana, poiché per le altre organizzazioni criminali la mentalità mafiosa, comune a tutte le associazioni criminali italiane, non rappresenta che una sorta di spirito di fratellanza. All'interno della criminalità organizzata siciliana, invece, questa mentalità si è addirittura sviluppata in un'alleanza federativa, che già da molto tempo ha prodotto un'organizzazione unitaria. Essa si presenta come uno stato nello Stato e viene governata con leggi ferree, imposte con la violenza ai suoi membri. L'unitarietà non esclude una relativa indipendenza delle singole famiglie per quel che concerne le questioni locali, e nemmeno la possibilità di discrepanze e scontri sanguinosi all'interno di Cosa Nostra. Ma a parte le questioni di

interesse locale, in cui l'organizzazione complessiva interviene solo per dettare le regole di comportamento e per imporle con brutale determinazione, l'unitarietà di Cosa Nostra determina soprattutto la strategia da adottare sulle questioni che riguardano il complesso dell'organizzazione. Questo dato di fatto, emerso da numerose inchieste giudiziarie, spesso non è stato recepito dagli esperti, i quali ritenevano che la mafia fosse una sequenza di singole bande criminali, in permanente lotta tra di loro, che si sarebbero inevitabilmente sciolte in conseguenza del miglioramento delle condizioni sociali ed economiche dell'Italia meridionale. La perdurante, anzi accresciuta vitalità della mafia e i connessi tragici avvenimenti degli ultimi anni dimostrano quanto questa concezione sia errata e irrealistica. Per comprendere i motivi che hanno portato all'attuale struttura unitaria e alla pericolosità di Cosa Nostra è necessario analizzare con maggiore precisione la subcultura che sta alla base di questa organizzazione, che è assai più radicata e ricca di quella di altre associazioni criminali. Una subcultura che si manifesta nella rigida selezione dei suoi membri, come anche nella ferrea capacità di imporsi regole di spietata efficienza, regole che vengono rispettate assolutamente senza eccezioni. La scelta dei membri dell'organizzazione viene fatta con particolare cura. E solo i criminali dalle comprovate capacità hanno una possibilità di venire accolti, e precisamente dopo un'osservazione attenta, occulta o anche diretta, allo scopo di verificare se il candidato possieda quelle qualità che sono ritenute indispensabili: spietatezza e omertà. La cosiddetta "omertà" è una qualità indispensabile. Il rispetto della legge del silenzio viene richiesto in una forma tanto estrema che quegli "uomini d'onore" i quali in condizioni particolari, come ad esempio durante una lunga detenzione, mostrassero il minimo segno di deviazione dal rigido atteggiamento di omertà assoluta, correrebbero il pericolo di venire giustiziati. Negli ultimi anni inoltre, di fronte a casi in cui mafiosi eccellenti hanno deciso di collaborare con la giustizia, da parte di Cosa Nostra sono state prese contromisure, allo scopo di ridurre al minimo la diffusione di informazioni sulla mafia all'interno dell'organizzazione. Mentre, ad esempio, nel passato, era consentito ai membri di una "famiglia" di conoscere l'identità degli altri membri, questo oggi non è più consentito, cosicché le informazioni relative alla composizione e al numero dei componenti delle singole "famiglie" sono riservati solo ai gradi supremi. Allo stesso tempo si è affermata la prassi di impiegare per i crimini più semplici e allo stesso tempo più rischiosi i delinquenti comuni più capaci e decisi, i quali non hanno alcuna possibilità di conoscere i segreti dell'organizzazione. In questo modo l'atteggiamento di Cosa Nostra nei confronti dei delinquenti comuni è cambiato. Mentre prima essi erano appena tollerati a condizione che non disturbassero l'ordine nelle zone dominate dall'organizzazione, oggi essi sono bene accetti e vengono utilizzati per i fini dell'organizzazione. Da sempre la mafia si è inscrita in attività lucrative illecite che consentono un profitto regolare costante. Le è spesso riuscito di raggiungere una posizione di monopolio anche con l'aiuto di alleati che essa ha prima utilizzato per poi farli cadere, quando non ne ha avuto più bisogno. Ne sono un esempio le vicende legate al traffico illegale di tabacchi esteri in Italia. Quando all'inizio degli anni settanta questa attività illecita divenne particolarmente lucrativa, la mafia siciliana utilizzò una "famiglia" della sua organizzazione, insediata a Napoli, per infiltrarsi nella camorra ed acuire i contrasti tra i suoi vari gruppi, finché le riuscì, dopo aver vinto la concorrenza dei marsigliesi, di controllare totalmente il contrabbando di sigarette. Lo stesso metodo venne utilizzato nelle grandi città dell'Italia del Nord, in cui la mafia ha gradualmente preso piede in seguito all'immigrazione di massa di meridionali in cerca di lavoro. Queste città sono un comodo e tranquillo rifugio per molti mafiosi ricercati. L'insediamento di Cosa Nostra nelle città dell'Italia settentrionale non solo ha allargato la zona di influenza della mafia su di un ter-

ritorio che tradizionalmente era immune da questo fenomeno, ma anche creato, in seguito alle alleanze con membri della malavita locale, una situazione che mette in pericolo la sicurezza pubblica in tutta Italia. Inoltre i guadagni assai cospicui derivati dalle attività illecite, in particolare dal commercio degli stupefacenti, devono venire investiti o quanto meno "ripuliti". Questa necessità ha condotto a contatti sempre più frequenti tra Cosa Nostra e il mondo della finanza o il mercato legale in generale – contatti che hanno contaminato e stravolto interi settori dell'economia.

Questo breve excursus *sulle caratteristiche dell'organizzazione spiega i motivi per cui Cosa Nostra ha acquisito un rilievo internazionale e deve quindi ricevere un'attenzione adeguata. L'apertura delle frontiere all'interno della Comunità Europea favorirà necessariamente l'espansione della mafia e della criminalità organizzata. Questo tipo di criminalità difficilmente può essere contenuta con efficacia da confini nazionali o da altre barriere. Tuttavia è da presumere che una Cosa Nostra a livello europeo non sarà identica a quella di adesso, perché oltretutto dovrà operare in condizioni diverse da quelle assai specifiche che hanno modellato alcuni suoi aspetti e comportamenti.*

2.
"Vi faremo inginocchiare"*

Signor presidente, signori senatori, l'Italia è scossa dalle tragedie di Palermo e di Capaci e di via D'Amelio a Palermo e ha una percezione nuova del pericolo che il crimine organizzato, la mafia innanzitutto, rappresenta per la libertà e la sicurezza dei cittadini e per lo stesso funzionamento delle pubbliche istituzioni, almeno in alcune regioni del Sud.

Questa percezione nuova va sottolineata, perché per lungo tempo una consapevolezza adeguata della potenzialità aggressiva ed eversiva della mafia era rimasta confinata a pochi esperti. L'avevano certamente avuta Giovanni Falcone e Paolo Borsellino, due colleghi ed amici preziosi, insostituibili, indimenticabili, massacrati nel breve volgere di due mesi. Essi avevano compreso che la mafia, grazie all'organizzazione unitaria che si è data, alla disponibilità di enormi risorse finanziarie provenienti da traffici anche internazionali, alla mancanza di qualsiasi remora o limite nel perseguimento dei suoi risultati, è divenuta di gran lunga più pericolosa della mafia che si era conosciuta nel passato anche recente.

* Senato della Repubblica. Seduta del 6 agosto 1992. Replica finale del ministro della Giustizia, on. Claudio Martelli.

La mafia oggi è un conglomerato criminale organizzato, potente, finalizzato, privo di regole e di principi che non siano funzionali al raggiungimento dell'obiettivo prescelto. La mafia è una multinazionale del crimine integrata da protagonista nel circuito mondiale del crimine. Questi caratteri le danno una forza enorme, perché le consentono di agire, di attrezzarsi e di adeguarsi con la più grande rapidità, di scegliere su uno scenario planetario campi e modi di azione, di sfruttare nel modo più pronto e utile le mille occasioni e risorse offerte dal rapido sviluppo civile, economico e tecnologico del mondo di oggi. Ecco perché è stata così inadeguata e così modesta di risultati l'azione finora svolta per affrontare questo fenomeno. Carenze e ritardi sono macroscopicamente evidenti su tutti i versanti delle pubbliche amministrazioni a cominciare dal versante giudiziario, sul quale pure si riversano responsabilità determinanti sia all'avvio sia alla conclusione degli interventi punitivi. Si pensi solo alla fase delle indagini: fino a ieri isolamento degli uffici e spesso dei singoli magistrati, organizzazioni, e mezzi tradizionali; iniziative sostanzialmente rimesse alla volontà e all'impegno dei singoli; fortissima, inevitabile, pericolosa esposizione di carattere personale. Tutto ciò nel contesto di una normativa, che sul piano istituzionale come su quello processuale ed ordinamentale, tende a non fare sufficiente distinzione tra fenomeni delittuosi di carattere occasionale, o comunque individuale, e fenomeni delittuosi espressioni di organizzazioni stabili e permanenti; per di più nel contesto di un sistema processuale ispirato a principi commendevoli, frutto di illuminanti orientamenti ma in definitiva frenato nel suo funzionamento da un sovraccarico di pastoie e di garanzie che non trova eguali in nessun altro ordinamento; con l'aggravante di una disciplina penitenziaria indiscriminatamente generosa e tale da consentire l'applicazione ad individui strutturalmente pericolosi di misure utili in realtà soltanto per soggetti fragili o immaturi, raggiungibili da un'azione di recupero personale e sociale.

Ecco perché la nuova coscienza che si va formando intorno alla necessità di un'azione decisa ed efficace è importante, ma non può bastare se nel contempo tutti – politici, magistrati, forze dell'ordine, avvocati, studiosi, cittadini – non imparino a pensare in modo nuovo a partire dalla centralità dell'esperienza, dalle amarissime esperienze accumulate.

Il sistema penale nell'insieme dei suoi momenti – quello sostanziale, quello processuale e quello esecutivo – è giustamente e doverosamente presidiato da regole e da criteri frutto di tradizioni culturali, di principi affermati dalla Costituzione o frutto di impegni internazionali che abbiamo sottoscritto. Tutto questo fondamentale patrimonio va salvaguardato e rispettato, ma deve entrare nella nostra considerazione anche la valutazione del variare dei fenomeni di cui ci occupiamo e dei risultati che la nostra azione raggiunge. E dobbiamo farlo con coraggio e con spirito innovativo verificando gli obiettivi che nell'interesse della società vanno raggiunti, senza farci condizionare da quel legame con il passato e con l'esistente che ci porta talvolta ad affermare che qualcosa non è fattibile semplicemente perché non è stato ancora fatto, non provato.

I diversi provvedimenti che ho promosso e che sono ormai diventati legge, seppur nati in tempi diversi e sollecitati talvolta dalla pressione dei fatti hanno una loro riconoscibile coerenza proprio nel richiamo dell'esperienza. Si è ricercata anzitutto, fin dalla primavera dello scorso anno, una disciplina differenziata per gli appartenenti alle organizzazioni mafiose: una disciplina che evitasse nell'applicazione delle misure cautelari come dei benefici penitenziari che persone pericolose potessero sottrarsi al controllo e tornare a delinquere come troppe volte è avvenuto con grande allarme e con giusta reazione dei cittadini. Si sono aggravate le sanzioni penali contestualmente introducendo incentivi alla dissociazione e alla collaborazione con le autorità di polizia e con l'autorità giudiziaria. Si sono aggiornate e potenziate le misure di prevenzione.

Al tempo stesso ci si è concentrati sul problema cruciale costituito dall'episodicità e dall'individualismo investigativi, promuovendo l'istituzione delle procure distrettuali e della Procura nazionale antimafia. Un analogo passo andava suggerendo nella primavera scorsa rispetto alle forze di polizia, promuovendo la Direzione investigativa antimafia destinata anch'essa a porre rimedio alla sovrapposizione, alla lacunosità, alla dispersione degli interventi con la previsione di strutture finalmente stabili di coordinamento e di cooperazione.

Questi provvedimenti che in parte – come giustamente il Senato ha sottolineato – debbono ancora essere attuati, hanno creato le premesse per un'azione più efficace, ponendo fine tra l'altro ad incomprensibili eccessi, talvolta derivanti dalle norme e talaltra dalla loro applicazione, per quel che riguarda sia la disciplina processuale che penitenziaria; ma essi attendono un completamento commisurato ad alcune novità che sono intervenute nell'ordinamento come nella realtà dei fatti. A questa esigenza ha corrisposto il decreto-legge, unitamente agli emendamenti che vi sono proposti e di cui sono di fatto autori contestualmente il Governo, la Commissione Giustizia del Senato e la Commissione Pisapia.

Il provvedimento si incentra – come sapete – su alcune linee evidenti e coerenti con le iniziative passate: innanzitutto adattamenti della disciplina processuale tra cui emergono in particolare le nuove disposizioni in materia di prova. Non si poteva non tener conto delle fondamentali enunciazioni della Corte Costituzionale in tema di non dispersione; la soluzione adottata nel decreto ha suscitato lo scontento di una parte degli avvocati, e anche di alcuni componenti della Commissione Pisapia. Ho incontrato i penalisti e a questa stessa Commissione ho chiesto di avanzare proposte dirette ad emendare il testo salvaguardando la fondamentale scelta accusatoria del nuovo codice. Le proposte recepite nell'emendamento al decreto-legge sono state accolte dalla Commissione Giustizia ed ho motivo di compiacermi per la decisione già presa da alcune camere penali di recedere dall'agitazione.

Una seconda direttiva cui attribuisco molta importanza attiene alle norme destinate alla rivalutazione ed alla maggiore efficacia dell'azione della polizia giudiziaria e delle forze di polizia in genere. È noto che l'obbligo di riferire entro 48 ore la notizia di reato al pubblico ministero era stato percepito e vissuto dalla polizia giudiziaria in termini di riduzione del proprio ruolo e della propria responsabilità anche per la mancanza di una norma che espressamente la impegnasse a proseguire le indagini dopo la comunicazione della notizia di reato. Ad entrambi i problemi si è posto rimedio con il decreto-legge in esame. Se le previsioni troveranno la conferma che auspico, risulterà riequilibrato il rapporto tra pubblico ministero e polizia giudiziaria, con effetti vantaggiosi su entrambi i lati.

Senza entrare ora nel merito delle singole norme, richiamo l'attenzione sui nuovi spazi investigativi aperti dalla previsione riguardante gli agenti provocatori: uno strumento che non esisteva, se non limitatamente alla materia della droga, e che va espressamente definito in un ordinamento come il nostro, al quale il principio dell'obbligatorietà dell'azione penale conferisce tratti di rigidità ignoti ad altri paesi.

Sempre nella direzione del potenziamento dell'azione della polizia giudiziaria si colloca il potere di procedere a perquisizioni di interi edifici, o di blocchi di edifici. Potere di cui si verificherà l'uso degli effetti, ma che in astratto parrebbe idoneo a favorire la ricerca di armi e di esplosivi, di prove e di latitanti, soprattutto in situazioni ambientali in cui più densa è la presenza mafiosa. A rimuovere il muro dell'omertà contro il quale si arrestano tanti sforzi investigativi e a stimolare una diversa scelta di campo sono destinate le norme che agiscono in una duplice e parallela direzione.

Per un verso sono previste nuove misure di protezione di coloro che collaborano con la giustizia la cui sicurezza viene salvaguardata con il collocamento provvisorio fuori dagli istituti penitenziari per tutto il tempo necessario a definire il programma di protezione e ad adottare misure alternative alla detenzione che vengono ora consentite anche in deroga alle disposizioni comuni.

Per altro verso una forte pressione viene esercitata nei confronti di tutti gli appartenenti ad organizzazioni criminali escludendoli dalla possibilità di fruire delle misure alternative previste dall'ordinamento penitenziario, salvo che non si decidano a collaborare con la giustizia.

Si tratta di disposizioni indispensabili perché bisogna agire per spezzare i vincoli di solidarietà che legano capi e gregari delle cosche, vincoli il cui permanere è stato finora facilitato dalla povertà di incentivi ad un diverso comportamento.

E con dette disposizioni si salda la possibilità di sospendere le normali regole del trattamento penitenziario non più soltanto in casi eccezionali di rivolta o di gravi altre situazioni di emergenza, ma anche quando sussistono gravi motivi di ordine e di sicurezza pubblica.

Il complesso di queste norme mira dunque ad assicurare un fermo controllo sulla popolazione detenuta più pericolosa ed a stimolare forme di collaborazione anche mediante la nuova previsione dei colloqui investigativi in carcere ed a differenziare nettamente il trattamento secondo che si manifestino o no segni tangibili di resipiscenza e quindi di divorzio dalle organizzazioni mafiose.

Sono state invece mantenute le esistenti possibilità di trattamento e di applicazione di misure alternative nei confronti della generalità della popolazione penitenziaria. Va anzi segnalato che per la parte più sofferente della popolazione carceraria quella costituita da affetti da virus HIV, dai tossicodipendenti, con altro provvedimento urgente già all'esame del Parlamento (il decreto del 13 luglio scorso) si sono introdotte nuove possibilità di collocamento all'esterno degli istituti in appropriati luoghi di cura.

Anche queste nuove previsioni si collocano in una strategia complessiva, che si fonda sull'analisi disaggregata dei fenomeni e sulle misure corrispondenti alla natura e all'entità dei differenti problemi.

È un autentico rovesciamento del modo di pensare che ha ispirato una persistente linea di politica legislativa, connotata in passato da un astratto, ingiustificato e pericoloso egualitarismo appiattente.

Segnalo all'attenzione anche le norme contenute in parte nel decreto-legge ed in parte nell'emendamento successivo in tema di attività di prevenzione. So bene che si agisce qui su un terreno difficile e delicato per i poteri conferiti alle pubbliche autorità di incidere sui diritti e sui beni della persona, prima ancora che rigorosi accertamenti probatori si siano compiuti in sede giudiziaria, ma è nostro dovere tenere conto delle caratteristiche sfuggenti dei comportamenti mafiosi e dei forti condizionamenti ambientali di cui essi si avvalgono.

Per contrastare questa presenza soffocante, tutelando i cittadini da una violenza ora latente ora brutale che assume forme diverse ed insidiose, non ci si può limitare a rafforzare gli strumenti penali, ma tornando a questi ultimi va detto che non si può ulteriormente tardare il completamento del disegno organizzativo definito con il decreto-legge dovendosi dunque provvedere al più presto all'entrata in funzione della Direzione nazionale antimafia.

Le drammatiche esperienze degli ultimi tempi e l'analisi che può farsi del fenomeno mafioso confermano l'esigenza di una struttura centrale, coesa, compatta, di coordinamento che riesca a contrapporre a disegni ed azioni di carattere unitario disegni ed azioni che sappiano esserlo almeno altrettanto.

È noto che l'avvio dell'attività del nuovo ufficio è stato tardato dal dissenso insorto tra il ministro di Grazia e Giustizia ed il Consiglio Superiore della Magistratura, conflitto relativo ai rispettivi poteri e circa il modo di accedere alla nomina dei magistrati agli incarichi direttivi.

Il conflitto sollevato in materia dal Consiglio Superiore della Magistratura, è stato recentemente risolto dalla Corte Costituzionale con una sentenza di cui si attende l'ormai prossimo deposito, ma che è già stata resa nota quanto al contenuto dispositivo.

Il problema ha finalmente trovato soluzione per il riconoscimento che si deve ricercare l'incontro delle volontà nella scelta del magistrato da nominare e che tale ricerca deve ispirarsi a leale collaborazione.

Dovendosi ora provvedere alla nomina del Procuratore nazionale antimafia appare opportuno rivedere la disciplina dei requisiti, rimodulandola in modo che si possa ampliare la gamma dei candidati.

Sarà così possibile ricercare un magistrato che risulti veramente adatto ad un compito che è sempre impegnativo e che sarà però particolarmente difficile soprattutto nella prima fase di attuazione della disciplina.

Si dovrà quindi procedere ad una nuova pubblicazione della vacanza del posto; tutto ciò potrà avviarsi dopo l'entrata in vigore della legge di conversione e richiederà per il completamento della procedura alcuni mesi.

È dunque indispensabile provvedere, come dispone l'apposita norma inserita nell'emendamento, alla reggenza dell'ufficio affinché l'inizio della sua attività non sia più rinviato.

Signor presidente, signori senatori, le norme proposte all'approvazione del Parlamento intervengono in vari ambiti della disciplina legislativa e tendono ad accrescere l'efficacia dell'azione dell'autorità giudiziaria e delle forze di polizia nei confronti del crimine organizzato, che ultimamente si è manifestato in tutta la sua efferata violenza. Il governo è convinto che queste misure legislative e quelle amministrative contestualmente adottate, specie nell'ambito penitenziario produrranno risultati positivi. Il governo si terrà comunque pronto a valutare gli effetti delle azioni intraprese e ad adottare o a proporre ulteriori iniziative ove ne risultasse la necessità.

Va aggiunto, tuttavia, che anche altri cambiamenti debbono avvenire, perché i risultati che tutti ci attendiamo siano migliori e più stabili. È necessario che superando prassi e convinzioni progressivamente invalse in ogni ambito, si definiscano e si applichino criteri tali da assicurare che le persone più capaci e meritevoli vengano preposte agli incarichi più difficili e più impegnativi.

È necessario che si conosca e si accetti che l'adempimento del compito di ciascuno non può consistere nello svolgimento di spunti rituali, che poi precipitano nelle routine burocratiche quando non nell'inerzia e nell'incuria, ma deve animarsi di attenzione critica e di impegno attivo verso i problemi e le necessità del momento.

È necessario che l'accertamento dei risultati raggiunti costituisca la base della valutazione delle persone e della loro attuale o diversa utilizzazione.

È necessaria, come ha detto il presidente della Repubblica, una nuova resistenza; è necessaria una rivolta civile alle sopraffazioni mafiose che si sviluppi nella generalità della gente.

A ben vedere quei caratteri della mafia che fanno oggi la sua forza – cioè la proiezione totale verso l'obiettivo illecito, la mancanza di qualsivoglia remora o principio – sono anche il suo limite e il suo tratto di debolezza. Nessun fenomeno sociale resiste a lungo se non ha un esteso radicamento nella società. La mafia tradizionale era riuscita ad averlo almeno in alcune realtà locali. La mafia di oggi, sempre più connotata come grande organizzazione criminale ha sempre più di fronte a sé soltanto complici o vittime: non ha invece consenso, non può avere condivisione né di fini né di mezzi.

È la premessa dell'isolamento e di quel distacco profondo dal sentimento popolare che segnò la fine del terrorismo.

Signor presidente, onorevoli colleghi, non possiamo e non dobbiamo accontentarci di parole, saziarci di dolore e di timore, di indignazione e di collera. Dobbiamo andare alla radice dei problemi e alla radice delle soluzioni.

E dobbiamo innanzitutto al paese e alla comunità internazionale una risposta e un impegno: governi e ministri, parlamentari, magistrati e poliziotti, carabinieri, agenti di custodia, soldati e pubblici amministratori, per quanti sacrifici possa costare, per quanti rischi possa comportare, per quanti lutti dovremo attraversare, noi dobbiamo sconfiggere la cultura e la moderna barbarie della mafia. Cattureremo i latitanti, processeremo mandanti ed esecutori, smaschereremo i complici, puniremo i collusi e i corrotti, proteggeremo testimoni, premieremo pentiti, manterremo gli irriducibili in carceri dure e afflittive senza sconti, senza attenuazione di pena, sequestreremo le ricchezze dei mafiosi, scopriremo i loro conti cifrati e i santuari del riciclaggio, spegneremo le aspettative di potere, di ricchezza, di impunita violenza, non lasceremo altra speranza che la diserzione, la fuga, la resa dell'esercito mafioso per tutto il tempo necessario finché la mafia – come disse Rosaria Schifani – non si inginocchierà, non confesserà i suoi delitti e non chiederà perdono alle sue vittime.

Chiediamo a Palermo e alla Sicilia di stringersi intorno ai suoi eroi, ai suoi martiri, ai poveri agenti massacrati, ai giudici Falcone e Borsellino, a Francesca Morvillo, al loro esempio, alla prova del loro coraggio.

Chiediamo ai parlamentari e ai siciliani di scuotere inerzia e incuria dei pubblici poteri, di scuotere anche lo Stato, ma soprattutto di ribellarsi al cancro che è dentro la loro società, di non farsi intimidire e prostituire dalla paura e, anche nella paura, di chiamare lo Stato, di farsi aiutare e proteggere, di dire, di gridare il nome e il cognome di chi ricatta, di chi minaccia, di chi uccide, di chi corrompe, di chi traffica.

Ecco perché è così importante che nella stessa Sicilia si vadano manifestando e moltiplicando embrioni di protesta e organizzazioni di resistenza al crimine. Sono segnali che vanno raccolti e incoraggiati con ogni iniziativa possibile, come si è fatto con la legge antiracket e contro l'estorsione. Ma prima di tutto con una presenza attiva, costante, efficace dello Stato, che deve assicurare ad ogni sua articolazione la capacità di adempiere al compito affidato con quella forza, con quel dominio delle circostanze più pericolose che solo al potere pubblico possono e devono appartenere.

La vita pubblica non è fatta di scatti di carriera, di sinecure, di privilegi, di immobili garanzie: la vita e la responsabilità pubblica esigono qualcosa di più della responsabilità individuale cui è tenuto il cittadino. Il funzionario pubblico, il servitore dello Stato è responsabile verso la gente e della gente, responsabile della libertà e della sicurezza di tutti.

Dobbiamo dare e daremo prova che ci sono nel governo, nel Parlamento, nella magistratura, nelle forze dell'ordine, volontà ed energie sufficienti ed adeguate, con un comune sentimento e con un comune razionale denominatore.

Il martirio di Falcone e Borsellino ha reso evidente la necessità assoluta di fornire questa prova, ha reso la lotta alla mafia un obbligo morale per chiunque abbia una responsabilità pubblica.

Di più, il martirio di Falcone, di Borsellino, di Francesca Morvillo, degli uomini della loro scorta ha reso questa lotta un ideale che può unire e rinnovare l'Italia.

Onorevole presidente, ringrazio il Senato per il grande contributo di elaborazione che ha dato al decreto-legge; ringrazio il presidente della Commissione Giustizia e il relatore, i gruppi della maggioranza e anche i gruppi dell'opposizione che hanno espresso una sostanziale condivisione del decreto.

Solo per ragioni di speditezza avendo solo due settimane e dovendo valicare il passaggio della Camera dei Deputati pongo sul decreto così come emendato dal governo la richiesta di fiducia del Senato: fiducia nel provvedimento che non comporta necessariamente fiducia politica al governo o all'insieme del suo operato.

Indice dei nomi

Finito di stampare
nel mese di maggio 2022
presso
Puntoweb s.r.l.
Via Variante di Cancelliera, snc - Ariccia (RM)

Printed in Italy